エンタテインメント ビジネス マネジメント講義録
京都大学経営管理大学院

講義3／川上陽子

CDジャケット製作の流れと完成版

愛車Chevy

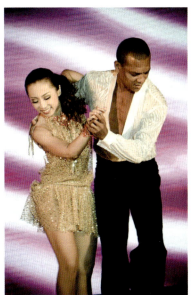

抽象庭園の発展過程の例：

瑞泉寺：修行の道場

西芳寺（苔寺）：龍門瀑の造形

常栄寺（雪舟寺）：龍安寺の先駆け

龍安寺：平庭式抽象庭園誕生

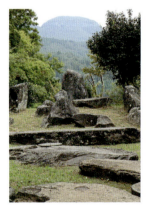

久留島家：抽象石組

東海庵：抽象石組

松尾大社：抽象石組

エンタテインメント ビジネス マネジメント講義録
京都大学経営管理大学院　特命教授　湯山茂徳　編著

<　目　次　>

第1章　クリエイティブ サービスとエンタテインメント（湯山茂徳）　11
 1.1　日本産業の現状と課題　12
 1.2　サービス価値創造に関する研究、および教育への取り組み　17
 1.3　エンタテインメント ビジネス マネジメント講義の開設　20

第2章　講義録　23
 2.1　講義1　序論（湯山茂徳）　24
  2.1.1　エンタテインメントとは何か　24
  2.1.2　エンタテインメントの起源　26
  2.1.3　エンタテインメントの用語　28
  2.1.4　エンタテインメントの種類　32
  2.1.5　エンタテインメントの基本行為　33
  2.1.6　負のエンタテインメントの特徴　46
  2.1.7　まとめ　47

 2.2　講義2　料理教室ビジネス論（横井宏吏）　48
  2.2.1　ABC Cooking Studioの歴史と現状　48
  2.2.2　料理教室は何を目指すべきか　49
  2.2.3　成功の理由　49
  2.2.4　さらなる展開　51
  2.2.5　将来あるべき姿　51
  2.2.6　質疑応答　52

 2.3　講義3　料理写真ビジネス論（川上陽子）　55
  2.3.1　自分のこと　55
  2.3.2　主な仕事　55
  2.3.3　発展への道筋となった仕事　57
  2.3.4　料理のプロフェッショナルとした仕事　58

2.3.5	何故独立したか	59
2.3.6	質疑応答	60

2.4 講義 4 エンタテインメント レストラン ビジネス論（笠島明裕） 65

2.4.1	故郷からの旅立ち	65
2.4.2	飲食ビジネスの世界へ	66
2.4.3	ディスコ全盛時代 (1980 年代)	67
2.4.4	クラブの時代 (1990 年代)	68
2.4.5	クラブ全盛期	70
2.4.6	DJ バー	71
2.4.7	オペレーションファクトリーの誕生	71
2.4.8	ビジネス事例	72
2.4.9	成功の条件	78
2.4.10	経営哲学	80
2.4.11	まとめ	80
2.4.12	質疑応答	83

2.5 講義 5 コマーシャルアート論（鈴木祐司） 88

2.5.1	自己紹介	88
2.5.2	広告とは何か	88
2.5.3	広告の考え方と本質	89
2.5.4	事例	91
2.5.5	広告とエンタテインメント	92
2.5.6	質疑応答	93

2.6 講義 6 音楽エンタテインメント ビジネス論 1（北川直樹） 98

2.6.1	はじめに	98
2.6.2	レコードとは何か	98
2.6.3	レコード業界の歴史	98
2.6.4	市場規模	99
2.6.5	アーティストの現状	100
2.6.6	配信ビジネス	100
2.6.7	キャリア・ディバイスの動向	101
2.6.8	世界の状況	102

2.6.9	日本の状況	104
2.6.10	アーティストの育成	105
2.6.11	最近のトレンド	106
2.6.12	音楽産業の現状	107
2.6.13	アメリカのトレンドと今後の展開	108
2.6.14	アジアの状況	109
2.6.15	私的違法ダウンロード問題と著作権	110
2.6.16	音楽ビジネスの流れと関わる人々	111
2.7	講義7　音楽エンタテインメント ビジネス論2／北川直樹	113
2.7.1	ソニーミュージック設立の経緯	113
2.7.2	ソニーグループ	113
2.7.3	ソニー・ピクチャーズエンタテインメント（SPE）での経験	115
2.7.4	ソニー・ミュージックエンタテインメント	117
2.7.5	アニメビジネス	119
2.7.6	ライブイベントビジネス	120
2.7.7	出版ビジネス	121
2.7.8	キャラクタービジネス	121
2.7.9	まとめ	121
2.8	講義8　プロダクション ビジネス論1　対談講義（川村龍夫／湯山茂徳）	123
2.8.1	芸能とは何か	123
2.8.2	プロダクションの運営	124
2.8.3	略歴1－芸能ビジネスへの参入	126
2.8.4	略歴2－プロダクションの設立	128
2.8.5	所属俳優とタレント	131
2.8.6	著名俳優とのエピソード	135
2.8.7	ケイダッシュのビジネスモデル	139
2.8.8	女優のエピソード	145
2.8.9	芸能の定義と社会への貢献	147
2.8.10	タレントの発掘法	149
2.8.11	芸能プロダクションのマネジメント	149

2.9 講義9 プロダクション ビジネス論2 対談講義　151
　　（川村龍夫／湯山茂徳）
　　ケーススタディ（一流タレントの10年後をどうするか）

- 2.9.1 　10年後のビジネス　151
- 2.9.2 　渡辺謙の10年後　151
- 2.9.3 　人気モデル（山田優、蛯原友里、押切もえ）の10年後　157
- 2.9.4 　タモリの10年後　161
- 2.9.5 　中島美嘉の10年後　163
- 2.9.6 　新人俳優（天野義久）の10年後　166

2.10 講義10　音楽イベントプロデュース論（石本浩隆）　168

- 2.10.1 　音楽業界に入ったきっかけ　168
- 2.10.2 　コンサート ビジネス　168
- 2.10.3 　今後のビジネス　172
- 2.10.4 　イベントの実態　173
- 2.10.5 　日本と欧米におけるビジネス慣習の違い　175
- 2.10.6 　企業との連動　176
- 2.10.7 　まとめ　178
- 2.10.8 　質疑応答　178

2.11 講義11　ダンス ビジネス論（武永実花）　182

- 2.11.1 　今日の授業　182
- 2.11.2 　ダンスのジャンル　182
- 2.11.3 　ダンス ビジネスの現状　183
- 2.11.4 　サルサダンス　183
- 2.11.5 　サルサ ビジネスの現状　184
- 2.11.6 　ダンス スタジオの経営　185
- 2.11.7 　サルサイベントの開催　187
- 2.11.8 　ダンス ファッション ビジネス　189
- 2.11.9 　ダンサーのマネジメントとコンサルティング　189
- 2.11.10　NPO法人 日本サルサ協会　190
- 2.11.11　質疑応答　191

2.12	講義 12　スポーツ ビジネス論 1（木内貴史）	193
2.12.1	日本におけるバスケットボールの歴史	193
2.12.2	エンタテインメントとしてのスポーツ	194
2.12.3	スポーツの特徴と本質	195
2.12.4	世界、および日本におけるバスケットボールの現状	196
2.12.5	学校教育とスポーツ	197
2.12.6	企業スポーツ	198
2.12.7	スポーツ基本法の成立と施行	199
2.12.8	スポーツの社会貢献	200
2.12.9	日本のプロバスケットボール	200
2.12.10	プロ事業化時に直面する課題	201
2.12.11	世界における日本バスケットボールの地位	202
2.12.12	プロ選手としての自覚	202
2.12.13	まとめ	203
2.12.14	質疑応答	204
2.13	講義 13　スポーツ ビジネス論 2（山谷拓志）	207
2.13.1	はじめに	207
2.13.2	観るスポーツの価値創造	207
2.13.3	私のスポーツ歴とビジネス歴	209
2.13.4	プロバスケットボールチームの立ち上げ	210
2.13.5	スポーツ ビジネスの現状	211
2.13.6	スポーツ ビジネスのマーケット規模	214
2.13.7	スポーツ ビジネスの転機	214
2.13.8	エンタテインメントとしてのスポーツ	216
2.13.9	スポーツという商品の特性	217
2.13.10	スポーツの本質	218
2.13.11	日本と海外で異なるスポーツ施設の考え方	218
2.13.12	商品価値としての戦力均衡	220
2.13.13	日本のプロスポーツ	221
2.13.14	プロスポーツの効用	223
2.13.15	プロスポーツの将来展望	224
2.13.16	バスケットボールの魅力	225
2.13.17	世界におけるバスケットボール	226

2.13.18	リンク栃木ブレックスの事例	228
2.13.19	業績とビジョン	230
2.13.20	観客を楽しませる工夫	231
2.13.21	スポンサー戦略	233
2.13.22	売上構成	234
2.13.23	まとめ	234
2.13.24	質疑応答	235

2.14 講義14 日本庭園芸術論（中田勝康） 244

2.14.1	はじめに	244
2.14.2	日本庭園の特徴	244
2.14.3	日本庭園の全体像	245
2.14.4	庭園における抽象度と芸術性	248
2.14.5	各系譜の代表的庭園	250
2.14.6	様々な抽象度を持つ庭園の事例	250
2.14.7	質疑応答	252

第3章 エンタテインメントと社会（湯山茂徳） 255

3.1 エンタテイメント ビジネス 256
3.2 エンタテインメントの特徴 258
3.3 エンタテインメントと芸術 259
3.4 エンタテインメントが及ぼす影響 260

3.4.1	政治	260
3.4.2	経済	262
3.4.3	外交	262
3.4.4	教育	264
3.4.5	ビジネス	264
3.4.6	マネジメント	265

3.5 未来のあり方 266

第1章

クリエイティブ サービスと エンタテインメント

湯山茂徳

1.1　日本産業の現状と課題

　20世紀後半の世界を席巻し、産業を支えた日本の製造業が大きな困難に直面し、転機を迎えている。とりわけ日本の家電・エレクトロニクス産業は、現在きわめて厳しい状況にある。かつて世界に強さを誇った業界にもかかわらず、世界的に名を知られた複数の有力企業が2012年度決算で、大きな赤字を計上した。一方、2013年度においては、円安効果、事業の整理・統合・集中化などにより、大幅に収益の改善した企業が出始めた。しかし、まだ多くの企業は本来あるべき姿から程遠い状況にあり、日本企業が持つ根本的問題が解決されたと言えるような状態には、決してなっていない。

　こうした状況を生んだ原因は、近年の超円高、そしてデジタル技術革命に起因する新興国の追い上げと台頭などの複合的要因で説明される。しかし、ここ暫くの円安傾向により輸出環境が改善しているにもかかわらず、経済が思うように回復しないことを見ても、不調の原因はそれだけではないと考えられる。かつて英米などの欧米先進諸国がたどった道のりを、日本もたどっているにすぎないのかもしれない。すなわち、過去の成功体験にこだわり、それから容易に脱することができないために生じた、産業構造の根本的変革、および産業戦略の見直しに対する致命的な遅れが、その原因とも考えられる。これは、技術のみを重視しすぎ、顧客の求める使いやすさ、デザインなどのエンタテインメント性を無視し、独善的な殻に閉じこもり、いわゆる技術のガラパゴス化を自ら招いてしまったことと無縁ではない。20世紀に大きな成功を勝ち取った日本企業の多くが、21世紀に入りますますグローバル化するビジネスの世界で、人間特有のコミュニケーション手段であるエンタテインメントの重要性を、認識することができなかったのである。

　さらに、かつて日本のお家芸とまで言われた造船、鉄鋼、機械などの分野でも、新興国の追い上げにより、日本企業は恒常的に厳しい状況下に置かれている。ついこの間まで、誰もが世界最強と認め、日本の製造業の中では唯一強い競争力を保っているとも言われる自動車産業でさえ、安閑とはしていられない状況が垣間見えている。

　自動車産業において、素材や機械工業部品が占める付加価値の比率は低下し続け、今やその定義は、「素材＋機械＋電器・電子＋通信＋情報＋ソフトアプリケーション＋デザイン＋エンタテインメント」と見なすべきと考えられる。このうち、素材と機械を除いた分野、とりわけ「通信、情報、ソフト、デザイン、エンタテインメント」の比率が今後ますます高まることは必至である。したがって、近未来の自動車産業で

は、これらをパッケージ化し、できる限り低コストで共通化した部品モジュールを製造して世界各地に供給できる体制を整え、グローバルな市場で様々に異なる消費者、すなわち市場の嗜好に合わせて付加価値を創造し、可能な限り高価格で購入してもらえるシステムを築ける企業が、地球規模の大競争における勝者になると考えらえる。

　21世紀においてグローバルにビジネスを展開し、少なくとも今後1～2世代（30～60年の期間）程度は事業を継続でき、世界的な大競争の中で存在し得るグローバルビジネスの産業モデルとは、一体どのようなものであろうか。

　その第一として、エネルギー産業がある。人間の近代文明や文化は、人間自らが自分の意思で取り出したエネルギー資源を、自由にほぼ制限なく使えるようになったこと（例えば化石燃料や原子力など火の利用）により発展してきた。これは、地球上の他の動物が、生命を維持するために必要なエネルギー源として、太陽の恵みによる自然のエネルギーサイクルの中で、食物を摂取するに留まっているのとは、全く異なっている。したがって、18世紀末の産業革命に始まり、20世紀初頭までに組織化された「人間が使用するためのエネルギーを供給する産業」すなわちエネルギー産業は、21世紀以降も間違いなく存在すると考えられる。

　残念ながら日本は、エネルギー源のほとんどを輸入に頼る無資源国である。したがって、エネルギー源を自然から採取するという、極めて大きな付加価値（富）の得られる一次的な意味のエネルギー産業は、基本的に存在しない。現状で国内にあるのは、原油やLNGなどの原料を、実生活に利用できるようにガソリンや軽油、都市ガス、あるいは水素などの形に精製し、それを効率的に供給・分配する、付加価値創生力の小さな、エネルギー中間加工分配業である。

　21世紀において、経済のグローバル化、そして続いて起こる異なる地域間の経済的富の平準化は、ますます加速されると考えられる。20世紀に大きな問題となった、富める国（先進国）とそうでない国（開発途上国）との格差是正の圧力は、グローバル競争の中でますます大きなものとなり、地球全体を巻き込む動きとなることは間違いない。現在、そして未来において、地球に存在する資源には限りがある。したがって、その利用はできる限り効率的に行わなければならない。そうした中で、エネルギーを節約し、できる限り効率的に利用するための付加価値を提供する省エネルギー産業は、人類にとり極めて重要な役割を果たすことになると考えられる。こうした産業の中には、自動車、機械、エレクトロニクス、エネルギー中間加工分配業、建設業、さらに省エネルギーで発生する価値を商品と見なし、それを取引するビジネスなどが含

まれ、これに関する日本企業の技術力は、世界的にみて最高レベルにある。したがって、エネルギー源が持つ価値を、最終的に高めることのできる二次的なエネルギー産業として、省エネルギー産業を挙げるなら、21世紀においてもグローバルビジネスとして、日本企業が貢献し発展する機会は大いにあると考えられる。

21世紀型産業の第二として、製造・インフラ建設／サービスの融合型産業が考えられる。前述したように、かつて多くの日本企業が得意とした20世紀型製造業や建設業が、21世紀以降もそのままの形で生存できる可能性はほとんどない。グローバル競争を戦う中で、性能がよく、品質が高くても、世界の製品市場や建設市場で、必ずしも成功するとは限らない。製品や建設物の持つ特徴や能力について消費者に発信し、主張し、消費者の共感を得られ、経済的に合理性があると説得できる場合のみに成功が得られることになる。

残念ながら今日の時点で、世界市場において、値引きしなくても売れるだけのブランド力を持つ日本製品は、それほど多くない。日本企業は、「安くて良い製品」を作ることは大得意であるが、消費者の心をとらえ、感動を与え、それに見合う価値として余分に払っても所有したい気持ちを起こさせるエンタテインメント力のある製品を作ることに、多くの努力を払ってこなかった。

第2次大戦後に設立され、世界的ブランドとなった家電・エレクトロニクス業のA社や、自動車業のB社は、かつて多くの人々を引き付け、ワクワクさせるような魅力を持つ製品を市場に提供し続けた。21世紀になると、そうした何とも言えない色っぽさを持つ製品は、瞬く間に消え去り、大衆化され特徴のない製品を大量に販売することを目的とした、全く普通の企業に変身してしまったように見えるのは非常に残念である。それに引き換え、かつてA社を模範とした米アップル社は、創業者の強い指導力により、技術ばかりか文化を重んじ、製品に機能性と同時に美を求め続け、両者が見事に融合し、21世紀の消費者が求める製品とサービスを市場に次々に供給して大成功を収めた。アップル社が生み出す製品は、利便性を超えて人々の心に直接訴えかけ、余分に支払ったとしてもそれだけの特別な価値と満足感を与えるエンタテインメント力を持っている。

このように、21世紀に要求される製造業やインフラ建設業とは、製品や建設物の持つ利便性や機能性と、エンタテインメント力を融合した「製造・建設／エンタテイメントサービス業」と考えられる。こうした分野には、機械、自動車、家電・エレクトロニクス、電機、インフラ建設、そして人間に安全と豊かさを提供する食品や医薬

品業など、ありとあらゆる製造・建設関連産業が含まれる。さらに、安全性が高く、高品質でブランド力があり、エンタテインメント性の高い作物（例えば、日本でしか作ることのできないリンゴやナシなどの果物、また和食に欠かせない米や牛肉）を生産する、日本型先端農業もこの分野に入れることができるであろう。

21世紀型産業の第三は、従来のサービス業において、さらにエンタテインメント力を高め、様々な分野で誰もが世界最高のサービスとして認める感動と共感を提供できる、サービス／エンタテインメント業であると思われる。サイバー空間において、多くの情報が溢れ、誰でも自由かつ任意に情報を発信・受信可能な近代民主主義社会であれば、単なるデータとしての情報は、消費者にとってそれほど多くの魅力や価値を持たないであろう。大量のデータ（ビッグデータ）から特徴を分析（多変量解析）して有意な内容を抽出し、人々が共に感動し共有できる価値を見出した情報のみが支払う価値のあるサービスとして、21世紀の消費者に認められることになると考えられる。

また、突出したエンタテインメント力を持ち、その先見性や革新性により、大衆の間に瞬時にエンタテインメントエネルギーを誘引・連鎖させることのできる才能を持つ個人、もしくはグループが提供するサービス（例えばFacebook、動画配信、SNSゲームなどの、いわゆるサイバーエンタテインメント）は、それまでたとえ無名であったとしても、突然爆発的な注目を世界的規模で喚起し、極めて短時間のうちに、ビジネス上の大成功を収める可能性を持っている。

かつて日本にも、イノベーションを創造し続け、常に新しい生活様式を提案することにより、消費者の心を掴むことのできる企業があった。しかし、多くの日本企業は、過去の成功体験から、独りよがりの無益な高仕様化競争や、顧客無視の態度により、ワクワク感、ゾクゾク感の欠落した製品を作り続け、いつの間にか先頭集団から取り残されてしまうことになった。21世紀の市場において、技術的に優れた製品が売れるとは限らず、エンタテインメント性の高い、感触や感覚が良いもの、使いやすいものが爆発的に売れることに気づかなかったのである。

日本には、長い伝統と高い技術力に裏打ちされた数多くのソフト／ハード コンテンツが存在する。これらは、産業戦略さえ正しければ、世界市場に打って出ても十分な競争力を持ち、世界中の人々から求められ、愛される価値を発揮できるものである。残念ながら、これまで日本は、工業国として欧米に追い付き、発展していくために必要な既存産業に対する戦略のみを重んじ、付加価値を尊重し、具体的な物品ではなく

ソフト製品に意味を置く産業に本腰を入れた政策を打ち出すことはなかった。それが、21世紀の初頭に表出した日本産業全体の沈滞感、出遅れ感を生んだ大きな原因とも思われる。

しかしながら、今日東京の六本木一体を中心とする地域において、心の高揚感や満足感を追求し、食、ショッピング、映画、美術、観光などエンタテインメントの発信と、様々な先端ビジネスを融合させた一大拠点を開発し、国内外から多数の人々を集めることに成功している事例が見られる。都内には、国際ビジネスの中心でありながら、多くのエンタテインメントを提供し、多数の人々を集客する拠点が、他にも複数存在する。

また、サイバーエンタテインメントの分野における成功例として、2012年度の売上高が、前年比2.6倍にのぼり、売上高営業利益率が60％にも至る、スマートフォン向けゲーム制作会社がある。売り上げの約90％を、一つのゲームソフトが占めているが、一回限りの成功で終わらないために、国内外で水平展開を進めている最中とされる。さらに、国外の有力ゲームメーカーの製品と連携するなど、他社との協力戦略により、より広い層の顧客獲得を図ろうとしている。自社や他社のゲーム間でキャラクターを融通し、広告を出し合うことで相互に利用者を誘導するなど、「面白さ」への追求に、大きなこだわりを持ってビジネスを展開している。このように、現在の短期的な成功のみならず、将来を見据えてビジネスそのものをデザイン化することにより、国際的なエンタテインメント企業への脱皮を図ろうとしている。こうした様々な試みこそ、日本が再度活性化するために必要としているものであり、如何にその機会を増やすかが、現在日本の直面する最重要課題と考えられる。

2020年には、世界最大級のエンタテインメントイベントの一つとされる、オリンピックが東京で開催される。失われた20年の後に、ようやく手に入れたこの世界的イベントこそ、21世紀の新しい日本を形造り、その能力を世界に発信する、またとない機会である。その成否は、既存、あるいは新設されるエンタテインメント／ビジネス拠点を、世界から求められる需要に対応して、如何に充実させ、グローバルビジネスの中心としてイベント終了後にわたって、どれだけ活性化させられるかに強く依存する。東京が、世界最高のエンタテインメント、そしてビジネスの機会を提供可能な都市として、世界中の人々の信頼と確信を獲得するためには、イベントに必要な空間、施設を整えるばかりか、何よりそのマネジメントを支える、グローバルな人材を育成することが重要である。2回目となる東京オリンピックは、21世紀における日本

のあるべき姿をより具体的に示すうえで、恰好の舞台になることは間違いない。

　今後日本が、高品質の生活に裏打ちされた先進文化国として国際社会で発展していくためには、古より独自に持つ、様々なジャンルの技術や文化を深く掘り下げ、その価値について分析し、融合し、また再結合するなどして、新たな価値を創造し付加価値を高める以外に方法はないと考えられる。日本が先進工業国としてのみならず、先進文化国として高品質で豊かな生活を提供することにより、世界から尊敬と賞賛を受ける国となるためには、文化を尊び、付加価値創成と高度化を重要視する産業、すなわちエンタテインメント産業を、効率的に育成していくことが何にも増して必要と考えられる。

1.2　サービス価値創造に関する研究、および教育への取り組み

　前節で述べたように、近年、日本をはじめ、主要先進国における産業構造の変化とともに、ビジネスのグローバル化が急速に進んでいる。こうした中で、我が国の経済成長にとって、サービス分野での生産性向上が不可欠と考えられる。しかしながら、この分野における我が国の生産性は、欧米諸国と比べ、低い水準にとどまっているのが現状である。それにもかかわらず、これらの課題解決に取り組むことができる人材の育成は、十分行われてきたとは言い難い状況にある。

　京都大学経営管理大学院では、平成19年度より文部科学省の委託事業「サービス・イノベーション人材育成推進プログラム」に関連して、研究会やシンポジウムの開催を重ね、ビジネスの動向や社会人の教育ニーズを探ったうえで、教育カリキュラムや教材開発を行っている。

　平成20年11月には、「第1回サービス・イノベーション国際シンポジウム」が開催された。基調講演において、理論に先行し、現場で産業界と連携しつつ、学術分野が貢献可能な方法について考慮することの必要性が提言された。また、日米におけるIT業界でのフィールドワークを活用したサービス開発という、ユニークかつ最先端の試みが討議された。さらに、グローバル展開する高級ホテルと、京都の伝統的旅館において、「おもてなし」の価値創造実践や人材育成がどのように共通し、どのように相違するのかなどが議論された。

　平成21年11月に開催された、「第2回サービス・イノベーション国際シンポジウ

ム」では、基調講演において、我が国が得意とする高度な技術に、運営・管理や部品製造なども組み合わせ、一貫したビジネスとして提案できるインテグレーターを育成することの必要性が指摘された。また「カイゼン」活動などで示された日本の生産性を、顧客がより価値を生むために展開・統合する方向性が提示された。さらに、サービスもパッケージ化して国際化を目指せること、そうした夢を描き、実現していく姿勢の重要性が強調された。

平成22年11月、経済産業省委託事業「産業技術人材育成支援事業（サービス工学人材分野）」プログラムの一環として、「第3回サービス・イノベーション国際シンポジウム」が開催された。今日、国の経済成長戦略としてサービスの国際化が必須であり、サービス産業の国際展開（アウトバウンド事業）だけでなく、海外からの訪問者に対する事業展開（インバウンド事業）も重要な施策となっている。このような重要課題であるサービスの国際化に関して、政府、産業界、学界から第一人者を招き、討論が行われた。サービスの「科学」や「グローバル化」に視点を置き、サービスの幅広い枠組みから本質に迫るという試みは、多種多様な産業・学術分野に関連する参加者にとって、斬新な取り組みであると好評であった。

平成23年11月に、「第4回サービス・イノベーション国際シンポジウム」が、「日本の高品質サービス〜和のかたち・和のこころ〜」をテーマとして、開催された。主な目的は、日本ならではの高品質サービスのグローバル展開について、現状と課題ならびに今後の展開の可能性について討議することであった。基調講演では、本来厳粛な面を持つ日本のもてなしに通じる数々の逸話が紹介された。また、パネル討論において、「京のおもてなし」と題し、歴史的伝統を活かした奥行きの深い文化の発信の仕方について、討論された。さらに具体論として、「和のサービスの国際化」と題し、日本の殻を破り世界へ進出する際の、それぞれの企業、業態ならではの苦心や工夫が紹介され、日本的強みを推し進めてよい部分と、過信に陥っていないか、再確認すべき部分などについて討議された。

平成24年11月には、「日本型クリエイティブ サービスの探求－いかにして日本のユニークさを世界にアピールするか－」をテーマとして、「第5回サービス・イノベーション国際シンポジウム」が開催された。基調講演において、現在から未来を見据えたサービス研究の動向が、わかりやすく紹介された。また、京都大学経営管理大学院が取り組んでいる、「日本型クリエイティブ サービスの理論分析とグローバル展開に向けた適用研究（JST-RISTE 問題解決型サービス科学プログラム）」について報告さ

れた。さらに、パネル討論により、グローバル化に際して、守るべき点と変えるべき点があること、日本人が日本で思う日本らしさは、必ずしも外国から見てそうでないこと、現地の拠点は現地に任せてこそユニークかつ伝統に則したものが生まれる可能性があることが示された。

　こうした活動を背景に、2011年度から、京都大学経営管理大学院に、「サービス価値創造プログラム」が開設されている。教育スタッフとして、サービス・イノベーションに関連の深い領域で実績を上げている教員や、ビジネス実務に精通した教員が配置され、同大学院に所属する他教員との協働、関連する研究プロジェクトとの連携が進められ、国内外の実務家も多く参加している。本プログラムの目的は、サービスに関して高いレベルの知識と専門性を有し、生産性向上をイノベーションによって引き起こし、より高い価値を提供する高度サービス社会を牽引する人材の育成である。

　このプログラムでは、「ものづくり」の側面だけでなく、製品・サービスの供給と消費を取り巻く「ひとづくり（人材育成）」、そして「ことづくり（シナリオ・ビジネスモデル開発）」が、今後ますます重要視される傾向にあると捉え、製品価値の低下に晒されないサービス創出発想の必要性を認識した教育プログラムの構成が図られている。

　現在、サービス・イノベーションというテーマに対して、個別事例をベースとして、文理横断的・統合的に捉えなおし、経営学、情報学、心理学、経済学、工学、芸術などを超えた、サービスの本質を統合的なフレームワークに位置づけるための研究が行われている。具体的には、流通、飲食、運輸、教育、ホテル、医療、広告、ITサービス、建設・土木、文化・芸術、公共サービスなどの各業界に個別に潜在化しているサービスのイノベーション事例について、文理の各分野の知識を動員して再検討することで、より広範かつ統合的な理解を深める研究を実施している。同時に、既存の経営関係の各分野の議論が、サービス産業の特性を踏まえると、どのように変容するかについて検討し、サービスの持つ特徴をまとめる作業が進行している。　さらに、場面ごとに異質であるというサービスの特性から、特定の現場に深く入り込む文化人類学的な方法論が、分析の方法として有効であり、伝統的な文化人類学的手法を、サービスのイノベーションという観点から整理・再開発し、その研究・教育の体系として位置づけし直すことが行われている。

　これらの研究を基に、文理を融合し、横断的かつ統合的理解を進めるためのプログラム、および文化人類学的な方法を基礎とした、サービス研究方法論を教育するプロ

グラムが開発されている。具体的な事例として、「老舗、食、伝統芸能、クールジャパンなど、日本固有のコンテクストに起因する高度な付加価値創出サービス」を日本型クリエイティブ サービスと規定し、その価値創出デザインに関する活動を紹介し、実際的な活動として、教材作成作業を行っている。

1.3 エンタテインメント ビジネス マネジメント講義の開設

　これまでに述べられた経緯と背景に基づき、2011 年度後学期に、京都大学経営管理大学院において、「エンタテインメント ビジネス マネジメント」の講義が開設された。エンタテインメントとは、単なる娯楽以上のものとして、芸術的、芸能的、あるいはスポーツなどのパフォーマンスやプレゼンテーションにより、多くの人々の心に直接訴えかけて感動を与え、共感を起し、希望を与え、生きる喜び、そして未来への夢と、生きていくための力を与える、クリエイティブ サービスの一形式と捉えることができる。一人の若き歌手、俳優、ダンサー、あるいはスポーツ選手のパフォーマンスが、老練な政治家の言葉に比べ、はるかに大きな影響力を人々の間に及ぼす可能性のあることは、あらためて言うまでもないことであろう。エンタテインメントが、政治、経済、教育、ビジネスなどに及ぼす影響は大きく、最近の例を挙げるなら、未曾有の大震災における被災者の心の復興に、如何に大きな役割を果たしているかを見れば、その重要性がよく理解できる。

　本講義の目的は、マネジメントそしてエンタテインメントの核心をなすコミュニケーションの原理を、脳科学、比較認知科学など、科学的立場を基に第一線で活躍する専門家に学び、さらにエンタテインメントの各分野で活躍するフロントランナー経営者（兼 創造家 / 創出家 / パフォーマー）を招聘し、その特徴を理解すると共に、エンタテインメントを基幹としたマネジメント手法について学習し、講義を通じて、知識を超越し、人間が本来有している潜在能力を呼び起こした上で、グローバルな視点に立ち、新たなビジネスを創造、企画、運営するための基礎感覚と能力を身に付けることとされた。

　本書は、京都大学経営管理大学院において、2011 年度～ 2013 年度に実施された一連の講義の中で、エンタテインメント ビジネスに直結するものを選び、内容が重複しないように調整したうえで、講義録としてまとめたものである。第 1 章 において、本書が出版される背景と経緯が述べられ、第 2 章で実際に行われた 14 回の講義から

成る講義録がまとめられている。さらに、第3章でエンタテインメントと社会との関係が論じられ、エンタテインメント ビジネスのマネジメントに関する一般論が述べられている。

　この書が、クリエイティブ サービスの重要な一翼を担う、エンタテインメント ビジネスを深く理解するために役立ち、とりわけ急速にグローバル化が進む現在のビジネス環境で重要さを増す、「日本型クリエイティブ サービス」について考察し、発展させていくうえの一助となるなら幸いである。

第2章

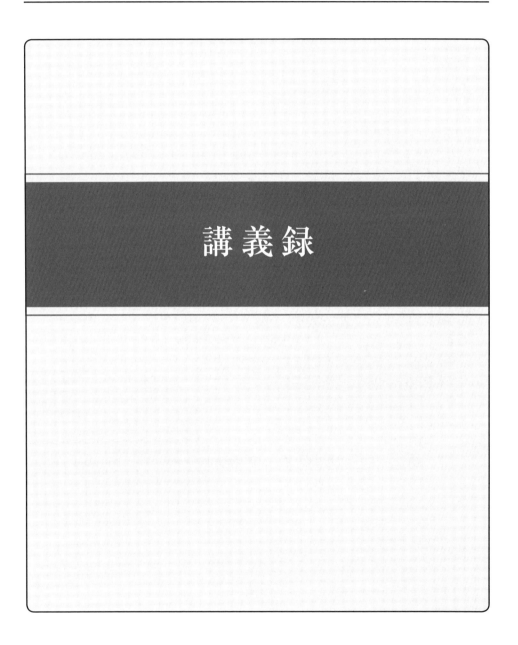

講義録

2.1 講義1　序　論

湯山茂徳

2.1.1　エンタテインメントとは何か

　エンタテインメントと言うと、皆さんは何を思い浮かべますか。おそらく、日頃テレビやラジオ、あるいは劇場やスタジアムなどで観たり聞いたりする、歌、踊り、ドラマ、スポーツなどの娯楽活動を連想するのではないでしょうか。その中には、AKB48の番組、野球やサッカー、相撲あるいはゴルフの中継があるかもしれません。また、様々なバラエティー番組に出演するお笑いタレントさんたちの、芸を楽しむこともあるでしょう。たまには、映画館や劇場に行って、映画、芝居やショーを観賞することもあるに違いありません。さらに、事あるごとに親しい仲間が集う、飲み会なども日頃よく経験するエンタテインメントの一つとも考えられます。エンタテインメントは、このように我々の日常生活にとって、空気や水と同じくらい普通に存在し、あまり意識することがないにもかかわらず、楽しく潤いのある生活をするために、なくてはならないものです。

　そこで、もう一度その本質について突き詰めて考えてみたいと思います。私の個人的な考えでは、「エンタテインメントとは、単なる娯楽以上のものとして、何らかの行事（イベント）を実施し、それに伴って行われる芸術的、芸能的、あるいはスポーツなどのパフォーマンスやプレゼンテーションにより、多くの人々の心に直接訴えかけて感動を与え、共感・同調を呼び起こし、希望を与え、生きる喜び、そして未来への夢と、生きていくための力を与えること、すなわち人々に幸福をもたらすこと」と定義できるのではないでしょうか。

　一人の若き歌手、俳優、ダンサー、あるいはスポーツ選手のパフォーマンスが多くの人々に感動と共感を呼び起こし、その一言が老練な政治家の言葉に比べ、はるかに大きな影響力を人々の間に及ぼす可能性のあることは、あらためて言うまでもありません。最近の事例を挙げるなら、未曾有の大震災における被災者の心の復興に、エンタテインメントが如何に大きな役割を果たしているかを見れば、その重要性がよく理解できます。

　古来より、エンタテインメントの一つの形態である「祭り」は、人々の生活に深く

根ざしたものであり続け、政治自身が「祭り事」と呼ばれるように、政治と切り離すことができないほど、強い関係にあります。宮中行事はその特別な事例であり、また茶事は戦国時代以降、今日に至るまで、政治的決断を下すための一つの場として、大きな役割を果たしてきました。

エンタテインメントは、人間（現世人類：ホモサピエンス）のみが持つ、特殊なコミュニケーション能力に基盤を置き、普通は喜び、楽しみなど、好ましい状況下における、心的・感情的状態に対応していると見なされます。これは、クリエイティブ サービスにおける主要素の一つと考えられ、人間の経済活動や社会活動に大きな影響を及ぼしています。遺伝子的に見て、人間に最も近いとされるチンパンジーは、突然起こった興味ある出来事に反応して感動を示すことはあるけれども、それを他の個体に伝え、共有することはないと言われています。ある事象で起こった感動を多くの人に伝えて共有し、共感・同調の連鎖を起こすことで成り立つエンタテインメントは、人間が本質的に備えている、特質や機能に関連したものであり、人種や社会的な環境（貧富や文化的背景など）に影響されない側面を持っています。

エンタテインメントに、本質的に求められるものとして、新たなパターンやチャンスを見出して人々に提供する能力、人々の感情に訴え感動を生み出す能力、人々と対話し説得する能力、様々な概念を組み合わせ新しい構想を生み出す能力、他人と共感する能力、人間関係の機微を感じ取る能力、そして自ら喜びを見出しさらに他の人々が喜びを見つける手助けをする能力などがあります。

エンタテインメントは、一般的に喜び、楽しみなど、好ましい状況下における感情的状態を意味する場合がほとんどです。しかし、その定義を拡張するなら、不安、恐怖、苦しみ、悲しみなど、本来好ましくない（不快）とされる状況で起こる感情を、負の事象と捉え、負のエンタテインメントを定義することが可能になります。

エンタテインメントの持つ使命、役割は、個人はもとより、社会や国家にとって、極めて重要なものです。それにもかかわらず、我が国においてこれを深く分析し、その実態、経営（マネジメント）、効果等を系統的に研究した事例はほとんど見られません。しかし、フランス、イギリス、イタリア、ドイツ、アメリカなどの主要先進国においては、エンタテインメントを広い意味の文化資産として捉え、国の文化、そして経済を支える重要なサービスビジネスの一環として、観光などのインバウンド事業を発展させる手段とみなし、社会的、国民的合意のもと、相当の経済的、経営的支援を与えているのが実態です。

エンタテインメントの原理を知るためには、脳科学、心理学、文化人類学、教育学、比較認知科学など、広い領域にわたる総合的な知識とそれらに対する分析力が必要です。この授業シリーズの中で、最初に行われる本授業では、政治、経済、教育、ビジネス、科学技術、芸術など、人間の様々な活動に直接的、あるいは間接的に関与するエンタテインメントの起源、特徴、働きなどの原理について科学的な視点で分析し、その本質について検討してみたいと思います。

2.1.2　エンタテインメントの起源

　エンタテインメントは、一体いつ生まれたものでしょうか。人間に最も近いとされるチンパンジー（遺伝子的に見ると、その98％以上が人間と同一）は、人間に似た遊びの行動をとるとも言われますが、人間が示すようなエンタテインメント性を持つ行動様式を持たないことは明らかです。したがって、人間が人間としての心（文化）を持ち始めた時点をもって、エンタテインメントの始まり（起源）と言うことができるでしょう。

　狩猟採集の時代なら、大猟（漁）に恵まれ、明日の食糧に当面心配しなくてよい時に、また農耕時代なら豊作に恵まれ、豊かさを感じた時に人々は祭りを行い、御馳走を食べ、酒を飲み、歌ったり踊ったりして喜びを分かち合ったに違いありません。これこそ、一般的なエンタテインメントの始まりとも言えます。

　家族や血縁、さらに地縁関係にある者にとって、新たな仲間の誕生は、間違いなく最大の喜び（エンタテインメント）であり、祝いの対象です。さらに、人間が死を悼み、死者を弔い始めるようになった時に、人間としての心が芽生えたと考えることもできます。これを認めるなら、人間が死者を弔う儀式（葬式）を始めるようになって、エンタテインメントが始まったと言うこともできるでしょう。これこそ、祀りの原型と言えるのかもしれません。

　赤ちゃんや幼児が持つエンタテインメント力は、その起源や原点を探るうえで、大きな手掛かりを与えてくれます。赤ちゃんは、自らが持つ能力を最大限利用し、人間としての心を育み成長させます。また、幼児は日々の様々な遊びを通じて社会の一員として生きていけるように教育・訓練され、成長していきます。いずれにも当てはまることは、エンタテインメントという共通項が、本人のみならず周囲の人たちを巻き込みながら、発展し続けるということです。

　赤ちゃんは、様々な方法で自ら周囲に対して働きかけを行いますが、基本的にはまだ世話を受ける存在です。それが3歳程度になると、既に人間の心が芽生えてはいるものの、まだ半分は想像の世界に住み、現実を明確に識別できる状態になく、ファンタジーの世界に住むとされます。やがて、ほぼ4歳以降になると、自分と他者の心の差を理解できるようになり、遊びの中で序列をつけたり、小集団を作ったりして、権力を行使し始めるようになると言われます。

　幼稚園で実践される幼児の遊びには、踊り、歌、劇、水遊び、森歩き、虫探し、粘土遊び、描画、工作、想像遊びなど、大人が通常楽しむエンタテインメントの基本要素が、ほとんど取り込まれています。それゆえ、エンタテインメントの起源が、こうした遊びと強く関連していると言っても、決して過言ではないように思われます。

　『梁塵秘抄』では、「人はまさに遊ぶために生まれてきた。」と記しています。子どもは遊びの天才であり、大人もまた遊びの天才なのです。一見無駄とも思える遊びの大好きな人間が、エンタテインメントを好むことは、至極当たり前のことでしょう。

エンタテインメントの原点が、人間としての心の芽生えにあるとするなら、それは赤ちゃんが、どのように心を発達させていくかに強く関連します。また、幼児たちの遊びの中に、大人の行うエンタテインメントとの共通点が、多く認められることから、我々がいつも享受するエンタテインメントの起源は、子ども時代の遊びに強く関連しているとも考えられます。

2.1.3　エンタテインメントの用語

ここで、エンタテインメントに関する理解をより深め、明瞭化するために、エンタテインメントに関する用語を、以下のごとく定めることにします。
(1)　エンタテインメント力
(2)　エンタテインメントエネルギー
(3)　正のエンタテインメント
(4)　負のエンタテインメント
(5)　エンタテインメント数直線
(6)　エンタテインメント購買力
(7)　サイバーエンタテインメント

2.1.3.1　エンタテインメント力

エンタテインメント力とは、快感、幸福感、満足感、安心感、共有感など、エンタテインメントの基本となる感情や感動を引き出したり、引き起こしたりすることのできる能力（働きかけの力）のことを言います。わかりやすい例として、赤ちゃんの持つ、特殊な能力が挙げられます。赤ちゃんが一人いるだけで、周囲の人々（特に大人）が注意を向け、可愛いと思い、自然に楽しくまた嬉しく感ずることは、誰もが認めることでしょう。こうした力は、赤ちゃん時代なら誰でも当たり前に持つ、基本的なエンタテインメント力と考えられます。

人間の赤ちゃんは、他の動物に比べあまりに未成熟な状態で生まれるので、大人の世話を受けなければ生きていくことができません。生き残るためには、大人の注意を引き付けることが絶対的な必要条件であり、そのための戦略として、エンタテインメント力が使われると考えられます。しかし、乳児期から幼年期、少年期、青年期へと成長を続ける過程で、エンタテインメント力はだんだん失われていきます。

そうであっても、幼児には、相当の力が残っています。とりわけまだ幼い3歳児などは、いまだに夢・想像と現実の区別がつかない、成長途上の段階にあり、実質的に想像の世界に住んでいるため、こうしたエンタテインメント力をかなり強く保持していると言ってもよいと考えられます。多くの舞台人が、幼児と一緒に舞台に立つことを望みません。なぜなら、幼児は舞台上で観客の注意と関心を、いともたやすく奪ってしまうからです。

　普通の人間なら、大人になった時点で、幼い時に持っていたエンタテインメント力は、ほとんど失われてしまいます。しかし、非常にまれに、人々の注意を自然に惹き、注目を集めることができる、特殊な才能を持つ人が存在します。観阿弥とともに、現代に続く能の創始者とされる世阿弥は、能の理論書『風姿花伝』の中で、「人が持つ能の位は、その人に生来備わった品格であり、もともと備わっていなければ身に付けることは難しい。ただし、稽古に励むことによって、隠れていた位が自然ににじみ出てくることがある。」と言っています。優れた才能を天性から持つ人が、そのエンタテインメント力に日々磨きをかけ、研鑽を続けることにより、真のエンタテイナーとなり、さらに幸運に恵まれた場合に、人々を魅了し続けるスーパースターが、初めて誕生すると考えられます。

　エンタテイナーが持つエンタテインメント力は、その人が持つ、カリスマ性、存在感、品格などが強く影響し、おおむね、対象となる仕事をした時に支払われる、金銭の額で評価可能です。すなわち、その人気や評判に基づき、出演料、講演料、原稿料、契約金などの形で反映・評価されることになります。

2.1.3.2　エンタテインメントエネルギー

　エンタテインメントエネルギーは、エンタテインメント力によって励起された個人、グループ、コミュニティー、社会などの感動や共感が、実際に積極的な行動を起こし、また起こすための引き金となって生ずる、総合的な熱気・熱狂など、自発的行動の発信・発散作用と定義されます。これによって、人々は、希望、生きる喜び、そして未来への夢と、生きていくための力（意欲）を得ることができるようになります。化石燃料や太陽エネルギーなどのように、熱や電気の形で実体化されるハードエネルギーと異なり、人間の脳内で発生・成長し、外部に拡散して消費されるソフトエネルギーと見なされ、幸福感の醸成に深く関わります。

　エンタテイメントエネルギーの特徴は、エンタテイメント力の入力によって生ま

れ、励起された感動や共感が、人々に共有されることにより、さらに成長し続けるという、連鎖反応を起こすことです。例えば、素晴らしい演奏や演技、あるいは美術作品を鑑賞することで引き起こされた感動や、お笑い芸によって生まれた笑い、場合によって悲しみは、同席する隣人に伝染し、互いに反響し合ってますます増幅・拡大することが知られています。こうした現象そのものが、エンタテインメントエネルギーの発生、拡散過程を示しています。

エンタテイメントエネルギーの大きさを、数値化することは難しい仕事です。しかし、簡易的には、励起された感動、共感、あるいは共有の数で評価可能と考えられます。すなわち、音楽、舞踊、美術（絵画や彫刻）、演劇、映画、お笑い、スポーツなどのエンタテインメントイベントなら観客動員数が、Facebook なら「いいね」の数が、YouTube なら再生数が、着メロなら配信数が、また書籍、CD、DVD なら販売数が評価基準になります。さらに、当然のことながら、テレビの場合視聴率が、またライブイベントなら観客の拍手や歓声の大きさが、引き起こされたエンタテインメントエネルギーの大きさを表すことになります。

2.1.3.3　正と負のエンタテインメント

正のエンタテインメントとは、快感を生じさせる気持ちの良いもの、楽しいもの、嬉しいものなどに対応し、普通の言葉で言うなら、「起こってほしい事柄」ということができます。一方、負のエンタテインメントは、その逆に「起こってほしくない事柄」、すなわち、不快や不安、苦しみ、恐怖、危険、危機など、人間が心配や不満を感ずる事象に対応します。具体的には、死、病、飢餓、犯罪、災害、事故、戦争、暴力、いじめなど、心の中で忌み嫌っているものと言うことができます。ただし、負のエンタテインメントは、場合により正のエンタテイメントに転換します。例えば、悪事を働くこと、すなわち犯罪は、古くから歌舞伎や映画の主要な題材として扱われています。悪役のいない物語は、まるで調味料の入らない料理にも等しく、悪の存在そのものが、エンタテインメント性を際立たせる本質的な要素として働いているのです。このように、正と負は表裏一体のものであり、一方のみが存在することはあり得ません。負の力が強ければ強いほど、その変換の結果として得られる正の力が強くなります。これは本来生物が、負の力に打ち勝たなければ存続できないという、生存競争の基本的ルールに強く関係していると考えられます。

2.1.3.4　エンタテインメント数直線

　エンタテインメント数直線は、正と負の感情が拮抗する点を 0 と置いて原点に定め、正のエンタテインメントを正方向の大きさで、負のエンタテインメントを負方向の大きさで表した仮想の数直線です。原点の位置は、各個人の感覚や経験、あるいは文化的背景、社会的背景、宗教的背景などで変化し、前述したように正と負が入れ替わる場合があります。一般的には、正義あるいは快に関するものが正の、また非正義や不快に関連するものが負のエンタテインメントに対応します。しかし、正義の概念や定義は、個人や社会の感覚、経験、歴史、文化的あるいは宗教的背景で変化し、常に揺らぎの状態にあるので、一義的に定義することは困難です。

エンタテインメント数直線

2.1.3.5　エンタテインメント購買力

　エンタテインメント購買力とは、エンタテインメントを購入する能力のことを言います。すなわち、一般的には、金銭でエンタテインメントを購入する際の、経済的な能力を意味します。ただし、エンタテインメントの価値基準は、各個人で異なり、ある人にとって極めて価値の高いものであっても、別の人にとって全く無価値な場合や、その逆があります。

2.1.3.6　サイバーエンタテインメント

　サイバー空間とは、コンピュータや、コンピュータが形成するネットワークの中に広がるデータ領域で、多数の利用者が自由に情報を交換・交流できる仮想的な空間のことを言います。1990 年代から始まったインターネット、SNS 技術の発達とともに、サイバー空間上で、様々なエンタテインメントが創成されています。例えば、Web 検索エンジン、YouTube、Facebook、各種 SNS ゲームが提供するサービス、そして音声合成ソフトウェアから発展し、架空の存在であるバーチャルアイドルの初音ミクなどです。これらが提供するエンタテインメントを総称して、サイバーエンタテインメントと呼ぶことにします。

2.1.4 エンタテインメントの種類

エンタテインメントを、その特徴から分類するなら、大きく分けて次の2種類にまとめられます。

① 人間が動物であることに起因するもの、すなわち他の動物でも同様の行動原理が働くもの
 a. 食（生命維持）に関するもの
 b. 生殖（種の継続）に関するもの
 c. 戦い（個の生命や種の存続）に関するもの

② 他の動物と異なり、人間のみが創造した文明や文化に関連するもの
 a. 美の認識と評価
 b. 自由な表現
 c. 学習と教育
 d. 価値創造
 e. 共感
 f. 挑戦
 g. 発展
 h. 晴れ舞台

上述の①について、説明は容易です。動物は、食物を摂取しない限り、生命を維持することができません。したがって、食物採集・摂取に関連する行為そのものが人間を含む動物にとって、必要不可欠なものです。また、生命が持つ最大の目的は、個および種の存続と、継続です。人間を見ても、恋愛・性愛、そして戦い（スポーツ、その他の勝負事）が、エンタテインメントとして、如何に多くの部分を占めているかを見れば、そのことがよく理解できます。

②は、人間の祖先が、数万年前にアフリカを出発して世界中に広がり、その地で様々な文明・文化を創造したことに深く関連します。すなわち、人間が発展を遂げる過程で、必然的に必要とされる能力として、築かれ備わってきたものと考えられます。

このように、心の状態を映し出す鏡として、エンタテインメントには、人間が動物として持つ本能的な行動に起因するものと、人間が現在に至る進化の過程と密接に関連付けられるものがあります。その働きを知るためには、脳科学、心理学、文化人類

学、教育学、比較認知科学など、広い領域にわたる総合的な分析が必要です。

2.1.5 エンタテインメントの基本行為

エンタテインメントの基本行為とは、一体何でしょう。既に、エンタテインメントは、①人間が動物であることに起因するもの、すなわち他の動物でも同様の行動原理が働くもの、そして②他の動物と異なり、人間のみが創造した文明や文化に関連するもの、の2種に区別されることを示しました。ここでは、エンタテインメントの様々な行為を具体的に取り上げて詳細に分類し、その背景について説明を試みます。

2.1.5.1 人間が動物であることに起因する行為

a. 食（生命維持）に関するもの
- 父親（狩人）が狩りに出かけ、愛する人（家族や仲間）のために獲物を獲る行為
- 母親が赤ちゃんにミルクをあげる行為
- 美味しいものを食べる行為
- 愛する人や親しい人（家族や友人）のために料理を作る行為
- 愛する人や親しい人と飲食する行為
- 御馳走を皆で食べる行為（祭り）
- 富（余剰な食料や、それと交換可能な金銭や財）を勝ち取り、蓄える行為

人間が生物である以上、食物を取らなければ生きていけません。したがって、言うまでもなく食物の採取は、人間が生命を維持していくうえで、最も重要な行為の一つです。現生人類は、およそ20万年前に登場したと言われます。登場以来そのほとんど（おそらく95％以上）の期間で、狩猟により食物を得てきたとみなしても、言い過ぎではないと考えられます。なぜなら、農耕に基盤を置いた世界の4大文明であっても、その歴史はせいぜい数千年であり、日本で農耕が始まったのは、弥生時代に入った後の、およそ二千年前だからです。

狩猟の一種に、釣りがあります。私はその中でも渓流釣りを趣味の一つとしているので、狩猟のエンタテインメント性については、よく理解しているつもりです。渓流釣りは河川の上流域で行われ、本流と呼ばれる水量の豊かな流ればかりか、支流のいわゆる歩くのも困難な沢に入り、獲物を求めて遡行する釣りです。これは、

かつて我々の祖先が獲物を追い求め、何日にもわたり、命がけで狩猟を行ったことと、類似性が非常に高い行動です。

釣りの醍醐味は、運よく獲物を釣り上げることができた時に、ほとんど口では言い表せないほどの感動、快感、嬉しさが得られることです。それこそ、言葉にできない喜びで頭の中がいっぱいになり、しばらくはその感動に浸り、他の考えなど思い浮かばないほどです。このように、食糧獲得の行為が成功した時に、快感、喜びという形で得られる脳内報酬には極めて大きいものがあります。それは、自分のみならず、家族や仲間のために、少なくとも今日、そしてもしかしたら明日の糧を得て不安を解消できたことに対して、自分自身に与えられる褒美であり、究極のエンタテインメントなのだと思います。

人類にとって、狩猟から得られるエンタテインメントは、人種、民族、地域、文化、年齢、時代を超えて、共通のものであると考えられます。数万年前に、我々の祖先たちも、きっと現代に住む我々と同じ気持ちで狩猟を行い、成功で得られるエンタテインメントを、同じように楽しんだに違いありません。

食に関連する行為は、エンタテインメントの最も主要な部分を形成します。母親が、まだ何もできない赤ちゃんにミルクをあげる行為は、まさに人類が種を存続させるために、絶対的に必要なものです。美味しいものを一人で食べるのもよいし、家族や親しい仲間と一緒に食べれば、その楽しさは倍増します。我々は、何かめでたいことがあれば必ず、たとえ何もなくても理由をつけて「祭り」を企画し、御馳走を食べることを止めません。やはり食こそが「生きる」ことの基本なのです。

食に関連してさらに言うなら、古代人にとっても、現代人にとっても、より多く

の富（余剰の食糧、あるいはそれに交換可能な金銭や財）を支配できれば、食をはじめとして、生きるために必要な、あらゆる物や機会をより多く手に入れることが可能になります。したがって、富を勝ち取り蓄える行為も、必然的に重要なエンタテインメント行為の一つになると考えられます。

  b. 生殖（種の継続）に関するもの
    ・異性を愛し、また愛される（恋愛）行為
      文学：万葉集、源氏物語、ロマンス
      映画：悲恋物語（Waterloo Bridge、君の名は、慕情、ラブストーリー（ある愛の詩））
      演劇：ロミオとジュリエット
      オペラ：蝶々夫人
      バレエ：白鳥の湖
      ミュージカル：ウェストサイド物語（現代版ロミオとジュリエット）
      能、歌舞伎：娘道成寺
      文楽：曽根崎心中
      歌曲：おわら風の盆恋歌
    ・性愛の行為
      浮世絵（春画）：海外で芸術作品として高い評価（ゴッホ、モネなど印象派画家への影響、ピカソが所蔵：作品への影響）
      文学：好色一代男（井原西鶴）

　人類にとり、種の継続が最大の命題である以上、男女の恋愛は必要不可欠なものと考えられます。それゆえ、人間は恋愛物語が好きです。とりわけ主人公となるヒーロー、あるいはヒロインのどちらか、あるいはその両方とも最終的に死んでしまうという、悲恋物語を好む傾向があります。古今東西、どの世界でも悲恋は小説、演劇、舞踊、また映画の題材として広く取り入れられてきました。ハッピーエンドでは終わらない、主人公の死という「負のエンタテインメント」が、物語性を高め、読者や観客のエンタテインメント感覚をより強く刺激し、感動や共感を引き出すためのスパイスとして、重要な役割を担っているのです。
　性愛は、種の継続に対してより直接的な行為であり、やはりエンタテインメント

の重要な部分を形成しています。江戸時代の有名な浮世絵師たちによって描かれた「春画」は、倫理的問題から、母国の日本において、公的な場所での鑑賞は、基本的に不可能な状態です。しかしながら、文化先進国である欧米諸国では芸術作品と見なされ、美術全集として出版され、また有力な美術館や博物館で、しばしば展示会が開催されています。

  c. 戦い（個の生命や種の存続）に関するもの
    ・闘争し、また闘争を見る行為
      ローマの闘技会（コロセウム、アリーナ）、闘牛、相撲、格闘技、各種スポーツ、武道、戦争映画
    ・勝負に勝つ行為
      将棋、囲碁、麻雀、様々な競争、賭け事、株取引、先物取引

生物は、生き残るための生存競争（戦い）に、常に直面しています。万物の長と見なされる人間であっても、決してその真理から逃れることはできません。戦いは、人間が生まれてこの世を去るまで、常に乗り越えなければならない試練です。

人間は、生まれ落ちてすぐに戦いに向かい合わなければなりません。生まれたばかりの赤ちゃんは、親の愛情を得るために、生来身に付けた最善の戦略を用いて注意を引こうとします。さらに、幼児期を迎え、社会生活に加わるようになると、また別の新たな敵に遭遇し、戦いに勝ち残らなければなりません。学校、ビジネス、社会、全てが程度の差こそあれ、ある意味で戦いの場となります。

結果の先行きが見えない戦いは、人間にとって大きな不安材料（リスク）となり、負のエンタテインメントの重要な要素です。しかし、だからこそ戦い（勝負）に勝てた時の喜びは大きく、得られる感動は忘れられないものになります。それゆえ、スポーツや賭け事など、勝負に関する各種のゲームは、人間に大きなエンタテインメントの機会を与えてくれます。

2.1.5.2　文明や文化に関連する行為

  a. 美の認識と評価
    ・美しいものを創作し、演じ、鑑賞する行為（芸術、芸能）
    ・美しいものを手に入れる行為（芸術作品）

- 美しいものを身に着ける行為（ブランド品：ファッション製品、高級車、高級腕時計）
- 自分が美しくなる行為（美容、化粧、整髪、ファッション）
- 美しい光（花火、イルミネーション）を見る行為
- 良い匂いを嗅ぐ行為（香道）
- 美に関する感性や知識を磨き、深める行為（芸術作品の鑑賞）

　古くから美について、いろいろな議論が行われています。美の感覚や意識には、個人差はもとより、社会的背景、歴史的背景、宗教的背景などにより価値観に違いが生ずるため、広大な奥行きと広がりがあります。唯一明確に言えるのは、美を造り、鑑賞し、評価できる生物は、地球上に人間しか存在しないということです。個々の対象物について美を説明することは難しいけれども、それを鑑賞した人間が、大きな感動や共感を覚えることは、間違いない事実です。それゆえ、一つの見方をすれば、美とは「エンタテインメント力を持つ人間の創造物」と言えるのかもしれません。

　人間の祖先は、一体いつから美を意識するようになったのでしょうか。ある報告によると、ネアンデルタール人が、亡骸に副葬品として花を手向けた事実が、遺跡の発掘で明らかになっています。美という特別な価値を持つ花を添えて死者を弔うことは、人間の尊厳を認め、悲しみを表す行為として、既に認識されていたのかもしれません。また、ラスコーやアルタミラで発見された、旧石器時代の現世人類が描いた洞窟画の素晴らしさは、それが現代にも通ずる芸術作品とも感じられ、彼らの持つ優れた美的感覚を証明しています。美を創造付加する行為に対する熱意や喜びは、人種、年齢、文化、地域の違いにかかわらず、共通しています。美を愛でる心は、人類が生まれて以来、決して絶えることなく育んできた、最も人間的な特質・特徴の一つです。

b. 自由な表現
- 自分を表現する行為（音楽、舞踊、演劇、絵画、彫刻、映像）
- 他の人々に、自分を知ってもらう行為
- 他の人々に賞賛される行為

人間は、他の動物と異なり、自分の意思や感情を他人に伝えるために、様々な方法で複雑なコミュニケーションを行うことができます。それには、音声言語、音楽、舞踊、造形、映像、そしてそれらの組み合わせなど、ありとあらゆる手段を用います。こうした自由な表現の創造こそ、エンタテインメントの基本要素であり、芸術を生むための基礎になっていると思われます。

　また、自分が創造したものを他人に見てもらい、評価・賞賛されることは、その人にとり、大きな喜びです。他者の評価・賞賛は、脳内の報酬系をつかさどる部分に大きな働きかけを行い、エンタテインメントエネルギーを呼び起こす重要なきっかけになると考えられます。

c. 教育と学習
　・教え育てる行為（教育）
　・自分が成長するのを自覚する行為（学習）

　人間は、教え、学ぶことが非常に好きです。既に赤ちゃんの時から、周囲の大人は共に遊びながらいろいろなことを赤ちゃんに教え、成長していく過程で、うまく社会生活ができるように育てようとします。また、赤ちゃんの方も、ありとあらゆる方法で親や、周りにいる人の注意を引き、学ぼうとします。

　やがて、子どもが社会に入り、学校に通うようになると、教育の場は学校が大きな比重を占めるようになります。学校教育における大きな問題は、生徒にとり教育

内容の全てが、いつも正のエンタテインメントであるとは限らないという点です。しかし、教育を実践していくうえで、負のエンタテインメントを感じさせる場合があることは、避けて通れない事実です。たとえ負のエンタテインメントであっても、取り扱い方を誤らなければ、正に転化できる可能性があります。負の要素の中に如何に正の要素を見出し、正のエンタテインメントに転化させながら教育を実践していくかが重要であり、忍耐強く弛まない努力を継続していくしか、この問題を解決する方法はないように思われます。

親が子どもの成長を感ずる時、そして先生が生徒の成長を知った時に得られる喜びはたいへんなものです。生徒の成長と成功を見て「先生冥利に尽きる。」という言葉が用いられます。これこそ、教える側の最大のエンタテインメントを表しているのではないでしょうか。

学ぶことの喜びには、自分で自分を教育し、高みに導くという自己啓発作業も含まれます。自分が成長を続け、より多くの成果が目に見えるようになり、成果を確信できることは、本人の脳内で自己報酬機能の作動を促し、大きなエンタテインメントになると考えられます。

d. 価値創造
- 笑う行為（ギリシャ喜劇、笑い奉納、狂言、コメディーフランセーズ、チャップリンの喜劇、寅さん、落語、漫才）
- 運動（体を使い動かす）して健康を保つ行為
- 自然と遊ぶ行為（登山、川遊び、海水浴）
- 幻想したり、夢を見たりする行為（ディズニーランド、テーマパーク）
- 整理・整頓し、清潔にする行為
- 希望を持つ行為
- 希望を持たせる行為
- 欲しいものを手に入れる行為（買い物）
- 心地よい環境に暮らす行為（建築、庭園、家具・調度：桂離宮、修学院離宮、都市空間、都市設計）
- リラックスする行為（ストレスフリー）
- 悪をはたらく行為（悪役、Who's Bad?（M. Jackson）、悪魔、魔女、犯罪小説）
- 人を裁き、罰する行為

- 人を苦しめる（虐待する）行為（サディズム）
- 人に苦しめられる（虐待される）行為（マゾヒズム）
- 珍しいものを見る行為（サーカス、曲芸、奇術（手品））
- 恐怖を味わう行為（お化け屋敷、怪談、ホラー映画、スリラー映画）
- 変身する行為（化粧、仮装（ハロウィン、仮面舞踏会、コスプレ））

　人間は、実在する物あるいは抽象的な概念を問わず、周囲に存在するありとあらゆる物や考えに対して、新たな価値を見出し、意味づけを行うという方法で、価値創造をすることが得意です。ポジティブな情動的コミュニケーションの一つとされる笑いは、その一例と考えられます。姿かたちがおかしいと言って笑い、色が変だと言って笑い、大きさが違うと言って笑い、考えがおかしいと言って笑い、失敗したと言って笑い、面白いことをしたと言って笑います。他と違う予想外の何か新しいものを見つけると、あるいは、たとえそれが予想に近いものであっても、その価値を評価し、感動・共感して笑うという行為が発生し、他の人々にも伝染します。

　いわゆる噺家は、こうした笑いの基（ネタ）を探し出したり作ったりして、言葉で他人を笑わせる名人です。普通の人が気づかない仕草や、所作、動作、あるいは言葉の表現を見つけ、それを基に他人の注意を引き付け、その面白さに共感させることで笑わせます。

　人間は時には猛威を振るい、多大な被害を与える自然の中に入り込んで自分が同化することを楽しみ、体を動かして運動することにも、多くの価値を与えます。さらに、子どもから大人まで、夢の世界で遊ぶことが大好きです。ディズニーランドをはじめとするテーマパークの盛況ぶりが、それを示しています。また、生活の豊かさが十分高まれば、より心地よい快適な環境で暮らすことに多くの価値を置くことは、当然のことでしょう。

　一方、悪は、基本的に負のエンタテインメントに関連しています。しかし、悪の行為を想像したり、演じたり、語ったり、聞いたり、見たりすることは、その価値を認め、正のエンタテインメントへと導くための大切な機会になります。

　　e. 共感
- 妊婦が胎内にいる赤ちゃんの存在を感じ、心を通わせる行為
- 赤ちゃんと心を通じ、一緒に遊ぶ行為

- 幼く、可愛らしいものを愛でる行為
- 愛する人や親しい人（家族や友人）を気遣い、愛する行為
- 愛する人や親しい人（家族や友人）と時を過ごす行為
- 動物を愛玩し、共に遊ぶ行為（ペット、動物園）
- 他の人々を幸福にする行為
- 他の人々と幸福を分かち合い、共有する行為
- 苦しみや困難、不幸を分かち合い、共有する行為
- 悲しみに浸る行為
- 涙を流す行為（笑いと同じように、他の人々にも伝染する）
- 絆を保ち、分かち合う行為
- 弱き者、不幸な者に同情し、助ける行為
- 驚いたり、驚かせたりする行為
- 勇気を持ち、勇気を示す行為
- 贈答したり、されたりする行為（プレゼント交換）
- 自然に入り、親しみ、抱かれる行為
- 生と死
- 笑う行為

　人間は、一人で生きていくことはできません。最も身近な存在として家族が、そして友人が、また職場の仲間が、あるいは社会を共に構成する知人や他人がいます。複数の人間が共生していくには、当然のことながら、心をまとめ平安に保つための共感が必要です。家族であれば無償の愛が、友人であれば友情が、仲間であれば気遣いが、社会であれば文化的通念や常識がその支えになります。共感は、人間同士にある互いの距離感によって、その表れ方は様々に変化します。

　赤ちゃんや幼児などは、本質的に誰にでも愛される存在です。それは家族など、ごく親密な者のみにあてはまるわけではなく、周囲にいるほとんどすべての人が、同じような気持ちを持つような社会的反応です。彼らは、単に家族のみならず、社会を構成するすべての人々にとっても、かけがえのない存在であり宝なのです。

　人間は幸福、不幸、困難、悲しみ、苦しみなどを他人と共有し、共感することに多くのエンタテインメント性を感じます。これは、映画や小説などの芸術作品としてばかりでなく、ボランティアなど様々な社会活動に、具体的な形で現れます。ま

た、贈り物を贈るのも、貰うのも嫌いな人はいません。自然の中に入り、自然と共感することも幸福感を感ずる一時です。さらに、生は当たり前のこととし、死をもエンタテインメントの主な対象・題材として、多くの芸術作品が存在します。

  f. 挑戦
- 冒険し、危険を冒す行為
  大航海時代（コロンブス）、ベンチャー企業、バンジージャンプ、スカイダイビング、ロッククライミング、株取引
- より早く、より高く、より遠く、より美しくあるべく挑戦する行為（スポーツ）
- 何かを探し、見つけ、追いかけ、捕まえる行為（鬼ごっこ、狩り、釣り、研究、研鑽）
- 新しいことに挑戦する行為（宇宙開発、深海開発、技術開発）
- 物を製作する行為（職人）
- 仕事を成し遂げる行為
- 困難を克服する行為
- 好奇心を満たす行為
- 未知のものを知る行為（旅行、オーロラ見物、サファリツアー、イルカ発見ツアー、SF小説）

挑戦し、何かを新たにやり遂げることは、最も人間らしい行為の一つです。人間が冒険をせず、あるがままの自然をただ受け入れるだけの存在であったなら、今日の文明は生まれなかったでしょう。もしコロンブスが500年以上前に、未知の世界に向かって冒険し、旅立たなかったとしたら、今日の世界は全く別の姿をしていたことでしょう。

ビジネスの世界、芸術の世界、科学の世界、そして誰もの人生そのものが未知への挑戦の連続であり、人間はそれを最高のエンタテインメントの一つとして毎日を生きています。小惑星探査機はやぶさの無事の帰還を、ハラハラしながら祈り、イプシロンロケットの打ち上げを、今か今かとワクワクしながら待ち侘びる、何十万、何百万人もの人々の上気した顔が思い浮かびます。

  g. 発展

・火（灯）を使う行為
　暖炉、囲炉裏、炬燵、炉端焼き、バーベキュー、キャンプファイア、火起こし、
　火祭り（どんど焼き）、花火、イルミネーション
・科学や技術の研究と開発
　ノーベル賞

　人間の文明は、（科学的）知識に基づく技術の導入、そしてそれに対応して発達した社会制度との相互作用として発展してきました。技術的発展の第一歩は、化学の火（第一の火）の利用です。火の発見は、単なる偶然の産物なのかもしれません。しかし、これにより人間は初めて自然のエネルギー循環から独立した形で、自らの意思に基づき、エネルギーを利用できるようになりました。

　最近、原人ホモ・エレクトスが、およそ100万年前に、人類として初めて火を使用したという学説が発表されました。以来、火を囲んで人付き合いすることが、人間として最も重要な特徴であるという研究成果が報告されています。

　灯（火）を源とする花火やイルミネーションは、美の形態の一つとして、多くの人々が感動するエンタテインメントです。また、子どもにとって火を起こすことは、たいへん大きな興味をそそる遊びであるとされています。やはり人類発展の契機となった火は、現代人にとっても、大きな魅力があるエンタテインメントなのです。

　新しい技術の発展は、今日においても、重要なエンタテインメントを提供しています。新たに開発された製品（例えばスマートフォン）が発売されれば、多くの人が行列して買い求めようとします。このように、新技術の開発は、誰もが飛びつく魅力を持つエンタテインメントです。

　化学の火に比べ、原子の火（第二の火）が用いられるようになったのは、つい最近（数十年前）のことです。原子の火の利用はまだ日が浅く、人類にとって経験が不十分な点や、生物そして環境に及ぼす影響について未知の部分が多く、その利用を今後どのようにするべきかについて、様々な考えがあります。特に、2011年3月11日に起こった東日本大震災で発生した原子力発電所の事故は、原子の火の利用について、世界中で大きな議論を巻き起こす契機となりました。

h. 晴れ舞台
・新たな生命の誕生を待ちわび、また誕生を祝う行為

・愛する者の成長を見守る行為（誕生日、七五三、桃の節句、端午の節句）
　　・人生の区切りに関連する行為（入学式、卒業式、入社式、結婚式、銀婚式、金婚式、還暦、喜寿、米寿、葬式）
　　・叙勲、園遊会招待、ノーベル賞

　人間の一生には、様々な区切りとともに、晴れ舞台が用意されています。晴れ舞台とは、普通の人にとって普段は起こらない、衆人の注目を浴びる機会のことです。晴れ舞台は、本人のみならず、周りにいる多くの人を巻き込んで、エンタテインメントを提供します。
　誕生は、新しい家族の一員を待ちわびる一家の注目を集める、人生最初の晴れ舞台です。さらに、成長とともに、節目には必ず様々な祝い事が待っています。そして、皆の注目を浴びる最後の晴れ舞台が、葬式です。たとえ本人がこの世にいなくとも、皆が別れを告げに来る最後の儀式だからです。このように、人間は生を受けてから、絶え間なく様々な晴れ舞台を経験しながら人生を歩んでいきます。晴れ舞台には、いつも贈答や御馳走が付き物であり、関係者をもてなすエンタテインメントの大切な機会になります。
　叙勲や園遊会への招待は、功成り名を遂げた人々にとって、その成功を称える最高の晴れ舞台です。とりわけノーベル賞は、科学者、文学者、そして経済学者にとって、人類の発展に対する寄与を世界が評価したことを示す、最高の栄誉となります。

2.1.5.3　社会性を持つエンタテインメント

　　・国威や権威の発揚を感じ、同化する行為
　　　安土城、大阪城、江戸城、ベルサイユ宮殿、故宮紫禁城、ホワイトハウス、赤の広場、軍事パレード、観閲式、出初め式、オリンピック、ワールドカップ
　　・モニュメントや名所を見る行為
　　　ピラミッド、パルテノン神殿、秦始皇帝陵、コロセウム、仁徳天皇陵、凱旋門、エッフェル塔、エンパイアステートビル、スカイツリー
　　・宗教的高揚感を感ずる行為
　　　富士山、東大寺、式年遷宮、お伊勢参り、バチカン宮殿、ノートルダム寺院、メッカ巡礼、ガンジス川の沐浴
　　・権力を持ち、行使する行為

> 個人、法人、政府などにおける経営（マネージメント）、すなわち予算、人事、運営などに関する決定権の行使

　人間はこの世界で、一人で生きられるわけではありません。必ず何らかの社会に属し、その社会が定める制度に従い、生きていかなければなりません。地球上に存在するありとあらゆる文明で、為政者の権威を示し、人々の不安を和らげ、社会の安定を保つ目的で、様々な象徴的巨大建造物が造られ、また国家的な行事や儀式が行われます。こうした建造物や行事、儀式は、人々に希望や満足感を与えるエンタテインメントとして受け入れられ、秩序だった政治を遂行していくうえで、必要欠くべからざるものです。政治（祭り事）にとって、人々の歓心と関心を得ることは、たいへん重要です。したがって、政治とエンタテインメントには、切っても切れない縁があります。

　過去に政治的建造物であったとしても、今日では多くの人々の興味を集める名所になっているものが多くあります。例えば、ピラミッド、パルテノン神殿、コロセウムなどはそのいい例で、毎年多数の観光客が訪れる名所として知られています。世界の経済・文化的中心として活動する大都市には、その象徴となる、（高さを誇る）観光名所が必ず存在し、エンタテインメントを提供しています。例えばパリならエッフェル塔、ニューヨークならエンパイアステートビル、そして東京なら新名所のスカイツリーということになるでしょう。

　宗教が人間の心に及ぼす力には、計り知れないものがあります。人々は宗教の原理となる教義に傾倒するばかりか、様々な宗教的儀式や建造物に心を奪われ、感動します。こうした行為は外観上、エンタテインメント的要素が強く見られます。しかし、長い歴史が示しているように、宗教の持つ深遠さは、「エンタテインメント」の一語で説明できるほど、簡単なものではないように思われます。

　人間にとって、最大のエンタテインメントの一つに、「権力を持ち、それを行使すること」が入るのを、忘れることはできません。一度経営者や政治家になって権力を持った者が、その地位を容易に諦め、進んでそれを譲り渡すという話を聞くことはあまりないことです。経営的見識を既に失っているのが誰の目にも明らかであるにもかかわらず、経営の第一線から退かず、老害を与え続ける経営者の話や、賞味期限が切れ、退かなければならない時期をとうに過ぎているにもかかわらず、その地位にしがみつき、政治を停滞させる首相の逸話を、昔からよく聞きます。

このように、様々な場面で人事や予算について決断を下すこと、すなわち経営（マネジメント）の遂行は、そうした権力を望む人にとって、この上なく大きなエンタテインメントになります。それゆえ、エンタテインメントはビジネスのみならず、人間の経済活動や社会活動に大きな影響を及ぼす要素と考えられます。

2.1.6 負のエンタテインメントの特徴

負のエンタテインメントには、不安、病、飢餓、危機、災害、戦争、犯罪、暴力、いじめ、恨み、死など、様々なものがあります。悪は、基本的に負のエンタテインメントに関連します。しかし、悪の行為を想像したり、演じたり、語ったり、聞いたり、見たりすることは、その価値を認め、正のエンタテインメントへと導くための主要素になります。なぜなら、悪との戦いそして勝利、あるいは悪から正への更正などの行為により、悪はエンタテインメント数直線上で、負の座標から正の座標へと転換し、その行為自身が正のエンタテインメントに転化することができるからです。悪役スター、悪役レスラー、悪魔物語、犯罪小説などに登場する悪は、それに相対する正義の存在により、多くの人々から愛されるようになり、負から正に転化するエンタテインメントの典型です。

大地震、大洪水、巨大テロなどの大災害（負のエンタテインメント事象）が起きた時、人々の間には集団パニックが生じ、誰もが他の人を踏みつけにして生き延びようとすると一般的に信じられています。しかしながら、大災害は、それ自体は不幸なものですが、発災後直ちに被災者の間に相互扶助的な共同体が形成され、時にはパラダイスにもなりうるという説があります。なぜなら、災害が起きると、見知らぬ人同士が友人になり、力を合わせて惜しげもなく物を分け合い、自分に求められる新しい役割を見出すことが報告されるからです。個人とグループの価値観、目的が一時的に合致し、被災者の間に正常な状況のもとでは、めったに得られない帰属感と一体感が生まれるのです。危険や喪失、欠乏を広く共有することで、生き抜いた者たちの間に親密な連帯感が生まれ、それが社会的孤立を乗り越えさせ、親しいコミュニケーションや表現への経路を提供して、物理的また心理的な援助と安心感の大きな源になると考えられます。これは大災害による危険や喪失、恐怖心という負のエンタテインメントが、実際に災害に遭うと、具体的に克服していかなければならない対象になり、その過程で正のエンタテインメントに転化したものと見なすことができます。

2.1.7 まとめ

　エンタテインメントは、我々のごく身近に存在し、日々の生活に極めて密接に関係するばかりか、政治、経済、教育、芸術、科学、ビジネスなど、ありとあらゆる社会・文化活動に大きな影響を及ぼす、人間のみが有するコミュニケーション手段の一つです。ある人類学者は、「人間とは、二足歩行し退屈することが大嫌いな動物である。」と言っています。ここに言う、「退屈が大嫌い」であることこそ、エンタテインメントを生み出した「人間の人間たる所以」であり、人間が持つ本質の一つであるように思えます。

　エンタテインメントについて知るためには、脳科学、心理学、文化人類学、教育学、比較認知科学、芸術学など、広い分野にわたる総合的な知識が必要です。序論では、エンタテインメントの起源、特徴、働きなど原理について科学的な視点で分析し、その本質について様々な観点から検討してみました。困難な問題が続けざまに噴出する 21 世紀において、人間が人間であるためには、より大きな正のエンタテインメント、すなわち幸福感を人々にもたらす機会を与える努力を継続し、誰もがその恩恵に浴する機会を、平等に与える社会を形成していく必要があるように思います。

　皆さんは、経営管理大学院でマネジメントのあり方と方法について学んでおられます。その目的は、各個人で様々に異なることでしょう。いずれにしても、如何に自分を磨き、自分の価値（エンタテインメント力）を高めるか、このことが、将来にわたり経営（マネジメント）をうまく行い、ビジネスを成功させるための鍵になるように思います。

　これから続く授業では、様々なエンタテインメント分野のプロフェッショナルたちが、自分の体験を基に、エンタテインメント ビジネスの本質と実際について、貴重なお話をしてくださいます。皆さんの中には、社会に出た際にリーダーとなり、ビジネスを行っていくうえで重要な役割を担うようになる方も、きっとおられると思います。そうした時に、この授業で学んだことが少しでも役に立ち、難しい問題に遭遇した場合に、解決の糸口を与えてくれる一助になればよいと考えています。

2.2 講義2　料理教室ビジネス論

横井宏吏

2.2.1　ABC Cooking Studio の歴史と現状

　私どもが運営するABCクッキングスタジオは、1987年4月に設立し、以来「世界中に笑顔のあふれる食卓を」という企業理念を掲げ、料理教室を展開してまいりました。現在、会員数は28万人で、主な生徒層は、20代〜30代前半の働く女性たちです。既婚者に比べて未婚者の割合が多く、料理が得意な方よりも、これから学びたいと意欲を持っている方や、趣味の一つとして楽しみたいという方が多いのが特徴です。店舗は国内に130スタジオ、海外（上海・北京・香港）にも、6スタジオを構えるほどになりました。

　最初は、静岡県のビルの一室で、調理器具や道具を販売するところから始まりました。「どうしたら消費者に商品の魅力が伝わるか。」と販促方法についていろいろ模索するなかで、器具や道具の使い方をわかりやすく伝える手段として、料理教室を開くことにしました。そうすると、器具や道具そのものよりも「もっと料理について教えてもらいたい。」という声が多く寄せられ、消費者のニーズが高いのは、道具（＝物）よりも、料理（＝事）であることをはじめて知りました。

　その昔、料理は「母から娘」へと、家庭のなかで受け継がれるのが当たり前でした。しかし、共働きが増えるなど、日本人の生活スタイルは時代とともに変化し、カフェやレストランなど、外食産業の発達などもあり、女性が料理を学ぶ場所が徐々に失われてきた時でもありました。こうした時代の後押しもあって、お客様の意見を反映する形で、私どもは料理教室として歩み始めました。

　ABCクッキングスタジオは、プロを目指す方の専門学校でも、養成所でもありません。「スクール」ではなく、「スタジオ」と呼んでいるのはそのためです。立ち上げ当初から、初心者の方でも気軽に通える料理教室を目指してきました。信じられないかもしれませんが、包丁を持ったことすらない方や、お米は洗剤で洗うと思い込んでいる方、あるいは、「ゴマ油」はサラダ油にゴマを加えたものだと勘違いされている方、さらに大根おろしのように、おろし金で魚をおろそうとするような方もいらっしゃいました。このようなエピソードを聞いて、まったく料理ができない方でも、失敗なく

楽しく学べる場所が必要だと痛感しました。

2.2.2　料理教室は何を目指すべきか

　それでは、料理初心者の働く女性が、安心して通い続けることができる料理教室とは、どんなところでしょうか。その答えが、現在のABCクッキングスタジオのサービスに集約されています。例えば、生徒さんの人数は、1レッスン最大5名までの「少人数制」です。こうすることで、先生は一人ひとりの生徒に目が行き届くようになり、生徒にとっても先生に質問しやすい環境がつくれます。わからないことを、その場で解決するのが、上達への近道となりますので、重要な要素だと考えています。

　次に、どこのスタジオにも通うことができる「全国フリー通学制」があります。平日は会社の近くで、休日は自宅の近くで、あるいは異動や転勤、結婚などによって引っ越したとしても、その近くのスタジオへ通ってもらえばいいのです。働く女性や、ライフステージに変化の多い女性にも、柔軟に対応できる環境を用意することが、無理なく継続することへつながると思っています。さらには、教え方やレッスンのペースなど、相性のよい先生を予約時に選択できる「講師指名制」という機能があり、またパソコンや携帯からいつでも簡単にアクセスできる「予約システム」も準備されています。このように、独自のサービスやシステムを導入し、環境を整えることで、年々会員数を増やし、現在では28万人の方に通っていただくまでになりました。そして、女性だけでなく、満4歳〜小学3年生の子どもを対象とした、食のスクール「abc kids」も、2005年からサービスを開始し、今では30スタジオに併設され、生きる基本である「食べる」ことの大切さを、豊かに楽しく学べる場所として提供しています。

2.2.3　成功の理由

　このように、年々サービスや店舗を少しずつ拡大し、間もなく会社設立30周年を迎えようとしています。こうしたなかで、広告効果を高め、店舗数や会員数が大きく伸びるきっかけとなったのが、1999年のロフト大宮店への出店です。今では、ABCブランドを象徴するスタンダードなデザインとなっていますが、その1号店が同店でした。女性の好みに合わせてポップなカラー使いの華やかな内装にし、スタジオを囲う壁面をガラス張りにして、中の様子が見えるデザインを取り入れました。これこそ

が、私どもが提供するエンタテインメント性の象徴です。このデザインによって、スタジオの外を行き交う人が「何か楽しそう。」と、スタジオへ興味や関心を抱くきっかけになり、また「見える化」することで、サービスに対する安心感を与え、集客効果やブランド認知が一気に高まりました。初めて来店されるお客様に、「どんなきっかけで体験レッスンに参加してくれたのか。」を尋ねると、約3割の方が「スタジオの前を通りかかったため。」と答えてくれました。

スタジオ外観イメージ
（ABC Cooking Studio 提供）

　一方、中でレッスンを受けている生徒さんは、多くの人に見られることで美意識が刺激され、エプロンやハンドタオルなど、身に着けるものにこだわって、女性たちの「憧れ」的存在になることが、スタジオへ通うモチベーションを高める一つの要因にもなり得たようです。このような相乗効果が、他にはない独自のサービスをつくり出しました。

レッスン風景イメージ
（ABC Cooking Studio 提供）

2.2.4　さらなる展開

しかし、このサービススタイルが、永遠に通用するとは思っていません。時代は流れ、人々の嗜好も次々に変化していきます。特に情報化社会と言われる今、そのスピードも加速していると思います。だからこそ、「生徒さんのどんな小さな声にも必ず耳を傾け、必ずお応えする。」というサービスの姿勢を大切にしています。なかでも、この数年で多く寄せられたのが、「カップルや夫婦で通いたい。」、「パートナーにも通ってもらいたい。」という女性からのニーズや、男性からの問い合わせでした。女性の社会進出による共働きの増加で、夫婦間での家事分担にも変化が生じ、男性が料理をする機会も増えているようです。また、男性タレントによる料理番組の放送や、男性料理研究家によるメディアでの活躍なども、影響しているのではないでしょうか。「女性だけでなく、すべての方にもっと料理を楽しんでもらえるように。」と、2014 年 4 月からは、全スタジオで男性も通えるようにサービスを拡大しました。既に 2007 年から、一部地域の数店舗で、男性と女性が一緒に通えるスタジオを展開してきましたが、全国に拡大することで、約 4 カ月で男性会員数が倍以上に伸びました。これに伴い、これまでの女性的なデザインだけでなく、都市部の旗艦スタジオでは、男性でも入りやすいように、カフェのようなナチュラルな雰囲気へとリニューアルを進めています。

また、単に料理を学ぶだけでなく、作った料理をおいしく食べることにもこだわるため、レストランのように試食スペースを広く設けたりして、料理に合わせて飲物が選べるドリンクバーを設置しています。ソフトドリンクはもちろん、ワインやオリジナルのカクテルが作れるようになりました。

さらに、作ったパンやケーキを誰かに贈り、喜んでもらえるようにラッピングコーナーを導入し、オリジナルのラッピングペーパーや、ポストカードを 80 種ほど取り揃えるなどして、料理を軸に、ライフスタイルをより豊かにできるような場所を目指し、リブランディングを行っています。

2.2.5　将来あるべき姿

今後は、リアルとデジタルを融合させた、これまでにないコンテンツにも挑戦していきます。すでに導入されている事例を挙げるなら、大型ビジョンを活用した大人数

でのモニターレッスンがあります。少人数のレッスンとは異なり、一体感やライブ感あふれるイベント的要素の強いコンテンツとして、複数のスタジオで実施しています。また、遠隔地と中継でつなぐライブレッスンでは、モニター映像を介して、海外スタジオの生徒と一緒にレッスンを受けることができ、時差や距離があっても、海外シェフのレッスンを、日本で受けることが可能になります。スタジオのリニューアルを記念したイベントでは、試みとして、香港のABCクッキングスタジオや、パリの有名パティスリーが行うレッスンの中継が行われました。加えて、「ABC Cooking Channel」というオリジナルの料理動画を集約したサイトを、2014年2月、新たに開始しました。パソコンや携帯からアクセスし、650以上のレシピを動画で見ることができるため、好きな時に好きな場所で料理を学ぶことができます。このように、デジタル技術を活用することで、レッスンに通っている時間だけでなく、それ以外の日常生活でも、「作ることや食べることの楽しみ」を体験することができます。

　ABCクッキングスタジオでは、「世界中に笑顔のあふれる食卓を」という企業理念のさらなる実現にむけて、まだ世の中にない新しいサービスを創造しながら、いつの時代も「作ること・食べること」を通じて得られる喜びを、世界中に提供していきたいと思っています。

2.2.6　質疑応答

質問：講師の質が重要になってくると思いますが、質のいい講師はどのように探すのですか。またどのように教育するのでしょうか。外から見ると、いつも満員ですが、ガラス張りは、もし稼働率が低ければ逆効果になるのではないでしょうか。稼働率を上げるための工夫はありますか。

横井：講師として、新卒者そして中途の方を採用しています。当社では「JOIN」といって、生徒さんを積極的に講師に採用するシステムを設けています。これは、ABCのサービスを、最もよく理解し、生徒の気持ちに寄り添える人材を確保するには、とても効果的です。講師の教育には、動画をうまく活用しています。翌月開講のレッスンを現場で学ぶ勉強会なども、地域ごとに定期開催していますが、そのほかに、社内のイントラネットに「レッスン動画」をアップロードし、全国の各講師が、自宅や移動中など、いつでも、効率よく予習ができるよ

うな仕組みをつくっています。稼働率についてですが、おっしゃる通り、人の入り具合によって、広告効果はプラスにもマイナスにも働きます。当然、時間帯によって予約数に差はあります。しかし、少人数制のレッスンスタイルで開講する弊社では、一つのスタジオでも、授業時間はテーブル毎に全て異なります。したがって、著しく稼働率が下がることがないよう、授業開講もバランスを見て、各店舗の統括責任者が管理をしています。

質問：男性は、どのぐらいの期間続くのでしょうか。週にどれくらい来るのでしょうか。また、調味料やお皿などのメーカーが、料理に使ってもっと普及させたいなどのマーケティングに利用することはあるのでしょうか。

横井：男性の通い方には、2パターンあります。まず、働いている方は仕事帰りに来られるので、月に1.5回くらいでしょうか。一方、すでに仕事を引退して時間とお金に比較的余裕のある方は、毎週、あるいは毎日の方もいます。
二つ目のご質問についてですが、弊社では法人事業部という、他企業との営業窓口を設けています。レッスンで使用頻度の高い基礎調味料や調理道具は、その企業と契約の上、年間を通じて指定商品を使っています。レッスン時には講師から生徒へ商品紹介を行い、レシピには商品クレジットを入れるなど、全国のスタジオを介して、リアルプロモーションを行っています。そのほか、毎月20万部発行している会報誌内での広告や編集タイアップ、スタジオでのサンプリング、レッスン以外のタイアップイベント、料理動画の制作など、クライアントの要望に沿った形で、プロモーションを提案しています。

質問：ABCクッキングスタジオの競争相手はどこでしょうか。海外進出の予定は、上海以外にありますか。また、名前の由来をお教えいただけませんか。

横井：競争相手は個人の料理教室だと思っています。しかし、それにはあまりこだわっておりません。海外進出先として、現在ある上海・北京・香港に加えて、韓国、台湾でのスタジオ開店も、近く予定しております。また、それ以外に他のアジア圏への出店を検討中です。ABCは、日本語の「いろは」からとっており、初心者でも通えるクッキングスクールをイメージしたものです。

質問：顧客ニーズに答える柔軟な展開をされていますが、経営戦略上で、柔軟な体制はどのように整えているのでしょうか。女性社員が多いと聞きましたが、女性社員が経営にどのように関わっているのでしょうか。普通の教室は、女性専用とのことですが、女性に限定している理由はなんでしょうか。

横井：柔軟な体制とは、基本的にはお客様の声を事業に活かせる体制であることと考えています。現在は社長をはじめ、現場はほぼ100パーセント女性です。本社内には男性社員もおりますが、管理職も含めて、そのほとんどが女性社員です。そのため、女性が経営に関わるというより、「女性の力」によって支えられているという側面が大いにあると思います。また、これまで女性専用の料理教室として運営してきた背景には、「料理を学びたい。」という声が、多くの女性たちから寄せられたことが理由に挙げられます。ただ、当時からは時代も変化し、ニーズも多様化しているため、2014年4月より全国のスタジオで、男性も通えるようにいたしました。

質問：キッズの客層は、何歳ぐらいでしょうか。危険の回避法についてお教えください。また、使っている食品の安全基準は、どのようにされていますか。

横井：キッズクラスは、満4歳から小学校3年生までを対象にしています。危険回避の一つとして、例えば子ども用の切れにくい包丁などを使っています。扱う食品の産地表示を、仕入れの段階からしており、国の定めた安全基準を順守しています。

2.3 講義3　料理写真ビジネス論
川上陽子

2.3.1 自分のこと

皆さんこんにちは、川上陽子と申します。現在30歳です。ここにいる皆様と、あまり年齢も変わらないと思うので、今日は講師としてではなく同世代の仲間として刺激を与え合えるような時間にしたいと考えています。

まず、私は一体何をしているのか。実は、ただの食いしん坊です。2009年に設立した Greedy Piggies（食いしん坊）をロゴとする、料理の写真家、飲食店専門のグラフィックデザイナーです。名刺は、チョコレートのクッキーのような素材でできており、歯形のデザインをしています。これは、名刺も食べるくらい食いしん坊だという意味をこめて作りました。経歴は、1980年に大阪の豊中で生まれ、18歳でロンドンに留学、帰国後に東京に移り、バンタンデザイン研究所でデザインを学び、原宿にあるデザイン事務所に入社して、エディトリアルデザインを学びました。その後、飲食店に興味を持ち、2003年に飲食店を経営する会社に入社、そこで飲食店のグラフィックデザイナーとして、7年間働く傍ら、料理の写真に出会いました。その後、2009年に独立いたしました。

2.3.2 主な仕事

どのような仕事をしているのかを簡単に説明すると、一つ目として7割を占めているのが飲食店のメニュー制作などのグラフィックデザイン、料理の写真や人物、店舗の撮影などをしています。この仕事では、いろいろなジャンルのレストランを扱っています。例えば、すし屋で、職人の技を築地市場から、一皿の寿司になるまで写真を撮って店内のインテリアとして飾り、職人への感謝の気持ちを表したり、お客様は店を選ぶ時に、WEBサイトで店舗のイメージ写真を見て決めると思いますが、そういった店の顔になる写真も撮っています。そうした写真を使い、グラフィックデザイン、店舗のメニューやチラシ、ポスターなどを制作しています。さらに、オープニングの告知や、店のロゴ、名刺などをデザインしています。

二つ目の仕事は、企画会社、制作会社の依頼で、レシピ本の撮影や料理イベントの撮影、iPad などのレシピアプリ用の料理撮影です。最近では道場六三郎さんのレシピアプリの撮影をしました。
　三つ目は、商品メーカーさんの依頼で、商品撮影もしています。
　四つ目として、インターネットでストックフォトの販売をしています。ストックフォトとは主に広告、出版などの制作会社が目的にあった素材を選び、使用料を支払うことで使用できる写真素材のことです。例えば、スーパーの特売などで、ストックフォトから素材の写真を選ぶことで時間や経費を短縮できます。
　五つ目は、その他の仕事として、大使館からの依頼などにより、例えばバーレーン大使の一日を追うなどの、ジャーナルフォトが挙げられます。この分野では、イタリア大使館からも、仕事をいただきました。さらに、芸能関係のCDジャケットの撮影もしたことがあります。最近では、美容商品の撮影をしたり、美容院のメニューを作ったりもしています。
　これまでの仕事で、印象に残っている仕事と言うと、第一が今までの自分に革命を与えた仕事で、それはメニュー制作です。あるイタリアン　レストランのメニュー制作依頼を受けたときのこと、メニューを見て調理法や食材がよくわからないことがありました。皆さんにも、そんな経験はありませんか。私は、メニューを読むのがストレスになって、オーダーにつながらないのは、もったいないと思っていました。レストランに来るお客様に楽しんでいただくためには、写真が不可欠だと思っていたのですが、発注元のレストランは、ファミレスなどとの差別化を求めていました。課題としては、シェフたちの作る活き活きとした、踊りだすような料理を、いかに静止画でうまく表現できるか、お客様にどうしたらメニューに興味を持ってもらえるのか、こういったことが大きな課題になるわけです。そこでシェフたちとも相談し、お皿という枠から、飛び出してしまおうと考えました。従来のお皿に載った商品（料理）から、キャンパスに描かれた絵画に変えることにしました。まるでキャンパスに描かれた絵画のように、料理を撮影しようと試みたのです。絵本のように、見ていてワクワクするような五感を刺激するメニューに仕上がったのではないかと思います。お客様にもアート本のように、楽しんでいただけたと思います。ただ、一つ懸念していたのが、メニューと写真が全く違うではないかというクレームが出るかもしれないということです。写真撮影の仕事をしていくうえで最も大切にしていることは、アフターケアです。自分の作ったものが効果的かどうか、制作後も店舗とのコミュニケーションを大

切にしています。ほとんどが飲食店からの依頼による仕事なので、自分がお客として食べに行き、実際にメニューをひろげ、これが暗いところでもしっかり読めるかどうかなどのケアは、簡単にできるので、そういったアフターケアは欠かさずやっています。例えば、口絵の写真に示す作品は新しい試みだったので大いに気になり、現場の人に聞きに行ったのですが、クレームは出ていないようでした。なぜクレームが出なかったのか、その理由の一つは、お客様に絵として楽しんでいただけたからだと思います。また、二つ目は、メニューがスタッフのモチベーションにつながったこともあるかと思います。メニューが、お客様とスタッフのコミュニケーションツールとして活躍したのです。キッチンスタッフも、メニューに負けないようにと、腕を振るってくれました。そのほかに、お客様からのブログ書き込みによって、新規のお客様を取り込むこともできました。メニューが、知らないところで、店の宣伝媒体として活躍してくれたわけです。そのお蔭で、メニューにスポンサーがつきました。例えば、お酒の写真を載せることで酒造メーカーさんから協賛金を頂き、メニュー制作費を補うことができました。こんなふうに、メニューは宣伝ツールへと変わったのです。

　このメニュー制作から学んだことをまとめると、一つ目にお客様に喜んでもらえたこと、二つ目に店の宣伝ツールになったこと、三つ目にスタッフのモチベーションが上がったこと、四つ目にメニューにスポンサーがついたこと、そして五つ目に自分自身の営業ツールになったことが挙げられます。こうして、私なりの努力を続けることで、レストラングラフィックに掲載されたりして、周りの方々に評価をしていただき、自信をつけることができました。

2.3.3　発展への道筋となった仕事

　第二に印象に残った仕事は、「種まき」がいかに重要かを学んだ仕事です。以前、フランスの名門料理学校の方と、名刺を交換する機会がありました。それを頼りに、自分の作品を抱えて飛び込み営業に行きました。海外旅行中でも、好きなレストランや料理人をピックアップし、自分の作品をまとめた資料を抱え、渡し歩いたこともあります。すぐに仕事になることはありませんでしたが、今年（2011年）になって、ようやく花を咲かせました。クライアント側も、仕事にはタイミングがあるので、訪問した時にすぐ仕事になるということは、なかなかないのが普通です。しかし、何カ月後、あるいは何年か後に仕事をいただけるということがよくあるので、思った時に、

直ぐ行動することを心がけています。とにかく、このことを忘れずにいきたいと考えています。その方からの依頼により、世界的に有名なチョコレート会社さんが、東京にカフェをオープンさせる際に、商品撮影をさせていただくことになりました。飲食店の仕事では、季節が変わるたびに新しいメニューに変更したり、季節のフェアーというものが行われます。そのため、一度顧客になっていただくと、リピーターとしてまた仕事を依頼してもらえることがよくあります。

2.3.4 料理のプロフェッショナルとした仕事

　第三の大きな仕事は、食の持つ力に圧倒された仕事で、レストラン業界を元気にするイベントでした。「料理の鉄人」という番組を作ったテレビ業界の演出家、放送作家が、日本屈指のスターシェフと手を組み、レストランとシェフを元気にしようというプロジェクトで、月に一度行っていました。そのイベントの、スチール撮影を頼まれたのです。参加するシェフたちは、誰でもがその名を知るそうそうたるメンバーだったので、すごく緊張し、料理の邪魔にならないようにズームレンズで撮影していました。隅の方で撮影していると、フレンチの有名シェフに、料理は一瞬だからどんどん前に来いと言われたので、近づいて撮ると被写体であるシェフたちにも緊張感が生まれ、カメラを通してとてもいい会話をすることができました。会場のお客さんが、シェフと一緒に一皿作るコーナーもあり、参加したお客さんもみなさん笑顔でした。被災地の、炊き出しイベントなどもありました。作る人、食べる人、料理はみんなを笑顔にする、これぞ正しくエンタテインメントではないでしょうか。
　第四は、プロフェッショナルとは何かを見せつけられた仕事です。iPadのレシピアプリの仕事が最近多いのですが、レシピアプリはレシピ一つ一つから購入可能で、すごく便利なアプリです。これに関連して、道場六三郎さんと一緒に仕事をすることになりました。憧れの人だったので、とても緊張したのですが、カメラを持つと強くなれる気がします。私にとって、カメラとは戦うための武器だと思っています。撮影の際に、最も時間を使うことは、料理人とのコミュニケーションです。まずは楽しい仕事ができるように、現場の空気づくりが大切だと考えています。次につながるいい作品を残したいと思っている自分自身のためにも、こういった料理人やスタッフの方たちとのコミュニケーションに、料理の撮影よりも多くの時間を使うかもしれません。相当量のレシピだったので、3日間かけて撮り続けました。死んだ魚が、道場さん

にかかると、生きた魚より新鮮に見えて、とても感動しました。道場さんは、料理をしながらいろいろ話してくださるので、とても勉強になりました。料理を撮影する行為は、私にとって、料理との対話そのものです。撮影している自分自身は、ドーパミン全開で撮影自体がエンタテインメントだと思っています。この撮影で得られたことは、感動、喜び、未来への夢でした。道場さんの魔法のような手に感動し、これからもずっと一緒に仕事をしていきたいと思いました。80歳になっても、iPadアプリなど新しいことにチャレンジし続けるという姿に、とても感動したのです。

道を極めるということは、学ぶことを忘れない姿勢なのだということを心底知ることができました。料理される魚たちがすごく喜んでいるように見え、それを撮影後に皆で食し、そしてそれを食した私たちも喜びに包まれた、こうしたことすべてが喜びでした。未来の夢実現のために、まちがいなく道場さんとの仕事が今の私にとって、大きなキャリアアップにつながっていると思います。そして、更なる新しいステージを与えてくれると感じています。そんな影響力のある人間になりたいと思った仕事でした。

プロフェッショナルとは、一般の人にはできないことができること、それにより人に喜びや感動を与えることができる人、とてもシンプルだけれど、この仕事を通してそのようなことを学びました。家庭でできる料理を提供しても、お客様は満足しません。消費者の目も厳しくなってきているので、本物のみが生き残っていく時代だと思います。撮影においても、同じことが言え、デジカメが普及したことにより、誰でも簡単に料理の写真が撮れるようになり、ブログなどで公開しています。プロとしてやる以上は、その人たちとどのように違いを出すかを、常に考えながら仕事に臨んでいます。

2.3.5 何故独立したか

ここで、何故独立しようと思ったのかを、お話しさせていただきます。一つ目に、子どもができても続けられる仕事が欲しかったということがあります。これは、小さな頃から、「結婚し子どもを持った時でも、続けられる仕事を見つけなさい。」という母からの教えがあったからです。

二つ目には、これまでなかった新しい部門に貢献した自信です。グラフィックデザイナーとして入社後、会社の運営する直営店のグラフィックデザイナーとしてのみの

仕事をしていました。撮影は、全て外注していたのですが、仕上がりが自分の中でイメージできていたので、自分で撮りたくなり、上司にカメラの機材をそろえていただけたら撮影の外注費を削減できると相談しました。そして、中古の機材を揃えていただいたことをきっかけに、カメラ撮影にはまってしまいました。独学でカメラを学び、そのうちさらに撮りたくなり、上司に直接会社のWebサイトの1ページに、「デザイン、撮影外注承ります。」というページを作りたいと提案したところ、それが見事にヒットし、撮影の依頼やメニュー依頼が増え、今までにない利益を生むこととなり、デザイン部門ができました。その頃は、2人しかデザイナーがいなかったのですが、とても利益率が高くなりました。利益を上げられることが、これでやっていけるという自信につながりました。

　三つ目として、自分の強みが見つかったという点が挙げられます。デザイナーとしては、あまり自信がなかったのですが、カメラが自分の武器になることがわかったのです。私の強みは、撮影からデザインまで一括してできるということで、ある程度の目標が達成されたので、独立を決意しました。

　四つ目に、さらに上を目指すために、もっと撮影の勉強に時間を使いたかったことがあります。今まで、独学できていたので、もっと勉強したいと強く感じていました。独立したら、自分でマネージメントできるので、時間を作るために独立したわけです。

　仕事はどのように獲得しているかというと、知り合いによる紹介とリピーター、そして飲み仲間がとても多いです。学生時代の友達、シェフの横のつながり、飲食店プロデュースコンサルタント会社からの依頼、飛び込み営業、飲食店のお客様からの依頼やフェイスブックなどで知り合った方からの依頼もあります。

　これからのビジョンとしては、大震災があり、妊娠があり、時代の変化、自分自身の体や環境変化があり、仕事のフォーカスも変わってきているのを感じています。今までは、レストランの仕事が6〜7割でしたが、今は生きていくための食、命の源に仕事のフォーカスが向かっています。命の源となる食を楽しんで毎日をよりよく生きるためのお手伝いになるような、そんな仕事をしていきたいと思っています。

2.3.6　質疑応答

質問：今までで、一番の失敗はなんですか。

川上：仕事を多く抱え過ぎてしまい、自分自身で納得するマネージメントができなかったために、お客様に迷惑をかけてしまったことです。

質問：食のよさを伝える手段として写真をつかっておられますが、食を通じて人と人を繋ぐ支援に何かアイデアがあれば教えていただきたいと思います。例えば離れたところで人と人が写真やツールを使い、食事や飲み会ができるかどうかなどです。また、二つ目の質問は、撮影というものをエンタテインメントと言われていましたが、撮影という行為の楽しみを人に伝えることや、楽しみ方を人に指導することなどは考えていますか。

川上：食べるという行為の中で、写真が提供する臨場感という場において、自分自身が人と繋がっているということをすごく感じています。他にもそういったコミュニケーションツールがあれば、面白いと思いますが、食べている時は、そこの空気やにおいや五感が刺激されることが大事だと思うので、そうしたことを可能にする例えばIT技術がうまく発達するまでは、なかなか難しいと思います。

撮影の指導については、一つの考えとして、頭の中にあります。主婦の方とか、ブログをされている方が、きれいに写真を撮ることに凝っているので、どういうふうに写真を撮ればいいかよく聞かれます。それで、写真を撮るためだけでなく、例えば料理教室と一緒になって私が撮影までトータルで教えるようなことを考えています。

質問：自分のしたいことと、クライアントが求めていることの間にギャップがあった場合、どのようにしているのでしょうか。どこまで自分を出していくのか、教えてください。

川上：（お客様がどういったものを作りたいか）まずはよくヒアリングをし、提案します。ギャップがあるのであれば話し合い、納得したうえでベストを尽くします。自分を出すというより、お客様と自分の喜びを共有することだと思います。

質問：自分のスケジュール管理は、どのようにしているのでしょうか。自分の感性を

どのように発信しているのでしょうか。

川上：スケジュール管理は、全て自分でするのではなく、周りにいるそれぞれ独立した方たちと連携しながらやっています。自分の感性については、写真を見て、川上さんらしいと言われることも多く、その特徴を活かすことによりクライアントに選んでいただけるように努力しています。こんなこともできるのかと言われるような仕事もしていきたいと思っています。

質問：専門知識のない、頭の固い経営者をどうやって説得するのでしょうか。

川上：今までやってきた実績の話をします。そして、アフターケアを大事にしているので、そこで聞いてきたことや、今までに培ったものを経営者さんに伝えたり、事例を挙げたりしています。

質問：メニューでスポンサーがついたという話ですが、どういった経緯でスポンサーがついたのか教えてください。

川上：スポンサーを見つけてきたのは、店舗側です。店舗の現場マネージャーさんたちが提案をしてまとまった話なので、自分自身がどうこうしたわけではありません。

質問：料理写真家を調べたら、いろいろな人が出てきましたが、他の写真家との関係はどうなのでしょうか。また、写真の単価は、どのように決めているのでしょうか。

川上：あまりそういう方々を、ライバルと思ったことはないのですけれど、料金が同じ場合には交渉したりします。飲食店の撮影に限っては、ずっと調査しながら、自分の中で設定した金額があります。お客様が金額を調べてから依頼してくるので、それに対して何か言われることはあまりありません。知らないジャンルに関しては、お客様が言われた金額でやりますが、それは勉強だと思っています。

質問：逆に仕事を奪ったことはありますか。

川上：飲食店の側が、雰囲気を変えたい時に写真家などを変えるので、私がわざわざ行って仕事を取ってくることはあまりなく、お客様の方から依頼がきます。

質問：自分の弱みはなんですか。将来的にはグループになる予定はありますか。自分自身で料理はされますか

川上：弱みは一人でやっていることなので、グループでなにかやりたいと考えています。決まった予定はありませんが、そうしたグループを作って進めていけたらいいなと思っています。料理は、大好きです。

質問：かなり早くから独立への意識があったということですが、「したい」から「する」に変わったタイミングや、きっかけはなんですか。また行動に移したのはいつですか。さらに、独立してこんなはずじゃなかったと思ったことはありますか。

川上：子どもがすごく欲しかったので、逆算していくと30歳までに独立する、30歳ぐらいまでに結婚する、みたいに自分の中で目標を立ててやっていました。種まきの行動は、常にやっていました。カメラ撮影に、自信がついた時からです。会社にいると、いろいろな営業の方が情報を持ってきてくれますが、独立するとそういった人が来ないので、自分で調べなくてはならない点が大変でした。

質問：どのように自分自身のセンスを磨き上げていったのですか。

川上：センスを磨くというのは、日々の生活の中でいろいろなところにデザインなどがあるので、自分から興味を持って意識して見るということだと思います。カメラのレンズ越しに見るとすごく集中するので、カメラを持ち歩くことでセンスを磨いてきたと思います。

質問：儲かりますか。

川上：自分自身、そしてお客様と一緒に楽しく仕事をすることでお金が動いていると思います。お金は後からついてくるのではないかと考えています。

質問：これからの予定は、どんなでしょうか。

川上：食べることは命の源だと思っているので、妊娠している方、子どものいる方、そして子どもたちが食を楽しめるようなワークショップを開いたり、絵本のようなレシピ本を作ったり、五感を使った食育や幼児教育などにもカメラやグラフィックを通して携わっていきたいと考えています。

2.4 エンタテインメント レストラン ビジネス論
講義4
笠島明裕

2.4.1 故郷からの旅立ち

皆さんこんにちは。オペレーションファクトリーの笠島と申します。本日はエンタテインメント レストラン ビジネスの展開ということで、お話をさせていただきたいと思います。まず、なぜ飲食業に入ったのかについて、私自身のことを知っていただきたいと思います。

私は、福井県鯖江市というところで生まれました。福井県はよく雨の降る地域で、晴れる日は少なく、いつもどんより曇っていた記憶があります。福井では、「弁当忘れても傘忘れるな。」という言葉があったくらい傘が必需品でした。この雨が冬になると雪に変わり、大雪が降って、学校が休みになることもしばしばありました。朝目覚めて大雪で学校が休みになると、ちょっと嬉しかったりもしました。両親は真面目、かつ倹約家で教育熱心な家庭です。そこに男4人の長男として生まれたので、特に長男に寄せる大きな期待、これを一身に感じることとなりました。

しかし、親の期待とは裏腹に、小学校、中学校と進学していっても何も芽が出ず、勉強もできず、スポーツも今一で、クラスの中でも目立たぬ存在でした。希望した高校受験にも失敗し、両親が恐れていた出来の良くない高校に進学したけれども、不良にも加われず、バイクにも興味が湧かず、女の子にももてずといった、散々な学生生活を過ごしました。そんな、人様に聞いてもらえるようなエピソードが何もない学生時代の、ささやかな楽しみといえば、深夜に家を抜け出して朝まで麻雀をすることと、喫茶店に行くことでした。昔いくつかあった、純喫茶というものです。鯖江市というところは、外食比率が低くて、必ず家に帰ってご飯を食べるというところだったので、飲食店の数が少ないところでした。したがって、家族で外食をしたという記憶がなく、高校生になって初めて行った飲食店が喫茶店でした。そのため、当時の私にとってその場所にいること自体が、とても楽しかったことを記憶しています。

そうこうしているうちに高校を卒業となり、世間体もあったので、いくつかの大学を受けてみました。しかし、見事にすべて撃沈しました。しかし、あまり良い思い出のない福井に残るのは嫌だったので、親にはもう一度受験をがんばると嘘をついて、

京都の予備校に行かせてもらいました。京都で1年間遊んでいたので、翌年の受験も当然駄目で、いよいよ後がなくなりました。そこで、予備校時代の知り合いが大阪に住んでいたので、その人を頼って大阪で住むことにしました。しかし、2度の受験失敗で親から仕送りは全くなくなり、アルバイトを始めることにしました。右も左もわからない大阪で、アルバイトニュースの1ページ目の一番上に載っている店に電話を入れ、面接に行ったところ、今から働けるかと言われ、「はい」と答えたら、その日からアルバイトができました。そこからが私の飲食人生の始まりだとは、当時は思ってもみませんでした。

2.4.2　飲食ビジネスの世界へ

　1982年に、初めて飲食店でアルバイトをしたのは、パームスというお店で、大阪の四ツ橋通りにある1階がカフェで2階がバー、地下がクラブになっている当時最先端のお店でした。80年代前半というのは、音楽に勢いがあって、感性豊かな若者が連日大量にお店に来ていました。その頃、大阪のアメリカ村は、おしゃれなサーフショップや服屋さんができており、流行のバーやクラブといったものが、次々とオープンするようなカルチャーを発信する町になりつつありました。たまたま、アルバイトした店がそういう環境だったので、とても刺激を受けました。店に出勤することがとても楽しかったことを覚えています。ある時に、店のオーナーから、「君はアルバイト以外に何かやっていないの。」と聞かれ、当時はフリーターだったので、それなら社員になれば、ということで断る理由もなく社員になりました。当時は、高卒で何も取り柄のない自分には、他になにも選択肢がないという感じでした。その後、先輩に誘われたり、知人に紹介されたりしながら、いろんなお店を、転々としていました。それが、レストランやディスコであったり、カフェであったりしました。良かったことは、当時も今と変わらず、人手不足のため、お店で普通に働いていると、先輩がどんどん辞めていくのです。そうすると、自然に役職が上がっていきました。先輩が辞めて行く理由というのは、当時大阪のミナミの飲食店の環境が劣悪で、なんの保証もなく、店が閉店したら即解雇といった状態だったためです。人材不足で、空いたポストに自然に上がっていったこともあって、能力が伴っていないまま店長をやっていた状況でした。その当時は、解雇に関しても、運が悪かった程度にしか考えていませんでした。いろいろな店の店長をやらせてもらったのですが、3店舗くらい連続で

お店がつぶれて、さすがに少し考えるようになりました。そもそも、できあがったお店に店長として入って、売り上げのプレッシャーだけ掛けられて、気に入らない内装と非常に使いにくい動線レイアウトと、料理長が変わると料理ジャンルが変わるという、一貫性のなさがとても嫌でした。そのため、「どうせ店長として責任を負わなくてはならないというのであれば、お店をつくる段階から参加させてほしい。」と言って、初期段階からお店づくりに参加させてもらえるようになりました。この経験が、その後のプロデュース事業の原点になっています。店をつくる段階からアイデアを出すとなると、いろいろなところにも見に行かないといけないなと思い、80年代後半は、もらった給料すべてを、東京とかニューヨーク、ロンドン、バルセロナ、香港等の飲食に投入し続けました。特に、90年代前半のニューヨークというのは非常に刺激的で、航空運賃が一番安い1月半ばくらいにチケットを買って、1泊35ドルくらいのホテルに泊まり、毎日お昼から朝までいろんな店を見て回りました。買い物は一切せず、ひたすら給料が消えてなくなるのは、飲み食いのためでした。日本に帰ったら、お店のショップカードやフライヤーくらいしか手元に残らず、周りの人からは、「何も買ってないの、何をしに行ったの。」と言われたこともあります。元々、車や時計、流行のバッグ等に対してあまり興味がなく、それよりも体験することによる感動であるとか、自分の目で見て肌で感じるものに熱中していました。

2.4.3　ディスコ全盛時代（1980年代）

話を1980年代に戻すと、当時のエンタメ系飲食店の代表というのは、ディスコだったのです。このことは、私自身が後に関わるエンタテインメント飲食ビジネスにも大きく影響しているので、当時を振り返って少し話をしようと思います。先ほどもお伝えしたように、20代の頃に飲食店を転々としていくなかで、自分自身が働いていて楽しかったのはディスコでした。80年代はディスコ全盛時代で、あらゆるタイプのディスコが乱立していました。飲食業界の中でもひときわ華やかで、DJがかける音楽とMC、ミラーボールとバリライトをメインとする演出照明、ダンスフロア、派手な衣装を着飾った男女といったなかで、日本はバブル経済の真最中でした。お金と時間を持て余し、刺激を求めた人が大量にディスコに流れこんでいました。まさに熱狂していた時代で、夜の社交場となり、異性との出会いを求める男女が群がって、VIPルームにステータスを感じる価値観が生まれてきました。パチンコ大手の経営者であ

るとか、飲食店の経営者、不動産企業の方が、ディスコ経営に参入してきて徐々に競争は激化していました。そのなかで群を抜いて成功していたのは、マハラジャというお店でした。ディスコで唯一全国展開に成功し、ディスコの代名詞とまで言われました。豪華な内装と行き届いた従業員サービス、男前のスタッフに化粧までさせて女性客を喜ばせ、手巻き寿司やハニートーストなどといった人気メニューを揃え、幹部社員にはタキシードを着用させてモチベーションを上げ、当時はディスコの黒服と言われて持てはやされていました。入り口ではドレスコードを設けて、ジーンズであるとか、あまりにカジュアルな服装のお客様の入店を断って、着飾ったお客様のみを優遇するという、ゲストの差別化戦略を行いました。実際には、入店を断れば断るほどお客様は逆に増えていった状況でした。さらに、VIPルームを作ってお客様同士の虚栄心まで煽って、各地域に子会社をつくり、独立採算制を採用して地域の社長同士を競わせることで収益性の最大化を目指すという明確な戦略を実行して、見事にブランド化させて大成功を収めました。そんな時代に、ディスコで従業員として働いていたので、エンタテインメント飲食の感覚的な部分を体で覚えました。

2.4.4 クラブの時代（1990年代）

1990年代に入り、バブル経済が崩壊すると、ディスコ業界は変化していきました。絶頂期だった日本経済が悪化していき、ゴージャスからカジュアル、贅沢から質素の方向に世の中全体がシフトしていくと、数億円もかけた豪華な内装と、4,000～5,000円という高い入場料のディスコから、内装はシンプルで投資は抑え、入場料も1,000～2,000円と安くして、音響システムだけは力を入れ、ドレスコードもなくし、音楽性や音質を重視するクラブといった方向に、お客さんが集まり出しました。80年代のディスコミュージックと呼ばれる、当時のヒット曲オンパレードのみだったディスコに対して、ハウスであるとかアシットジャズ、レゲエ、ヒップホップといった当時最先端な音楽をかけるクラブの方が、かっこよいという流れになってきました。この傾向は、ニューヨークでも同じ状況でした。80年代から90年前半のニューヨークを見ていたのですが、完全にクラブの流れになっていました。エンタテインメント飲食ビジネスというものは、早くから世界と連動していました。一方、ITであるとか金融のように、アメリカで成功したビジネスモデルというのが、一歩遅れて日本に入ってくるという図式になっていました。そんな中、ディスコで店長をやったりしていた

私は、ディスコよりも新しく出始めたクラブの方が気になり、いつもニューヨークのクラブを視察に行っていました。その甲斐もあって、新しいクラブを作るプロジェクトに参加でき、1992年に大阪難波に大型クラブをオープンすることとなりました。当時はディスコとクラブが入り混ざった状況でした。集客要素の核となる従業員は、あちこちのディスコやクラブから引き抜いてきて、DJも当時の大阪ではベストメンバーと言える人たちを口説き落とし、インテリアデザインやブランドデザインを、若手でトップランクのデザイナーに依頼して、ハイセンスでエネルギッシュなクラブとして誕生しました。通常は、平日と週末で入場料金を変え、当然客数が増える週末に料金が上がったり、男性の方が高かったりといったシステムが多い中で、男女変わりなく、全日2,000円でワンドリンク付きという、わかりやすいシステムを採用しました。場所はビルの最上階で、そこにあるのは300坪の大箱で、夜景と屋上から星を眺められるドラマチックなロケーションが売りだったのです。このロケーションというのは非常に重要な要素で、特にビルの最上階というのは地上と視界も変わり、少し空気が薄くなっているので、普通に人間のテンションが上がるのです。これは、テンションを上げるという使命を持つクラブにとっては、もっていこいのロケーションでした。そしてレイアウトに関しては、店全体を改装できたので、2フロアをぶち抜いて、店の真ん中にダンスフロアがあるという状況にしました。クラブビジネスのポイントとしては、踊りやすいダンスフロア、ダンスを楽しむ人たち、そして踊っている人を見物する人たちが重要です。店舗の真ん中にある、踊りやすく見やすいダンスフロアは、まさにベストレイアウトです。特徴のあるバーが3カ所もあり、アートをところどころに配置するのも、斬新なアイデアでした。また、ディスコやクラブの常連客をよく知って、集めることのできる顔の広い従業員がいることも重要です。まず、顔の広い従業員が、コアなお客様を集め、その方たちに支持されることにより口コミで広がり、集客に繋げるのが、非常に大事な要素なのです。大阪中の人気DJが入ったので、大ブレイクを起こしました。この頃は、東京でも大型のクラブがブレイクして、全国的にクラブブームが広がっていきました。この例からもわかるように、エンタテインメント飲食の時代との連動、特に経済環境との連動は絶対のもので、ラグジュアリーが流行る時代と、カジュアルが流行る時代のサイクルに合わせて、演出であるとか料金システム、これを変えていかないと継続できないのではないかと思います。さらに、空間プロデューサーという方々が活躍し、おしゃれな飲食店をプロデュースする人たちが脚光を浴びており、当時のファッションのDCブランドブームと連動して、盛り

上がりを見せていました。流行に敏感な人たちを中心に、おしゃれな服を着て、おしゃれな飲食店に行き、非日常感を味わおうという一種のエンタテインメントでした。ただ、空間プロデューサーと言われていた人たちも、バブル経済が崩壊すると、どんどん消えていきました。店舗のテーマ性と、見せかけ上のおしゃれ感にこだわり、大金をかけてお店をつくったとしても、話題にはなるが収益性を伴わないので、当然継続できない店舗ばかりでした。一時的な話題性のみでは、当然のことながら儲からないにもかかわらず、次々とお店をオープンする、オープン屋さんになったことが敗因だったのはないかと思います。投資額と収益のバランスを見極めて、従業員のオペレーションの効率と、商品力を磨くことを考えていかないと、いかにエンタテインメント性が高くても、うまくいかない事例でした。

2.4.5 クラブ全盛期

その後、クラブが全盛期を迎えます。大阪梅田に300坪の大箱をもう一店舗出店して、両店ともに大繁盛しました。営業時間は、夜の8時から12時の4時間、平日1,000人、週末2,000人お客様が訪れて、売り上げは月間で5,000万前後をずっと維持し続け、利益率が20%前後なので、非常に高い収益を得られました。高効率の理由として、営業時間の短さによる人件費の少なさ、そして店内がオールスタンディングなので、お客様全員に席を用意する必要がなく、店舗面積に対して、詰め込める面積が他の飲食店と比べて7倍になるということがありました。スタンディングスタイルで、お客様自らがバーでドリンクを買いに行くシステムを採用していたので、店内が満員電車状態でも、営業できることが強みでした。しかも、大量のお客様を集めて店内を満員電車状態にすることで、お客様が興奮し喜ぶという構造なので、ヒットすれば利益率は飛躍的に伸びました。しかも、クラブビジネスでは、200坪以上の大箱の方が圧倒的に有利で、大きければ大きいほど大量に人が集まり、大掛かりな演出であるとかイベントができるとともに、人気DJも出演させられ、さらに人が集まるという好循環になりました。そのためには、大音量を出しても良い広い物件が必要となるのですが、なかなかそうした物件は出回らないということと、決して万人受けしているわけではなく、通常の飲食店よりはマーケットが小さいということ、良いDJを見極めるには特殊なノウハウが必要ということ、200坪以上の大箱なので投資がかなり必要ということで、参入障壁が非常に高いのです。そのため、競合がどんどん増えるという環境

ではなく、意外に安定しているのが特徴です。ただ、クラブビジネスの欠点は、非常に若いお客様を大量に集めて、テンションを上げて店内を暗くし、演出照明の効果を上げる業態なので、トラブルも非常に多く、ヤンキーやチンピラがお客様の中に混ざるようになり、ケンカやドラッグといったダークな部分であるとか、未成年が年齢をごまかして紛れ込んでいるといった、なにかと警察が気にしている業種でもあります。お客様同士のケンカを店側のスタッフが止めた後、ヤクザが因縁をつけてくるといったことや、従業員がトラブルに巻き込まれて怪我をするといったことも時々ありました。また、大音量を流すので、防音設備にお金をかけていても、夜の静かな町では店の出入り口であるとか、換気口からの音漏れによって近隣から苦情を受けることもありました。

2.4.6 DJバー

海外のクラブでもドラッグ問題が広がりつつあり、客層も徐々に低年齢化していたこともあって、クラブ業態の良い部分だけを取り出し、次にプロデュースしたのがグラカフェという、大阪アメリカ村のDJバーでした。ここは、集客の核はDJなのですが、店内は極力開放的にして、ダンスフロアをなくし、席の半分はスタンディングスペースにして、大音量ではないけれど、最先端の音楽を流しました。最先端にもかかわらず、ダンスができない音楽はたくさんあったので、そのようなクラブで普通は流さない音楽を掛けました。半分がスタンディングスペースなので、当然交流や出会いもあり、ダンスフロアがないことで、大人も集まるようになり、ドリンクも通常よりも単価を上げ、業態がバーということで、クラブ業態に必要な風俗営業許可を申請する必要もなく、客層の幅も広くDJバーは大ヒットしました。

2.4.7 オペレーションファクトリーの誕生

こうして、90年代のクラブやDJバーというのを次々とヒットさせていったのですが、ヒットして数年経つと、それなりのノウハウがその会社の中に構築でき、同時に私との契約を終了したり、利益率は高いが経営のリスクの大きいクラブ自体を終了させたりということがあり、個人契約型を脱却するために、法人を設立しました。1998年のことです。これが、オペレーションファクトリーの誕生でした。社名は、数々の

飲食店を運営してきたなかで、事業を継続していくためにはオペレーション能力が最重要という認識と、時代が変わっていく中で、様々な飲食業態が出てきても、その業態にあったベストなオペレーションのシステムを提供できる工場でありたいという思いで決めました。当初は、私を含め3人でスタートし、大阪の堀江というところに事務所を借りました。堀江は、今でこそファッショナブルな街というイメージがありますが、当時は何もなく、古い家具屋さんと喫茶店が数店あるレベルでした。会社を設立したものの、全く資金がなかったので、まずはプロデュース事業を中心に据えて、仕事にかかりました。飲食店専門プロデュース会社、「オペレーションファクトリー」の始まりです。

プロデュース業務の内容としましては、まずコンセプトの立案です。マスターゲットを狙わずに、コアターゲットを意識した、斬新でインパクトのあるテーマを創造していきます。最初に、業態企画です。差別化された業態を立地条件、話題、ターゲット層、収益性などの面からフォローしながら企画を作っていきます。次にデザインディレクションです。コンセプトや業態ごとに内装は変わっていくので、食事をする場所から食事が楽しくなる空間演出、これの監修をしました。続いて、メニュー開発です。いろいろな料理人とのネットワークがあったので、ほどほどのジャンルの料理も、商品開発が可能でした。そして、オープンまでのスケジュール管理です。さらに、収支計画です。開業資金や月間年間での収支計画、5年間の収益目標といったものを何十回もやり直し、それを提案させていただくといった内容です。それには当然、投資の回収も入ってくるので、そこもシビアに提案していきます。あとはプロモーションです。費用対効果の高い販売促進を目指し、印刷物にお金をかけたり、デザイン性を高めたりします。この時代に関しては、それが非常に効果的でした。こういった事業内容で会社をスタートしました。

2.4.8 ビジネス事例

2.4.8.1 エンタテインメント スペース

ここからは、会社を設立してから現在までの、主要な成功事例を話していきたいと思います。1998年、最初の仕事は、クラブとレストラン2件のプロデュースでした。98年から企画を始めて、1999年に両店舗ともオープンしました。まず、一店舗は21世紀対応型エンタテインメントスペース、「UNDER LOUNGE」です。先ほどお

話ししたように、元々クラブは得意分野でもあったので、今までのカジュアルなクラブの流れを少し変えて、少しラグジュアリーな方向に振り、ソファ席を多く投入したラウンジタイプにしました。音楽をハウスミュージックからテクノに変え、物件は地下にあったので、アンダーラウンジという名前でオープンしました。それまでの、クラブにおけるネットワーク、ノウハウなどが十分にあったので、当然ヒットしました。

2.4.8.2 エンタテインメント レストラン

続きまして、レストランです。レストランプロデュースというのは、初めてだったのですが、その頃の他の飲食店を見てみると、圧倒的に居酒屋が多くて、面白くないなと思っていました。そのため、新しいタイプのカジュアルレストランを作ろうと考えました。その場所は、元々イタリアンカフェレストランをやっているお店で、120坪もあるのに、月商が400万程度という経営状態でした。そこで店内をカフェとレストラン、ラウンジという3つのエリアに分けて、全体のイメージコンセプトを「アフリカ」として、アフリカンタッチのアートやシマウマ、ヒョウ柄のソファやクッション等の装飾品を使って、アフリカのリゾートレストランを思わせるような斬新な内装に仕上げました。また、焼きたてのパンを食べ放題にしたことで、非常にパン好きな方も集まっていただけました。料理は、地中海料理を出させてもらいました。メニューブックも、写真を大きく撮って、アートブックのように仕上げました。集客については、クラブに来ていただいたお客様に関するDM用のリストが、1万件以上あったので、凝った案内状を郵送したところ、お客様が殺到しました。店内を3つに分けることで、食事だけではなく、カフェ利用や他のお店でご飯を食べてから、2件目にラウンジエリアを利用するなど幅広い使い方や、レストランでは珍しいBGMをDJがかけることで、食事をしながら音楽も楽しめ、お客様の状況によって選曲を柔軟に変えるといった、他の飲食店があまり力を入れてこなかったレストランミュージックに力を入れたことで、話題として一気に広がりました。店名も「AFRICA」と、一度聞いたら忘れられない、強いインパクトを持つ名前にしました。店舗の運営も受託していたので、スタッフを集めてミーティングを繰り返し、数値データを分析して、販促とサービスに力を入れました。その結果、月商400万だった売り上げが、月商1,600万と、4倍に増えて大成功を収めました。この成果によって、オペレーションファクトリーは、プロデュース＋運営受託とい

うモデルを確立でき、お店をオープンさせるだけではなく、その後の運営、収益の確保まで、まるごとパッケージで受けることのできる数少ない飲食企業というポジションを目指すこととなりました。

飲食事業は、中小企業や個人商店の比率が高い業界で、大手チェーン店では埋められない隙間がたくさん存在します。その隙間を見つけて、他店舗と差別化をするために、エンタテインメントの要素を盛り込んでお客様を楽しませ、収益に結びつけるといった方法論は、非常に効果的でした。その後、アフリカというお店は、東京の代官山にも出店して、とても有名なお店となりました。

2.4.8.3 カフェダイニング

続いて、直営1号店の「TILE」というお店です。このように、運営受託が増えていく中で、運営スタッフの確保と教育が我々自身の問題でした。派遣すると言っても、我々は登録制の事務などの人材派遣とは違い、すべて当社が正社員雇用をした上で派遣しているので、当然その運営受託店舗との契約が終了した場合は、全員当社に戻ってきます。その時に受け皿になる店舗がないと困るので、直営店の出店を検討するようになりました。他社が大型のレストランを出店していなかったので、いきなり70坪×3フロアの倉庫を借り、当時何もなかった堀江に、タイルという名前で韓国料理＋カフェ＋バーという業態を出店しました。これが、2000年にオープンした大型直営1号店です。ニューヨークのブルックリンにあるような、倉庫を改装したラフで雰囲気のあるカフェとバーにして、そこで出す料理は韓国料理というギャップを楽しんでいただくという趣向で、大量のお客様に来ていただきました。160という席が連日満席となり、毎月2,000万円以上の売り上げを計上しました。成功の要因として、堀江は住宅街で住民がたくさんいるにもかかわらず、地域にはほとんどまともな店舗がなく、まして新しくオープンする飲食店もなかったところに、いきなり大型店舗ができたため、非常に目立ったことがあります。そして、堀江の隣にアメリカ村というのがあるのですが、そこが低年齢化してきたことで、コンビニやファーストフード店が増えてきて、子どものたまり場となっていたので、大人たちが堀江に流れやすくなっていたというタイミングの良さがあります。また、倉庫を改装したので天井が高く、開放的な空間をカジュアルでセンスあるデザインにしたことにより、取材が殺到したこと、本格的な韓国料理の職人をスカウトしたこと、新しい飲食業態を運営していたので、そこに興味を持つ若くて情熱あるスタッ

フが数多く集まり、お客様も一緒に集めてくれたということが、成功の要因だったと思います。

2.4.8.4 和食ダイニング

　さらに、翌年の2001年に、和食店を出店することにしました。当初から、数値データを基に、社内で細かく分析を行っていました。和食や洋食、中華、エスニック、カフェ、バーといった業態を直営出店して社内にデータを蓄積していき、そのノウハウを外部に販売していこうという戦略を立てていたので、各ジャンルの直営店が必要でした。直営店を持たずに、コンサルティングやプロデュースを行っている会社はありましたが、古いジャンルのデータは販売されていても、現在のデータはどこにも売っていないのです。現在の状況がわかっておらず、自分で直営店舗も持たず、自分でリスクをとっていないコンサルティング・プロデュース会社というものが、信用されるはずがないと思ったので、コンサルティングやプロデュースで成果を出せる根拠として、自分でリスクを取ってデータを得るために、各ジャンルの直営店が必要だと考えました。こうして、2001年、「創作和食燈花」ができました。堀江の古い木造2階建ての材木店、30坪の2フロアを改装して、関西初の個室和食として誕生しました。今でこそ個室和食店は山のようにありますが、当時は普通のテーブル席や座敷、カウンター席といった和食居酒屋しかなく、個室で和食を食べようとすると、高級店か宴会向けの団体席しかありませんでした。2名から4名で個室を予約でき、単価も4,000円から5,000円で、本格創作和食が食べられるという、今までのカジュアル和食の常識を覆したことと、ご飯を売りにして常時炊きたてのご飯を出したこと、お風呂付きの個室があるという話題性により、オープン直後から異常な人気となりました。電話の予約がなりやすず、常に10日先まで予約でいっぱいでした。深夜の1時でも満席になることもあって、すさまじいヒットとなりました。こうなると同業者の視察が相次ぐようになり、メニューはなくなり、アルバイトを引き抜かれるなど、なりふり構わず真似しようとする飲食関係者が、大量に押し寄せてきました。飲食店の業態であるとか内装に関して、特許はないので、ヒットした業態の真似をするのは、当たり前の業界なのです。自分で考えるよりも、ヒットしている業態をそのまま真似する方が効率良く、成功の確率が高いのです。そのため、ヒットした業態というのは、2、3年のうちに広まってしまい、一気に陳腐化してしまいます。ただ、先行している強みというのは、業態が広

がってから人の真似をするよりも、投資の回収が非常に早いというメリットがあります。実際に燈花では、8,000万円の投資をしましたが、2年でそれをすべて回収し、その後はすべて収益となっています。一気に真似される危惧があったので、大阪の梅田、東京の西麻布等に店舗を増やしました。どこも、大繁盛になりました。この成功により、和食店のコンサルティング・プロデュース案件が、非常に増え、プロデュース事業の守備範囲が広がりました。

2.4.8.5 チャイニーズダイニングバー

その翌年の2002年には、堀江のはずれにある道頓堀沿いの洗車場を改装して、全席リバービュー＋テラス席の、朝5時まで食事ができるチャイニーズダイニングバー「BLEU」を作りました。本場香港の一流ホテルから、中華料理人をスカウトしました。大阪は市内にいくつも川が流れているにもかかわらず、不思議と川を眺めながら飲食できる、雰囲気の良いお店が非常に少なかったのです。そこで、モダンなインテリアと、カジュアルながら本格的な中華を出すという意外な組み合わせ、さらにバーとしても使えるという幅の広さが受けて、非常にヒットしました。

2.4.8.6 エスニックダイニング

続いて、同じく2002年、銀座にエスニックダイニング「LIME」を出店しました。ここは、インドネシアから料理人を集めて、イタリアンのシェフがインドネシア料理を中心としたアジアンエスニック料理、これをイタリアンの綺麗な盛りつけで提供するという「モダンエスニック」のお店です。リゾートを思わせる内装と、5,000匹の熱帯魚が泳ぐ大型水槽、これらにより、バリの水族館で食事をしているような非日常感を演出しました。この海の中のレストランというコンセプトと、差別化されたモダンエスニックという料理の組み合わせが、コンパやデートを目的とするお客様に支持されて、現在は麻布十番や新宿、心斎橋と展開しています。1号店の銀座店は、9年前にオープンしたのですが、現在でも予約の取りづらいお店となっています。

2.4.8.7 本格的クラブのプロデュース

続きまして、2004年には、クラブをプロデュースさせていただきました。大阪梅田で、4階建てのビルを丸ごと使った、本格的なクラブです。1階にはエントラ

ンスとロッカールーム、2、3階は床をぶち抜いてダンスフロアとVIPルーム、客席とバーにし、4階は半分をテラスにして、大きなプールを作りました。ダンスフロアで踊った後に、4階に上がってプールサイドでカクテルでも飲んでいると、ロスの豪邸でセレブパーティに招かれたような気分になります。オープニングレセプションパーティで、プールに生きたフラミンゴを数匹佇ませたことも話題になり、その後も非常に多くのお客様に来店していただいています。音楽が渦巻き、アートが渦巻き、ファッションが渦巻き、欲望が渦巻いているというコンセプトから、「SAZA-E」という店名にしました。

2.4.8.8　博多のダイニングバー

　続いて、2007年に、博多にミツバチというダイニングバーを作りました。これは中洲の対岸で、川に面している物件を使ってオープンしました。博多の市場を調べてみると、個人でやっている小さなバーはたくさんあるのですが、大型のダイニングバーというのは少なく、クラブが衰退していたのです。博多に関しては、屋台から発展した飲食店が多く、海が近いことから新鮮な魚介類が豊富で、和食やイタリアン、ラーメンといった業態は安くてクオリティが高く、お客様と親しい関係を作る接客力も高いため、飲食店のレベルも全体的に高い町です。ミツバチの立地条件は、ラブホテル街が近く、イメージ的に悪い場所だったのですが、川面が広くて眺めが素敵な物件でした。そして業態は、地元の飲食店と競合しないという理由で、エスニックダイニングバーとしました。一部をスタンディングスペースにして、週末はDJイベントなどを入れることで、高収益業態が出来上がりました。

2.4.8.9　渋谷のコラボカフェ

　次は、2009年です。2009年に、渋谷のタワーレコード横にルミネのメンズ館ができた時に、そこの1階に、カフェ「manduka」を作りました。渋谷には、カフェが非常に多く、大手チェーン店系のカフェから、店主のキャラクターを全面に押し出した個性的なカフェまで様々なタイプがある中で、差別化するために考えたのが、コラボカフェでした。店内の壁をギャラリーとして、アートやパネル、写真を飾れるようにして、それに付随した音響システムと映像システムを完備させて、期間限定で音楽系アーティストのプロモーションができるようにしました。隣にタワーレコードがあったことも幸いして、一気にコラボカフェの申し込みが殺到しました。

お茶を飲みながら、自分が気に入っているミュージシャンの音楽や映像ギャラリーが楽しめること、またちょっとしたプレゼントとしてシールやポスターがもらえるので、隣のタワーレコードで CD を買い、manduka で自分の好きなミュージシャンの世界観に浸れるというエンタテインメント性を持つ、発信機能のあるカフェが誕生しました。

2.4.8.10　梅田のダイニングバー

2010 年、梅田阪急のオフィスタワーの 15 階エントランスフロアに「Blue bird」というダイニングバーをオープンしました。ここは全席 2 名席で、夜景を楽しめ 2 人でゆっくり会話ができる、完全に 2 名様をターゲットとする振り切った業態です。デートするというエンタテインメントを、徹底して追求した飲食店です。デートをする中で、邪魔なことはいろいろとあります。通常飲食店は、4 名席が多いので、カップルで来店するとカウンター席か対面の狭い 2 名席に案内されます。カウンター席では、会話をバーテンダーに聞かれるのを嫌がるカップルや、対面では会話が途切れた時に気まずいといったことがあります。カップルにとって困っていることを、ほぼ解決したのは業界初の 2 名席専用横並びシートで、さらに全席から夜景が楽しめるようにしてあります。しかも、非常に暗いお店です。天井からの照明は一切なくし手元ライトのみとし、インテリアは上品でホテルのラウンジバーにいるような落ち着いた内装にしました。これによって、連日大量のカップルが来店されるようになりました。このデート需要というのは、意外と平日・週末問わずあります。週末が休みではない職業も多くあり、平日しかデートができないカップルもたくさんいます。その需要を徹底して取り込んだことで、成功しました。

2.4.9　成功の条件

ここまでは、エンタテインメントの要素を飲食店に取り入れて成功をした事例を説明しました。ここで、ビジネスのポイントや考え方をまとめてみます。飲食において、新しい世界をお客様に体験してもらうという考え方が、レストランをエンタテインメント化させると思います。そのためには、振り切った企画を考えて、他店舗との差別化をする必要があります。万人受けをする必要はありません。発達した社会の中で、量的な拡大よりも質的な充実に人々の価値観が移っていき、消費者志向の変化・多様

化が進んでいる現代に、独自性のある新業態を提案することが、必須となってきていると思います。我々オペレーションファクトリーは、低価格帯でも高価格帯でもなく中間価格帯がターゲットです。これを追求して、デートやコンパ、女子会で楽しめる、驚きとインパクトのあるレストランを作っています。ディスコからクラブ、そして現在のレストランのプロデュースを通じて考えたエンタテインメント飲食ビジネスのポイントとしては、まずはロケーションです。リバーサイドや夜景、テラスなど、店内から見える景色が武器になります。2番目としては、斬新なインテリアです。今までとは違う新しいインテリアデザインというのは、感性が刺激されてその中にいるだけで気分が高揚します。したがって、斬新なインテリアを、2番目にもってきています。3番目としては、時代を象徴する音楽です。耳からの刺激は、非常に想像力を豊かにします。また、感性豊かな人たちを集めるために、音楽にこだわるというのは、重要な要素だと思っています。4番目として、その地域にない業態・ソフトを投入することです。できるだけそのエリアにとって新鮮なもの投入することで、可能な限り競争しないということです。5番目としては、都心に集中することです。隙間のマーケットを狙っているということもあり、いろいろなタイプの人が数多く存在する都心の方が、ビジネス上やりやすいと思います。6番目は、アイデアは多数決で決めないということです。振り切った企画というのは、突拍子もなく理解しがたいこともあります。しかし、そこが良さであり新しさであります。企画を多数決で決めていたら、面白いものが生まれないということで、多数決で決めないことにしています。7番目として、エンタテインメント要素がある設備を投入して、話題を作ることです。お風呂付きの個室や大型水槽、あり得ない場所にプールがあるといったものです。8番目として、クリエイターに投資をすることです。DJ やグラフィックデザイナー、料理人、インテリアデザイナー、ディレクター、プロデューサーといった、若くて新しいクリエイターに積極的に投資をすると、新しい提案がどんどん出てくるので、それを事業に変えていこうと思っています。9番目として、万人受けを狙わないことです。万人受けを狙えば狙うほど、当然無難なものしか出来上がりません。無難なものには競合が多いので、できるだけ万人受けは狙わないようにしています。10番目としては、新しい組み合わせを考えることです。意外なものの組み合わせは、新鮮さを感じさせ、ありそうでなかったものを生み出し、そういったものが世の中でヒットするのではないかと思います。

2.4.10 経営哲学

こうして出来上がった店舗を、継続させるための事業全体の考え方として、1番は基礎体力を上げることです。我々の店舗には、基本5ヶ条として挨拶、掃除、商品説明、セールストーク、テーブルケアというものがあり、この基本5ヶ条に加え、チームワークと基礎的なビジネススキルがあります。これらの基礎体力を、いかに上げていくかというところに注力しています。2番目として、従業員やアルバイトを大切にし、成長をサポートすること、そして3番目として規模の拡大を追わないことです。4番目として、売上高にはこだわっていないので、利益率を重視します。5番目として、人材を多様化させることが重要です。新しいアイデアがどんどん出てくるのは、多様性のある人材が基本だと思います。6番目として、クオリティに力を注ぐということがあります。質の高い商品やサービス、労働環境、教育プログラム、企画というものを目指し、なおかつ料理のクオリティに力を注いでいます。

このような方針で13年間経営をしてきて、どんな業績になっているかというと、2001年の3期から2009年の13期までで比較してみると、売上高は1億6,000万円から40億円と約24倍に、また店舗数は約10倍になりました。従業員数は、36人から230人で、6.4倍となっています。総資産は14倍、経常利益が15倍という伸び方をしています。

2.4.11 まとめ

2.4.11.1 エンタテインメント レストラン ビジネス

最後になりますが、自分の生い立ちでもお話しした通り、エンタテインメント レストラン ビジネスに取り組むことに、特殊な才能とか能力、家庭環境、学力、ネットワークは必要ないと思っています。何もなくても、誰でもできると思います。なぜかと言うと、エンタテインメントの主要な部分である「感動した」「楽しい」「テンションが上がる」「美しい」「ワクワクする」といったものは、なんの努力をしなくても感じることができるからです。これらは、人間の本能に根ざしていると思います。ただ、地道な努力と情熱、そして勉強さえ怠らなければ、オペレーションファクトリー程度の業績なら、誰でも達成できると思います。必要な知識や考え方は、すべていろいろな本に書いてあるので、それを読みあさって実行するだけで大丈夫

だと思います。

2.4.11.2　失敗の勧め

　本日は成功事例ばかりお話ししましたが、実は失敗も数多くあり、この13期の中で、相当数の店をつぶしています。私の経験でしかないのですが、挫折と致命傷にならない程度の失敗を、どれだけ多く体験したかによって、苦しい中でのアイデア、工夫と諦めない気持ちが生まれてくると思っています。それと責任感でしょうか。我々中小企業にとって、責任をとって辞めますというのは、何の解決にもならず、ただ苦しいから逃げ出すための行為でしかありません。挫折や失敗を、正面から乗り越えていくことしか成長には繋がらないと思っています。私の場合は、昔からあまり良い思いをしていないので、物事は基本的にうまくいかないものという前提で事業を進めています。最悪を想定しているので、極端に落ち込むこともなく、もちろんうまくいかないことを想定した、代替プランの準備もするので、それほど慌てる必要もない訳です。逆に、一つでも二つでもうまくいけば嬉しいと思え、感激することがあります。自分にとって、この考え方が一番ストレスの少ない経営をしていける方法ではないかと思います。ここ数年事業がうまくいっている方の中には、成功して当たり前という考えの人がいて、失敗が許せないという方も見かけます。しかし、生身の人間はどんな人間でも忘れるし、またミスをします。だからこそ、失敗した時にどうするかを、先に考えておくべきだと思っています。ある調査によれば、何かを覚えたとしても、24時間以内に80%は忘れるとのことなので、忘れることを前提にして、書いておいたものを貼る等の方法をとればよいと思います。そして、全戦全勝する必要はないと思っています。6勝4敗か7勝3敗で、十分次に繋がります。全戦全勝しようとするから非常に無理なことをしたり、ごまかそうとしたり、違法なことをしてでも勝とうとするという意識が強くなるのではないかと思います。それなので、負けられる部分を残しながら無理をせず、見栄を張らず、前進していくべきだと思います。

2.4.11.3　我々の目指すもの

　そうとはいえ、飲食業界は、非常に厳しい状態にあります。素材価格の高騰や、人材関連費の上昇、消費の低迷、若者のアルコール離れ、食の安全性に関するコストの増加、人口減少等から、競争激化を含めて、業界全体が年々悪化している状況

です。しかし、飲食業とは人を幸せにする仕事です。おいしい料理を口にした時、恋人と雰囲気の良い店で語り合っている時、何かのお祝いでシャンパンをグラスに注いでもらっている時、寒いときに仲間と温かい鍋をつついている時に、人々は幸せを実感します。私たちは、このような人々が感じる小さな幸せをサポートする仕事に、誇りを持っています。外部環境が激変している中であっても、人々が日常の小さな幸せを求めるという需要は、決してなくなることはないと考えています。我々としては、多くのお客様、多くの社員、多くのアルバイト、多くの取引先の方々を幸せにするために、直営店が開発した多くのノウハウを、プロデュースやコンサルティングとして外部に提供してきました。今年 2011 年で 13 年目を迎える若い組織ではあるのですが、チャレンジ精神旺盛で、失敗しても次々新しいことに挑戦している組織でもあります。我々としては、何百店舗、従業員何千人何万人といった規模への拡大を目指していません。売上高が大きいからといって、社員やお客様が幸せかどうかは別問題だと考えています。それなので、我々は急拡大を避け、少しずつでも着実に成長していくことを選び、今日に至っています。今後も、景気が良かろうが悪かろうが、エンタテインメント性を取り込んだ新しい業態を、年間 2、3 店舗ずつ地道に作り続けていくつもりです。このように、規模の拡大は目指していませんが、活動範囲の拡大は目指しております。開発プロデュースにおいて、東京・大阪だけではなく、全国でプロデュース店舗を作っていきますし、飲食店だけではなく、商業ビルやホテルプロデュースといった、プロデュースの業務の範囲拡大や、海外展開を行っていくつもりです。エンタテインメントというものは、普通の食事を楽しい食事に変換させる力を持っていると思います。楽しい食事というのは、明日への活力になり、思い出になり、人と人を結びつけます。エンタテインメント性を取り込み、小さな幸せを世の中に数多く生み出していき、売り上げの拡大よりも社員の成長に力を注ぎ、お客様を増やすというよりも、自社のファンを増やすということに情熱を傾け、それを少しずつ世界に広げていくことが、我々の考える世の中に必要とされる飲食企業だと思っています。

　本来外部環境が変化するのは当然のことなので、景気の変動は、我々にとってピンチでもチャンスでもありません。どんな外部環境でも本質を見極め、変化に対応するのではなく、変化を創造しながら、我々の追求する小さな幸せを、今後も生み出していきたいと考えています。以上で、エンタテインメントレストラン展開のプロセスと成果についてのお話を、終わらせていただきます。

2.4.12 質疑応答

質問：始業当初の10店舗ぐらいは、営業を開始して10年以上経過しているのですが、最初の10店舗がそのまま競争優位を維持できているのでしょうか。それとも全くリニューアルし、業態を変えて新規にビジネスを行っているのでしょうか。

笠島：最初の3、4年でできたお店に関しては、ほぼなくなっています。ただ、2001年にできた燈花に関しては、移転をしながら現在でもやっております。そしてLIMEに関しては、ずっと続いています。そのため、確率としては半分くらいが残り、半分くらいがリニューアルしていると思います。同じパターンで続けると、どこかで頭打ちになるので、店の鮮度を上げていかないと、店は持続できません。

質問：他社が同じコンセプトで真似て出店を行うという話がありましたが、それに対する対応策はありますか。

笠島：これは止めようがないので、できるだけ目立たないようにしていくしかありません。お客さん向けの媒体と、飲食業者向けの媒体は違うので、飲食業界向けの媒体にはできるだけ出ないようにします。ただし、お客さんには来てほしいので、一般の媒体には告知をしていきます。

質問：収益構造に関してですが、代金は案件契約時、あるいは実際に店舗で収益が上がった時の、いずれのタイミングでもらうのでしょうか。

笠島：プロデュース・コンサルティングに関しては、2種類あります。まず、お店をつくるまでの業務に関しては、固定でいただいています。その後の運営に関する契約については、利益の配分という形を取らせてもらっています。利益が出ないと、会社にも利益がないので、我々も必死にアドバイスしています。

質問：業態について、業界初の試みや斬新な企画が多かったと思いますが、そのよう

な新しいお店を出店する前には、市場調査やテストマーケッティングを行っていますか。

笠島：あまり深くはしないです。同じ業態で、被っている店舗があるかどうかは調べます。それ以外は、そんなに緻密なデータを取ったり、マーケッティング調査を行ったりということはありません。しても無駄だと思っています。

質問：クリエイターに投資するというお話がありましたが、それは予算の中で予め項目として入れておくのですか。それとも、長期的にあるクリエイターを育てるという意味なのでしょうか、そのニュアンスについて詳しくお聞きしたいです。

笠島：プロジェクトごとにクリエイターを使うことがあるので、そこにできるだけ最初から予算をとっておきます。

質問：2011年3月11日に発生した地震の影響は、どれだけありましたか。仕入れや計画停電等の影響はどうでしたか。

笠島：東京では、非常に影響がありました。このような状況で、お酒なんか飲んでよいのかといった雰囲気があり、アルコール業態の飲食は悪化していきました。地震直後は2割から3割減、6月からは完全に回復してきました。ただ、大阪に関しては、業績は計画からそれほどぶれませんでした。

質問：量的な拡大よりも、質的な追求をしていくという方針のなかで、ターゲットを絞り込んでお客さんを呼ぶことがあると思いますが、そういう場合は、どのような手法で集客を行うのですか。

笠島：あまり広告には力をいれずに、当初のお客様を我々で呼んできて、あとはリピート性をどこまで高めるか、そこからの口コミをどこまで広げるかというところに注意を払っています。

質問：私はメイド喫茶によく行くのですが、中にはこうしたかなり激しいテーマを

持った飲食店があると思うのですけれど、テーマレストランの中には、料理が不完全で残念な気持ちになるものがあります。そういった絞り込まれたレストランについては、どうお考えですか。

笠島：メイドカフェのような、絞り込まれたものはありだと思います。そして、そこに求めているものは、料理だとかサービスとかではないと思います。それなので、お客さんが求めているところだけに力を入れ、後は力を入れなくても大丈夫だと思います。うちの会社では、そこまで極端なものはありませんが、いわゆる変わった業態、たとえばネコカフェでは、コーヒーの品質は問われません。何にでもお金をかけだすと、儲からなくなるのが現状なので、必要なところだけに、一点集中をかけるというのはありだと思います。

質問：お店の多くが斬新だと思ったのですが、お店のアイデアは、笠島さんご自身が出し、思い切って決定しているのでしょうか。

笠島：アイデアに関しては、私を含めたプロデューサーとともに決めます。意思決定に関しては、私が行っています。

質問：直営店で培ったノウハウを、他の店舗に教えるということは、市場をめぐって食い合いが起こると思うのですが、如何でしょうか。

笠島：直営店のノウハウを外に出すというのは、以前から行っています。外に出すことで競合するということはあると思いますが、年間でそこまでの数をコンサルティングしていません。コンサルティングを行う企業を限定することで、競合の広がりを抑えているつもりです。

質問：コンサルティングを行う場合、店舗のポテンシャルを見て、ここならいけると思って依頼を受けるのでしょうか。

笠島：当然選別は行っています。いろいろなところから依頼をいただきますが、これは無理だと思うときには、断ることもあります。

質問：出店をするなかで、人との繋がりが重要だと思いますが、シェフをスカウトする際に基となる繋がりは、これまでの経験から得たものなのでしょうか。

笠島：はい、そうです。ずっと飲食業を行ってきたということで、様々な先輩や後輩、同僚が業界の中に散らばっており、そういう人たちと連絡をとっていくなかで、人を探してもらったりしています。

質問：Webにおけるマーケティングは、今後拡大していきますか。

笠島：非常に悩んでいます。現在は、Webを利用することにより、様々な販売促進の方法があります。しかし、私はあえてWebをシャットダウンしています。変に情報を出すよりは、クローズドにして地味に展開していく方が、実は良いのではないかと思っています。飲食の講演に関しても、すべてお断りしています。

質問：あいさつを大事にするという項目があったり、チームワークを大事にするといったキーワードがあったりしましたが、実際にはどのような施策を行っているのでしょうか。また、チームワークが悪くなるとどのような問題が起こるのでしょうか。

笠島：チームワークが悪くなると、内部でもめている状況になるので、お客様に笑顔で接することができなくなります。すなわち、しっかりした料理が出せないことになるのです。料理を出すのが遅れるといった問題が起こり、お客様に迷惑がかかるようになります。チームワークが悪いと、そこで働きたくないという意思が生まれるので、周りの変化を敏感に感じられる子から辞めてしまいます。外部から攻められて店がつぶれるよりも、内部崩壊することの方が多いのです。そのため、チームワークをうまくとれる仕組みを、作らなくてはなりません。

質問：店舗内で、メニューレベルのリニューアルが行われると思うのですが、メニューの開発は、店舗のシェフがアイデアを出して行うのでしょうか。誰が責任を持っていますか。

笠島：メニュー開発に関しては、基本的にそこの料理長にまかせるというスタイルをとっています。しかし、試食会等であまり良くないという話になると、その店以外のシェフからアイデアを集めます。

質問：撤退する際に、見極めはどのようにするのでしょうか。

笠島：撤退基準が、存在します。半年間赤字が続いた場合は、即座に撤退します。当然つくったお店は我々にとって可愛く、思い入れがあります。しかし、どこかで決断をしなくてはいけません。そのため、半年間赤字が続いたら閉めるということにしています。これまでの経験上、半年間でいろいろ施策を行って結果が出なければ、ほぼ駄目です。

質問：決断をする際に、いつも考えていることがあれば教えてください。

笠島：これまで自分が責任をとって決断し、失敗して損が出たり、大事なスタッフが辞めていったりという経験をしてきました。こうしたことは、たぶん経験して学ぶしか方法はありません。最初からこの決断が一番正しいというような決めつけは、リアルなビジネスの中ではあり得ません。これはやっていくしかなく、常に考え続けるしか解決法はありません。

2.5 コマーシャルアート論
講義5
鈴木祐司

2.5.1 自己紹介

どうもはじめまして、電通の鈴木祐司です。宜しくお願いします。今まで担当してきたクライアントは、外資系食品会社、外資系自動車会社、日本の自動車会社、国際機関などです。

自己紹介を兼ねて、簡単に作品紹介をさせていただきます。

まずは外資系自動車会社の小型車です。この車は、「常に人の目を集めエキサイティングな存在でありたい。ブランディングとして、確固としたものを持っている。一般的な車という概念を超越し、キャラクターとして認識されたい。常に先端であり、クレバーで、シニカルで、格好いい。」、広告表現に対してそんな判断基準を持っています。その、2009年ニューイヤー広告を担当しました。新聞広告なのですが、キーワードは丑年でした。チェック柄がすごく人気の年だったので、牛までチェック柄にしてこれに習えというコミュニケーションで広告を作りました。

続きまして、あるジェットコースターのポスターを担当しました。特徴は、ギネス記録を持っていることです。最大時速130キロで、担当当時、ギネス記録を三つ更新していました。世界が未体験で、驚愕のスリルを伝えたいということで考えたのが、世界中の人が恐怖におののいている感じを出した作品です。キングオブコースというサブタイトルをつけ、コースも長すぎて泣いてしまうような表現でポスターを作りました。

次に、一眼レフカメラの新聞広告を作り、デビュー感と本格感をアピールしました。また、ある製菓会社のお菓子で、パリパリのチョコスナック、パリパリが止まらない、スタイリッシュな女性もハマり、止まらないということをテーマに、広告を作りました。

2.5.2 広告とは何か

広告の仕事は何なのかを簡単に説明すると、広告を発する人、広告を受ける人、そ

の間に広告を作る人がいます。商品の広告ならターゲットを決めてマーケティングされますが、それを作る我々側にもマーケッターがいます。そして、情報を共有する打ち合わせを何度もし、自分もマーケッターになったような錯覚を起こすぐらい商品のことをわかっていきます。そして、メッセージを考えるクリエイターがいます。このような体制で、伝わる広告を作っていきます。広告を製作し、届けて残すこと。その全般に関わる商品開発から納品、アフターケアまで広告によってどうなったかの調査や、次回やるならどういうことが必要なのかということも含めた全てが、我々クリエイター広告制作者の仕事です。他にもカメラマン、ライトマン、コーディネーター、美術、タレント、マネージャー、ヘアメイクやメディアの担当など、多くの人が関わっています。

　記憶に残すこと、広告をどう残すかが難しい点です。例えば伝言ゲームの例でもわかるように、情報は簡単に正しく伝わらないし、ターゲットだと思われる人でも、その心は簡単に動かせません。曖昧にしか記憶できないし、予算以上の効果があまり出ないことが多いのです。逆に、変に残ってしまう場合もあり得ます。例えば……汚い話で恐縮ですが……「うんこの臭いのしない、ダイヤモンド」というメッセージがあると、このダイヤモンドは、うんこの臭いはしないけれども、本能的に頭に残るのは「うんこの臭い」です。人間の本能の部分に残すためには、技術が必要です。

2.5.3　広告の考え方と本質

　自分の仕事をわかりやすく伝えるのは、何かを考えました。いい例があるので紹介します。知り合いのDJから、CDのジャケットを作りたいと依頼を受けました。内容は、あえて日本の曲だけでミックスしたものです。その心は、3.11の震災直後だったので、「今こそ日本の曲を聞こう」とミックスした、ということでした。そこで、「デザインのイメージは何かある？」と聞くと、洋服のタグみたいな感じで、「Made in Japan」だけが見えるような、そんなジャケットにしたいということでした。

　それで、「大震災直後の今こそ、敢えて日本の曲を聞こうじゃないか。」、このイメージでCDのジャケットを作りました。この課題に対して、皆さんだったらどうしますか。これを解決するために、どうしたらよいのか、少し考えていただきたいと思います。何か良い案はありますか。「Made in Japan」をテーマにして、どんなジャケットをデザインしますか？

私が考えたのは、まずこれです（口絵の写真参照）。知人の悩みなので、一生懸命作りました。赤い丸です。赤い丸には、いろいろなニュアンスがあるけれど、日本の象徴です。それから、音を聞くのだからその道具であるこんなヘッドホンを入れました。更に上手く「Made in Japan」のメッセージを入れたい、DJの訴えをどこかに入れたい、そう考えた結果、最終的にこんなものになりました。すなわち、赤い丸がDJの人物に見えるような、レコードとヘッドホンをイメージして作りました。最初は赤い丸だったものが、だんだん人物に見えてくるようなことを期待したのです。そして、それだけではまだ満足できなかったので、表裏でこんなものができました。何を伝えたいのか、それを絵で伝えるのが私の仕事です。DJの気持ちを大切にして、そのイメージを入れたいと思ったのです。

　ノンバーバルコミュニケーション（言葉によらないコミュニケーション）ができれば、満足だったのです。ビジュアル言語を大切にしたいと考えました。彼は、洋服のタグみたいなものが良いのではないかと思っていました。その時、こちらのアイデアを出したところ、たいへん驚いて、強い印象を持ってくれました。相手の問題を解決することと、自分が高みに登っていくためにクリアしたいこととがあり、クリアした瞬間にドーパミンが出る、これがまさにエンタテインメントであると思います。

　とりあえず暫定的に言うと、広告とは問いに答える行為が含まれています。依頼を受けて、調理をする立場です。期待以上の料理ができればより良いのです。期待された以上のことをするとたいへん喜ばれます。悩める問題を如何に解決するかが、本来の目的です。こういうメッセージを伝えたいのだけれども、相手が嫌がらないようにして、ターゲットにどのように伝えるかが大きな問題です。ターゲットが明確になれば、どういうトーンで伝えるか、問題をどんな表現で解決するかが大切です。「伝えたい」という意思を、主に絵で伝えるビジュアル言語で、如何にうまく相手に伝えるかが私の仕事です。

　一例を挙げると、傘を買ってきてほしいという依頼があったとします。その人は、いいデザインの傘が欲しかったわけではなく、雨に濡れたくなかっただけだったのかもしれません。人間の根本は、伝えたいことをメッセージとして流しても、その過程で内容が変わってくるので、打ち合わせなどで真相を明確に把握することが大事だと思います。伝えたいことを伝える仕事であります。ビジュアルコミュニケーションを考えることが、特に私の仕事だと思っています。

2.5.4 事例

　更に作品を見ていくと、牛乳についての作品があります。牛乳はカルシウムが豊富で、骨粗鬆症に効果があると言われます。もう一つは、寝る前に飲むとぐっすり眠ることができるという効果があります。そこで、リラックス効果があると考えました。自分のやりたいことと、クライアントの願望を合致させることは我々の技術です。こうして、モチベーションを上げていきます。

　例えば、ある家電メーカーでは、いろいろな分野で様々な活躍をしているというメッセージをこめて、電球をテーマに企業広告を作りました。2006年から2009年まで、電通と家電メーカーが共同出資した広告代理店に出向しました。その時、カメラの広告でちょっとだけヒントをチラ見せするティザー広告を作りました。この夏、今までの製品が、新製品になるというメッセージを入れたのです。これまでは重厚感があったが、コンパクトデジカメで広告に出ていた女優さんを起用することにより、コンパクトデジカメからステップアップできるという戦略で、女性でも簡単に撮れる軽やかな一眼レフになっているというメッセージです。

　ワールドワイドキャンペーンを勝ち取った、外資系自動車会社の広告があります。誰も知らないことに「気づいていますか、」というメッセージで作りました。有名な小型車の発売50周年の年に、最も小さい本を作ろうと、その車のブランドブックを作り、賞も頂きました。

　2009年に、電通に帰ってきました。その時担当した仕事は、ある国際機関で東日本大震災の時のものです。実際に東日本の小学校で、生徒たちがこの機関の提供したカバンを、勉強机に下げていました。沢山の中から、そんな写真を見つけました。子どもたちのために、世界は一つになれるというメッセージをコピーライターが考えました。なぜかというと、普段は日本が支援している国々から支援がきたのです。これを見て、世界が一つになっている感じがスゴくしたのです。実際に多額の義援金が集まり、この機関はすぐ支援物資にして被災地に配りました。日本がこれまで支援していた恵まれない国の子どもたちと、日本の子どもたちが同じカバンを使っているのが良いなと思いました。そして本当に伝えたいことは、まだまだ世界中にはもっと深刻な国があり、そこへの支援も忘れてはいけないということです。

　また、あるカーナビの広告でも賞を頂きました。小さいのに、情報が詰まっているということがテーマです。自分で楽しみながら仕事するのも、モチベーションが上が

ります。この時は、カーナビとは車と共にある物で、車は燃料を消費するネガティブな物でもあるが、そこにエンタテインメントを加えていくことで、車を運転するのは悪くない、楽しいことであるということを伝えたかったのです。

　更にこの企業の最新製品は、目で見た風景をそのままモニターに映し出して誘導する物でした。これを人気の製品にするために考えた、一つ目の案は、「景色が人を導く」というキーワードです。それは、例えばドライブ中に良い景色に出会った時に、このモニターはそのまま映し出すし、それをコマーシャルにすればスゴく良いという切り口です。例えば、鎌倉などの実景を観ていたら、その中に突然ナビの案内が出てくる、それを追っていくとナビの画面だったというCMです。もう一つの案は、トンネルや都市の夜景も考えました。技術の先端にいたい企業なので、未来的な風景が撮れるのではないかと期待したのです。結果、後者の表現に決まりました。そのグラフィックを紹介すると、素敵な未来に向かっていきそうな高速道路のシーンで、実は「景色が人を導く。」の夜景バージョンでした。次に、距離情報を売り物にしたカーナビの広告を担当しました。これは、「距離からいろいろな情報を基に、到着時間を出すので早く着く、早く着きたきゃナビを買おう。」というメッセージです。

2.5.5　広告とエンタテインメント

　次に、広告エンタテインメントとは何かについてまとめてみます。自分にとってもエンタテインメントですし、エンタテインメントが介在しているからこそ目を引くともいえると思います。やはり多くの人に、一気に伝えることがベースです。そこに技術や工夫がいるけれど、理解を得なければなりません。商品情報などは、曖昧でよいとしても、理解できないと意味がないのです。その共感部分というのが、広告におけるエンタテインメントではないかと思います。

　広告発信者、広告の視聴者、広告制作者の関係を、自然界の出来事に例えた方がいいます。生産者と消費者、その間に立っている分解者、すなわち食物連鎖でいう分解者である広告は、生産者と消費者の間の菌類の繁殖する綺麗な模様を見ていると、自分の仕事を再認識でき、モチベーションを上げられると仰っています。あるアートディレクターの言葉です。生産しっ放しだと、商品は誰も認識できないことが殆どです。資本主義では、生産され続けます。それが消費されなかったとしたら、全部売れない状態が続くのです。その間に誰かが立って分解しないと、ゴミだらけの世界になって

しまいます。これは、自然界と同じです。

　最後に、私が心掛けていることを言葉にします。常に、仕事を勝ち取っていく時でも、仕事を頂いた時も、自分の基本スタンスにしており、目指している目標でもあります。みな面白いと思っているけれども、誰もそのことに気づいていないこと、みなが面白いと思っているけれども、言われないと気づかないこと、そうしたことに気づくという姿勢を、常に貫きたいと思っています。そういうことに気づくことが大事だと思っており、全てのことを楽しみます。当たり前のことですが、楽しむことがエンタテインメントだと思っています。考え尽くすことに限界はないので、それをスタンスにして、私の人生は続いていきます。ご清聴ありがとうございました。

2.5.6　質疑応答

質問：予算以上の効果を求められると言っておられましたが、広告会社は広告枠の中で制作費をもらっていると思います。鈴木さんがクライアントさんにお金をいただく基準は、何かありますか。

鈴木：クリエイティビティが財産であり、誰も考えない面白いことを考える、そのことに価値をなかなか払っていただけない時代もあったかもしれないですし、予算は決まっていることが殆どです。その中で、予算以上の効果を出すことを求められます。メディアのプランも、製作物そのものもそうですけれど、メディアとの接点も含めて、こういうコミュニケーションが最も優れているというプランを製作物のアイデアだけではなく、触れる場所、表現などをトータルで提案して、よりよいものにしようと思っています。せいぜい、予算以上の効果が出ますとプレゼンをするくらいです。「スゴく良いアイデアです、もっとお金を出したいです。」というくらいの心境にさせることが、私の仕事だと思っています。サラリーマンですので、予算は限られています。それ以上のことをやっていくことで、リピーターがつくので、基本的には満足度が高くないと、仕事は成立しません。お金を沢山頂けるようにする工夫は、全体のチームとしてのメディアプランとか、広告の状態を提案します。更に、私たち自身のアイデアが、予算を取れるようにしています。我々のアイデアに、価値があるということにしていこうと思っています。

質問：今回の講義のタイトルが、コマーシャルアートということになっていますが、鈴木さんは、御自身の仕事である広告がアートだ、アートの部分もあるというように捉えていますか。

鈴木：友達にアートのことを教えている人間が沢山いますが、アートのくくり方、アートとは何かを語ったら、今でも答えは出ないと思います。現代アートの人と広告を繋げる、一緒に何か仕事ができる、あるいはそういうことを考えている現代アーティストがいてもいいと思いますし、そういうスタンスをとってもいいと思います。しかし、僕はアートというジャンルは、くくりにくいもの、いろいろな到達結果を考えた製作物が、アートだと思います。広告は、商品の悩みを解決する仕事が多いのですが、仕事の種類を変えることのできるプレゼンテーションができたらいいと思います。

質問：広告のことを、コミュニケーションと言っておられましたが、消費者からの答え、反応を測るのでしょうか。

鈴木：売り上げは、一つの指標です。あとは一人歩きすること、例えばこの広告面白いと誰かがSNSに書いたとします。それは、一人歩きすることです。一人歩きして広がっていくことも、答えだと思います。話題になることです。違うメディアから戻ってきたり、テレビで商品や広告のことが紹介されたりした時など、商品がすぐに売れなくても、周辺に関わっている人たちの価値を上げることが、答えだと思っています。

質問：アイデアは、どこから出てきますか。

鈴木：これは自分の仕事ですから、誰にも聞きようがありません。例えば、いろいろな広告のアイデアを開発するための本を読んだり、いろいろな人の講演にいったりすることはあります。いつも、どうしたらいい伝わり方をするのかを、考えています。仕事を受けることが考えることへのステップアップだと思っているので、とにかくいろいろな仕事を受けることが修行になっています。アイデアがどこからくるのかというと、依頼主の悩みに深く踏み込むこと、こういう

言い方をしたら多くの人が「オオッ」と振り向く、振り向きそうだという感覚を鋭くさせること、それが間違っていないことがベストだと思います。

質問：休みの日は、何をしていますか。休みの日も、仕事のことを考えていますか。

鈴木：こう見えても、意外とストイックな部分があると自分では思います。けれども、だらしない部分も持っているし、テレビっ子でテレビも見ています。基本的には、休日は空っぽにしたい方です。しかし、いい答えが出せているのかという不安に駆られて、ちょっとアイデアを考えるからと言って、付き合いが悪くなることがあります。考え続けることがいいと思いますが、口絵の写真にあるように、趣味のアメ車のメンテをしたり、仲間に会いにいったり、家族で過ごしたいという願望もあり、半々だと思います。

質問：広告だけでは信憑性がなく、口コミで評価を確かめたりするなど、昔とは環境が変わってきていますが、どんなに環境が変わっても仕事を楽しむというスタンスは変えないで、何が一番大事なことだと思っていますか。

鈴木：ひょっとしたら、意見が一週間後には変わっているかもしれない、そのくらい変化に対応できる人間でいたいと思います。しかし、本能、本質の部分は変わらないといわれています。けれども、それを実証できないので、変化には対応しなければなりません。昔はインタレスト、興味を持ったら、「行動」から始まりましたが、最近はまず「サーチ」、そして「シェア」する、そういう動きになっていることがここ10年ぐらい問題視されていますが、そこでどうしたらよく見えるのかを考えています。常に先手で対応していくのが、いいと思います。メディアプランを含めて、コミュニケーションの仕方が違ってきているので、複雑になっていますが、根本的なことは意外に変わらなかったりします。

質問：鈴木さんの考えられたアイデアを、チームのメンバーやクライアントなどに説得する時に、心掛けていることはありますか。

鈴木：こういうコミュニケーションには、こう言ったらいいのではないかとか、ロジッ

クはあります。ロジックがないと、お金が動かないことが多くあります。理論があり、少しの感性を光らせる、その見せ方だと思います。

質問：広告には、結構いろいろなことが関わっていると思いますが、鈴木さんの専攻は何ですか。どういうきっかけで、この仕事を始められましたか。

鈴木：私は、もともと美術が好きでした。そのジャンルで、何か仕事ができないかと思っていたのです。途中まで、アーティストになろうと思っていました。ある日、バイクが盗まれたのですが、お金があれば、この盗難の苦しみも軽減されるのかなと思って就職しました（笑）。すなわち、「テニスのある有名な選手が、テニスを始めたきっかけは、彼女が欲しかった。」という実話？にあるように、きっかけは、些細なことでいいと思います。出所は、どこでもいいのですが、私は美術大学出身者です。

質問：いま広告のジャンルは広がっていますが、新しくこういう方面に挑戦したいとか、実験的に何かしたいとか思われることはありますか。

鈴木：メディア理論として、将来的にはいろいろなモニターで、どこにでも情報が伝えられるという考えが1960年代に既にありましたが、まだそれを超えられていないと思います。新しいことと言えば、AR（Augmented Reality：拡張現実）を面白いエンタテインメントにプラスして、情報配信することとかメディアチームと一緒にセッションすることで、何か新しいことが生まれるかもしれません。新しいことが話題になり、広がることで大きなブランドを築けたりするので、いったいどこに到着点があるかわかりません。

質問：電通で働かれていますが、サラリーマンとして働くメリット、デメリットは何ですか。辛かったことはありますか。

鈴木：辛いことは、沢山あります。優れたアイデアを、まだ出せていないという悩みがあります。答えにまだ行きつけていないのではないかという悩みで、時間がいくらあっても足りないと思うこともあり、それが辛かったりします。メリッ

トは、ライバルがすごく多いことです。面白いなと思わされる、自分にはない能力を見せつけられる、それが大きな刺激になります。

2.6 音楽エンタテインメント ビジネス論 1
講義 6

北川直樹

2.6.1 はじめに

こんにちは、北川です。こうした授業はあまり慣れていないのですが、重要なことについて、資料にまとめています。授業中に是非ともご覧になってください。今日は、2つの授業をすることになっています。最初に日本レコード協会副会長（2013年10月当時）としての立場から、続いてソニー・ミュージックエンタテインメント（以下、SME）の代表取締役コーポレイト・エグゼクティブ CEO としての立場から、それぞれお話をします。

2.6.2 レコードとは何か

まずは、レコード協会の副会長としての話から始めます。レコード協会の歴史は古く、昭和17年にまで遡ります。現在「レコード」と呼ばれるものはレコーディッドメディアのことで、アナログ盤から CD（コンパクトディスク）まで、レコーディッドメディア全体のことを指し、アナログ盤のことだけではないという点がポイントです。

今業界では、CD やカセットテープ、DVD、ブルーレイなども合せた総称として、パッケージソフトやパッケージメディアと呼んでいます。音楽関連はオーディオ商品と呼び、DVD ビデオなど映像が入っているものはビジュアル商品と呼び、合せて AV（オーディオ・ビジュアル）商品という言い方をしています。

2.6.3 レコード業界の歴史

私は1977年からこの音楽業界にいますが、エポックメイキングだったのは、1982年に CD が発売されたことです。それまでは、完全にアナログ盤の世界でした。CD が発売されてから30年以上が経ちましたが、現在までこの CD が商品として存続していることは本当に画期的なことです。

この CD の普及に多大な貢献をしたのがソニー(株)の大賀典雄さんです。今では考

えられないことかもしれませんが、彼は世界中のレコード会社を回って、「CD にしましょう。」と根気強く説得し、アナログ盤から CD に置き換わるよう努力をし続けました。そして、とうとう 1982 年に CD が発売され、音楽はデジタル化時代を迎えました。音楽がアナログからデジタル化されたことは大変重要なことです。現在、どんな音楽でも好きな部分のみ、またはその全てを簡単にインターネット上にアップロードできるのも、CD の登場による音楽のデジタル化のお蔭で、まさにここからデジタルの時代が始まったと認識されるべきです。

　私が入社したのは、ちょうどこの時代です。この頃は業界全体が右肩上がりに伸びている、とてもいい時代でした。しかし、今はレコード産業全体の業績は下がっており、業界団体の立場からでも今は大変な時期であると認識しています。

　ところで、この業界でもう一つ忘れてはならないことは、1979 年にウォークマン®が発売されたということです。ウォークマン®が発売される以前は、みんな部屋にオーディオセットなどを置いてそれで聴いていましたので、外で音楽を聴くという習慣はありませんでした。このウォークマン®が発売され、音楽がどこにいても聴けるような時代になったことでリスナーの自由度はグッと増し、音楽業界は右肩上がりで伸びていきました。しかし、暫くすると業績が落ちてきてしまいます。何故そうなったかについては、後ほど説明します。

2.6.4　市場規模

　現在レコード業界のマーケット規模は、音楽配信などを除く CD のみの売り上げにおいて、約 2,000 億円です。最盛時は約 6,000 億円でしたので、現在はその約 3 分の 1 のスケールとなってしまいました。

　この金額規模で考えると、音楽業界はそれほど大きな業界規模ではないことがわかります。私にはよくわからないのですが、音楽業界は外から見ると何か、クリエイティブで格好よく見える傾向があるようですが、マーケット規模が縮小傾向の中でレコード会社に就職したいという人たちも、だんだん減ってきています。就活中の若い人たちが、レコード会社で制作をやりたいと言うと、かつてはかなり難関でしたが、今は意外に入りやすい状況にあるかもしれません。

2.6.5 アーティストの現状

このような状況ですので、このままいったらアーティストになりたいという人材も先細りになるという厳しい状況が待っているかもしれません。更に、アーティストになってもお金が十分入らず、格好いいだけで魅力がないと思う人たちも増えるかもしれません。

そういう意味で、昔のアメリカはドリームランドでした。下から這い上がってアメリカンドリームを叶えるには、スポーツで名を上げるか、音楽で成功するかが最短の道でした。しかし、儲からなければそうした道に進む人は恐らく激減するのではないかと思います。

では、なぜレコード業界は縮小し、アーティストは儲からないのか、その根底にある問題として、音楽が無料で流通しているという大変に厳しい現実があります。この状況で、特に違法配信の問題などが続いたら、音楽を作る人も歌う人もいなくなってしまうという非常に切実な現実を、我々は突きつけられているのです。

2.6.6 配信ビジネス

しかしながら、矛盾した話ではありますが、これまでパッケージ売り上げの落ち込み分を音楽配信ビジネスの伸長が補ってきました。しかしそれも、2009 年をピークに落ち始めています。以前からパッケージ売り上げが下落することは、ある程度は予想していました。しかし音楽配信の売り上げが落ちてきているのは、世界を見渡しても日本だけの現象で、これをもう少し注意深く見ると、2009 年以前は、日本の状況が良かったというより、他の国々の状況が悪かったという見方が正しいかもしれません。悪かったからこそ、現在当たり前のこととして伸びているのだという見方もできます。

この状況に対するメディアの見解はさまざまなようですが、実際には現在、パッケージはいい傾向で推移しつつある一方で、配信は落ちており、そのことは憂慮すべき点だと思っています。

これまでの日本の音楽配信は、「着うた®」「着うたフル®」が主流でした。実は、このビジネスモデルを考え出したのは、みなさんと同じように若い世代の社員でした。CD の音源を使えば可能ということで、例えば、サザンオールスターズの桑田佳祐さ

んが歌っている曲を、着メロの代わり着信音にしようと若い社員が考え、開発した新しい商品なのです。その背景として、日本ではまだパソコンにおける音楽配信サービスがそれほど多く利用されていなかったという状況があり、パソコンにおける音楽配信と同じようなサービスを携帯電話（以下、フィーチャーフォン）でできないかと考えたのがきっかけです。

　初めは、着信時に流れる着メロとして利用されていましたが、携帯電話で音楽を聴くという新しいライフスタイルを提案することに繋がりました。これが、モバイル端末におけるデータ配信が伸びていった最大のポイントです。「着うた®」「着うたフル®」といった新しいサービスは、レコード会社5社【エイベックスネットワーク株式会社（現・エイベックス・ミュージッククリエイティブ株式会社）、SME、ビクターエンタテインメント株式会社（現・株式会社JVCケンウッドビクターエンタテインメント）、東芝イーエムアイ株式会社（現・ユニバーサル ミュージック合同会社）、ユニバーサル ミュージック株式会社（現・ユニバーサル ミュージック合同会社）】が出資して作った共同事業新会社、レーベルモバイル株式会社（現・レコチョク株式会社）がスタートさせました。レコード会社が投資して作った会社が新商品を出し、デジタル市場に参入したのは世界でも例がなく、画期的なことでしたが、初めのうちは赤字でした。

2.6.7　キャリア・ディバイスの動向

　配信ビジネスにおける隠れたポイントは、NTTドコモ（以下、ドコモ）やKDDIなど携帯電話キャリア（以下、キャリア）である通信事業会社がバックアップしてくれたことにあります。もともと、レコード会社に配信ビジネスのプラットフォームや通信に関する技術はありませんでした。自分たちでこのサービスを提供していくには、当然テクノロジーが必要となります。それで、キャリアと連携してサービスを開始することとなったのです。

　まずは、フィーチャーフォンの中でコンテンツを楽しむことができるサービスを立ち上げなければいけないと考え、キャリアに向けて、音楽や動画といったコンテンツを配信するポータルサイトを立ち上げてほしいと働きかけました。その上で、キャリア側に、コンテンツ・サービスが充実することによって端末（以下、ディバイス）の売り上げにも繋がっていくということを理解していただきました。

現在、端末の主流がフィーチャーフォンからスマートフォンへ移行しつつあり、NTT ドコモは d マーケットを、au はスマートパスをスタートさせています。当時、ソフトバンクモバイル（以下、ソフトバンク）は、そういったサービスを展開していませんでしたが、エイベックス・エンタテインメント株式会社（当時）と合弁会社を作り、「UURA」という総合エンタメアプリのサービスを開始しています。ここで重要なのは、ソフトバンクもコンテンツ配信サービスを開始したということです。

一方、アップル社（以下、アップル）が開発した iTunes（アイチューンズ）というメディアプレイヤーは、対象機器をパソコン（Macintosh）から iPad、さらに iPhone へと拡げてそれを垂直統合し、そこにさらに様々なサービスを展開するという戦略で普及しました。

このように端末を販売するために、あるいは機種を買い替えてもらうためには、端末に搭載するサービスをどんどん進化させなければいけないということが言えます。実際、現在そのようなビジネスモデルが展開されており、どれだけサービスが充実するかでその後のビジネス展開が変わってくるということです。

最近はフィーチャーフォンがスマートフォンに取って代わり、結果インターネットの利用そのものは増えています。そこからわかることは、日本という市場でのサービスは、圧倒的にモバイル上を基盤としており、そのモバイルの基盤の上に音楽配信が広がってきているということです。

一方、アメリカやヨーロッパではパソコンが主体という側面が強く、日本とはかなり状況が異なります。つまり、アメリカと日本を単純に比較してもあまり意味がないということになります。経済誌などでは、このような背景や事情を研究せずに日本の音楽配信について書いている記事をよく見ますが、著作権法制度の違いなども含め、各国の様々な相違点を見極めてサービスやネットワークの記事にしないと、正確な分析にはなっていないと思います。

2.6.8　世界の状況

次に、世界について少し見てみましょう。世界全体の音楽マーケット規模は約 165 億ドルで、マーケットシェアにおけるアメリカの売り上げは 44.8 億ドル、約 27%（27.1%）を占めています（2012 年世界音楽売上統計数字、2013 年 3 月時点の IFPI 国際レコード産業連盟資料より）。一方、日本は 44.2 億ドルで同じく約 27%（26.8%）

ですから、日米はほぼ同じくらいの規模で、したがって日本は世界1位か2位のポジションで、アメリカと並んで約4分の1のシェアを占めています。それに比べ、イギリス・ドイツ・フランスなどは、日米と比較するとかなり小さな市場規模です。先ほど、日本のマーケットはCDなどオーディオ商品の売上規模が2,000億円程度にまで落ちてきたと言いましたが、それでも世界的には大きな市場であることがわかります。

その理由はいくつかあります。一つは、落ちてきているとは言え日本ではCDなどのパッケージのマーケットがまだまだ健在だということです。一方、アメリカでは、工場でCDなどのパッケージを作って店頭で販売するというビジネスは、次第に縮小してきています。日本は国土が狭いため宅配便等で荷物を簡単に届けられるのですが、アメリカは国土が非常に広いため、このパッケージビジネスを展開する場合、主要都市に倉庫を作って商品を在庫として保管し、そこから配送するという、コストも人件費もかかるビジネス展開が必要です。そうなると大量に売れない限りレコード会社やレコード店もビジネスとして成立しづらくなります。したがって、アメリカでは音楽配信が主流となった方がレコード会社にとって経費がかからないという利点があり、好都合という側面があります。

またアメリカの企業は、自分の会社のビジネスを続けるために必要であればリストラすることも厭いません。そのようなことからも、アメリカは日本とだいぶ考え方が違う国なので、音楽を取り巻く環境を考えると、パッケージからデジタル配信サービスへの移行は正しいとも思うわけです。

日本は業界全体で"パッケージも守っていこう"ということでこの道を取らなかったわけです。その際に、「着うた®」や「着うたフル®」をパッケージ発売前に配信することでパッケージのプロモーションにも繋げるという、モバイルダウンロードモデルが非常に成功しました。そのサービスをレコード会社がやったというところが、最大のポイントです。

次に、コンテンツについて話しますと、映画も世界中でハリウッド作品が観られていることと同じように、世界の音楽市場はある意味アメリカに支配されていると言ってもよいかと思います。アメリカで作ったものを世界中で発売するというシステムが中心になっているので、例えばレディー・ガガやアヴリル・ラヴィーンがヒットすると、それを全世界で共有するためのシステムが存在しているわけです。

日本のマーケットでは洋楽のシェアは大体15%位で、大半のシェアをJ-POPが占めています。また、ドイツやイギリスでは、それぞれの国のアーティストが自分で音

楽を作っています。日本を含めこういった国々では、それぞれの国のアーティストが頑張ることでシェアを保っているわけです。一方、アメリカの音楽だけがマーケットを支配している国では、売り上げは沈んでいるという状況です。

2.6.9 日本の状況

ここで改めてまとめますと、日本は世界第2位のマーケットで、パッケージと音楽配信合せて約3,500億円の規模があります。日本レコード協会の会員は現在61社（2012年10月の時点）あり、その会員社で国内売上シェアの90%以上を占めています。

アメリカの場合、メジャーというのは、ユニバーサル ミュージック、SME、ワーナーミュージックグループの3つで、他はインディペンデントと呼び、世界的に展開している会社はこの3つしかありません。しかし日本にはドメスティック（国内資本）系のレコード会社として、SME、エイベックス・グループ・ホールディングス、ビクターエンタテインメント、キングレコード、ポニーキャニオン等多くの会社があり、外資メジャーによる寡占にはなっていません。ちなみに日本のSMEはソニー（株）の直接の子会社で、外資ではありません。ニューヨークにあるSMEと我々は兄弟関係にあり、日本のSMEは、ニューヨークのSMEの支配下にはないのです。

世界では、前述したメジャー3社がほとんどを占めているので、日本のこうした状況は、非常に珍しいようです。日本に著作物再販制度があることによってこの状況が生まれている面があり、国内マーケットが守られているとも言えます。現在、再販制度の対象範囲は、書籍・雑誌、新聞、レコード盤・音楽用CD・音楽用テープです。

外国のアーティストやレコード会社の関係者などは、日本にはクラシックやジャズのジャンルの商品が地方の小さなレコード店にもあるということに大変驚きます。例えばアメリカでは、売れ筋の商品ばかりを置いていて、大きな売り上げが望めない商品は店頭には置かれていません。

しかし、日本のレコード店にはクラシックなどの商品もしっかり置いてあるので、何故こんなことが成立するのかみなさん不思議がります。これを可能にしているのは、日本に著作物再販制度があるからです。もしこの制度がなかったら、各レコード店は値引き競争になり、より厳しい状況が待ち受けているのではないでしょうか。実際、すでに、再販制度が適用されない映像商品等の値引きなどのサービスでEコマースは、大変大きなシェアを占めつつあります。日本という国が今後この産業自体をどういう

ふうに考えていくのか、大きな課題だと思います。

　現在CDを販売している店舗が全国で約6,200店あります。この狭い国の中に6,200店もあるというのは、世界に類を見ません。そして、日本では15万タイトルものCDが販売されています。これも、他の国では見られない特異な状況です。海外でパッケージ商品は、発売してもあまり売れないので出さなくなってきています。ジャズやクラシックなどは日本の方が売れていて、商品も多く取り扱われていますから、海外の愛好者たちは日本のEコマースをわざわざ利用してそういったジャンルのCDを買っているなどという、昔からしたら冗談みたいな話もあります。CDのレンタルも日本特有です。海外のアーティストが日本へ来ると、よくタワーレコードなどに行きます。あれだけ多くのCDが揃っている店は海外にはないからで、どうしてこれが成り立つのかと必ず驚きます。

2.6.10　アーティストの育成

　さて、日本のマーケットで、1年間に大体何組くらいのアーティストがデビューしていると思いますか。

　今1,000人（組）くらいという声が聞こえましたが、正解は2011年の実績でおよそ360組、2012年では500組です。音楽が無料で流通している状況が拡がってきた結果、アーティストとして生きていこうという人たちのモチベーションや、レコード会社で音楽を作る側にいる人たちのモチベーションも下がっている現状があり、業界全体としては新人をデビューさせる意欲が薄れてきているのではないかと感じています。このままですと、今までのようには新人が出なくなるのでないかと危惧しています。

　資料から過去の実績を見ますと大変多くの新人がデビューしていますが、残念ながらそのほとんどが残ることができていません。一握りのアーティストが売れてそれ以外は消えてしまい、またその一握りのアーティストもいずれ消え、こうした状況をずっと繰り返してきている業界です。すなわち、これだけの人がいるにもかかわらず、数％しかアーティストとして成功しない厳しい世界であるということです。しかし、それでも誰もがみな、一歩一歩地道に、一生懸命にやっています。

2.6.11 最近のトレンド

　次に日本の音楽シーンにおける最近のトレンドですが、シングルCDのマーケットが堅調です。シングルCDの売り上げ前年比は2011年に16％、2012年に3％とここ数年プラス成長を続けていて、そこには握手会などのイベントや、ファンとの交流会と連動した企画による売り上げが寄与しています。このビジネスモデルを開発したことはすごいと思いますが、実はこの販売方法自体は以前からありました。かつて山口百恵さんがデビュー当時、百貨店で握手会をしたのですが、そこに集まっていたのはわずか50人位でした。その後人気が出て大勢の人が集まるようになると、危険を伴うようになるので、握手会などは行わなくなりました。しかし現在大変人気のあるアーティストがこの握手会を実現しているシステムがあることは、すごいことだと思っています。

　ここでアイドルのビジネスについて話しますと、CDはお客様がアイドルと一体化したいという気持ちを反映した付加価値商品として売っている要素もあります。今は、どのようなスタイルで音楽活動をしている人もみんなアーティストと呼びますが、昔はいろいろな意味で若い歌手はみんながアイドルだったのではないかと思います。その後、70年代の後半から80年代に入ってだんだん自分で曲を作って自分で歌うシンガーソングライターというアーティストたちが登場しましたが、その時代にもプロの作詞・作曲家が作った曲を歌う人たちもいたのです。

　当時のそういった人たちは、現在のAKB48のように進化したアイドルではありませんでしたが、やはりアイドル的要素を持ち、サイン入りのレコードが売れていたのです。現在これだけの規模でシステム的にやっているAKB48というのは、マーケットを的確に捉えていると考えています。

　他に最近の特徴としては、アニメから出たアニソン（アニメソング）、そして大人向けのエルダー（中高年層）マーケットが好調です。例えば、山下達郎さんの『OPUS 〜 ALL TIME BEST 1975-2012 〜』が売れ、桑田佳祐さんも、松任谷由実さんも大変売れています。更に、エルダーではありませんが、Mr.Childrenのベストアルバムの2タイトルが併せて200万セット以上売れています。このように、日本のマーケットではエスタブリッシュ アーティストの作品はきっちり売れています。他にエルダーマーケットへの商品企画としては、ボックスセットなどもあります。例えば、山口百恵さんのボックスセットは、1セットの値段が3万円位するとても高い商品であ

るにもかかわらず、5万セット近く売れています。

　しかし、一方で洋楽に勢いがありません。そのシェアはわずかに15%程度で20年前の半分くらいしかありません。また、いわゆる国民的ヒット曲が減少しています。これは、ライフスタイルの変化が影響しているのではないかと思います。

　現在は個人個人の趣味趣向が千差万別で、全年齢層が受け入れるような国民的なヒット曲というのはなかなか生まれにくい状況だと思います。ある世代はよく知っている曲だけれど、別の世代の人はまったく知らないというようなことがよく起こっています。マーケッティングをする際には、こうした状況をよく考慮していかなければならないと思っています。

2.6.12　音楽産業の現状

　次に、日本の音楽産業の現状について考えてみますと、最近世の中の流れとして、音楽を無料で聴くという風潮があります。もちろんパッケージのマーケットも健在ですが、年々厳しくなっています。しかし音楽のリスナー自体は減っていません。例えば放送局や有線で音楽が使われたり、飲食店などで音楽が流れると、JASRAC（ジャスラック・一般社団法人日本音楽著作権協会）という音楽著作権の管理団体がこの音楽の使用料として料金の徴収を行っていますが、この使用料徴収額は落ちていません。ですから、音楽を利用する頻度は変わっていないのです。

　また、ライブやコンサートの動員数は増えています。こういったことから考えますと、ユーザーの音楽に対する価値観やニュアンスが少しずつ変わってきているのかもしれません。ライブやコンサートは日本レコード協会の立場では直接関係していないのでここではあまり深く話しませんが、実際に音楽を耳にする機会は広がっているにもかかわらず、我々のレコード業界は厳しいというのが現状です。

　先日IFPI（国際レコード産業連盟）の代表が来日したのですが、その話によると、スウェーデンで生まれたスポティファイ（Spotify）という音楽のストリーミング配信サービスの会員数が世界的に伸びていて、その動向に他の配信事業者が注目しているということです。これはどういうサービスかというと、サブスクリプションという定額制聴き放題のサービスで、初めは無料で音楽を試聴できるのですが、もっと聴きたいという人は、月額で定額料金を支払えば、好きな音楽を聴きたい放題楽しむことができるというシステムです。これにユーザーは結構はまってしまうようです。音楽

が自分のライフスタイルの一部になっている人は常にもっと聴きたいという欲求を持っているので、より良いサービスを受けるために料金を払って会員になるというビジネスモデルです。

このスポティファイは、スウェーデンという、CD市場もわずかで配信も違法配信などが横行し、音楽マーケットがほぼゼロになっていた国で生まれました。その後、アメリカに進出した当初はメジャー各社の対応は疑心暗鬼でしたが、マーケットにはすでにYouTubeやiTunesなど配信サービスもあるわけで、最終的にはトライしてみようということになり、結果メジャー各社が応援することになりました。

そして現在、スポティファイは日本の市場にも参入したいとアプローチをしてきています。これまで導入してきた国での無料のサービスにおける収入源は広告で、この収入をサービスの対価にあてています。ところが、この広告収入モデルは、画面の大きなPCでバナー広告を表示できれば成立しますが、携帯電話やスマホの小さな画面での表示は難しく、モバイル上のサービス利用率が高い日本において、小さな画面に対応する広告収入モデルがまだ確立されていない状況下で、ビジネスとして成り立たせるにはまだまだ大きな課題があるといえます。

このように、海外で成功したサービスが、そのまま日本で成功するとは一概に言えない場合があります。

2.6.13　アメリカのトレンドと今後の展開

次にアメリカの音楽ビジネスの現状を見てみます。最近YouTubeなど動画配信において興味深い流れがあります。例えば、結婚式の会場でレディー・ガガの曲が流れている映像がアップロードされていると、メジャーが"これは違法だ"とYouTubeを訴えたりするのです。そして裁判で勝訴し、何億円もの賠償責任を負わせます。しかし一方で「これは商売のためにしているのではなく、素敵な結婚式をみんなに見てほしいと思いアップロードしただけで、その会場でたまたまレディー・ガガが流れていただけだ。」という考え方もあります。そこでこのような映像をユーザージェネレイテッドコンテンツ（UGC）とみなし、使用料をYouTubeに払ってもらうという仕組みを作り、スタートさせたのです。実は現在、この使用料の金額が大きな規模になっています。しかしながら、今後もこのUGCサービスにおける使用料ビジネスがずっと続くかどうかはわかりません。ただ、今一番新しい考え方としては、動画サイトに

アップロードされた作品はすべて認め、その上で使用料を取るというモデルです。

そのような世界の状況の中、日本の音楽配信もより一層サービスを向上させていかなければならないと思っています。例えば価格についても、パソコンとスマートフォン、フィーチャーフォンにおける整合性をつけなくてはなりません。

また、日本独自のサブスクリプションサービス（定額制聴き放題）をスタートさせたいと思っています。プラットフォームに携わる人や会社もどんどん変わってきていますし、世界中にある様々なサービスが参入してきますので、ここ2、3年で様相が変わっていくだろうと感じていますし、今後新たなサービスが生まれ、楽しみ方も多様化していくと思います。

これからどこの国のどのようなサービスが入ってくるのか、なかなか読みきれない状況です。スポティファイは日本が非常に特殊な環境にあると認識していて、アジアではまずは中国からサービスを開始しました。しかし今でも日本に参入したいと考えていて、現在も引き続きコンタクトを取り続けています。

2.6.14　アジアの状況

次は、アジアについてです。日本のレコード業界も他の業界と同様に、人口が多く、著しく経済成長もしている中国の音楽市場を目指しました。谷村新司さんの「昴（すばる）」も中国で大ヒットしました。しかしアメリカ同様に中国も国土が広大で、パッケージの流通が難しい国です。また、当然のことながら日本の音楽が全て受け入れられるわけではないですし、音楽配信についても様々な難しい問題があります。中国では、自国で何か差し障りのあるものが出てきた時に政府が厳しく取り締まることもあります。今すぐここでマーケットを開拓することは、容易ではありません。

したがって中国に関しては、自国内のエンタテインメント産業が伸びてきた時に、私たちも一緒に参加するという形がいいのではないかと思います。中国政府も海賊行為を規制するようになり、今後、より著作権法の整備が進むのではないかと思います。

ここで目を南に転ずると、かつての高度成長期の日本、映画『ALWAYS 三丁目の夕日』で描かれていたような国が東南アジアにはたくさんあります。これらの国はこれから高度成長期を迎えます。そこで、中国で確立できなかった市場を東南アジアで実現させることを考えています。しかし現在、市場規模が日本の5%以下しかない国が大半で、プリペイド携帯が中心の国もあったりなど、マーケット規模からいうとま

だまだ小さいです。また、国の仕組みや商慣習なども、それぞれ国ごとに違います。

難しい環境ではありますが、一方、東南アジアの人々はJ-POPについて詳しく、親和性も高いという点に成功の可能性があると考えています。この強みを活かしながら、それをどのようにビジネスに結びつけるかがポイントです。レコード協会でもこの点を強調し、東南アジアへの進出を推進しようと考えています。進出に際して、東南アジアの各国において受け入れられる音楽・受け入れられない音楽もあると思うので、まずはYouTubeでプロモーション目的の配信をし、ライブ・コンサートやイベントで集客し動員を図るなどの活動から展開していった方がよいのではないかと思います。

実際にどのように進めていくかは、各レコード会社それぞれの課題です。

2.6.15　私的違法ダウンロード問題と著作権

次は日本の私的違法ダウンロードの問題に関してお話しします。私的違法ダウンロードとは、違法に配信されているものであることを知りながら、有償の音楽や映像を私的使用目的でダウンロードしてはならないというものです。「SMEさんは儲けているのだから、音楽をコピーするくらいいいじゃないですか。」とよく言われるのですが、僕には意味がわかりません。そんなことをしたら、収益がアーティストに還元されなくなってしまい、一体誰が音楽をやるでしょうか。産業として成り立たなくなってしまうと思います。投資してお金を回収し、また次に投資するのがビジネスですから、それが続かなくなると、レコード会社はリストラなどで人をどんどん減らしていかざるを得ません。

どの産業もそうだと思いますが、何かドリームを実現させるためには裏方の努力が必要です。ただ開発するだけではだめで、それに携わりサポートする人たちの力で成果を出すということは、どの産業でも同じだと思います。

もし優れたアーティストがいたら、周りのスタッフが全力でサポートし、タイミングよく投資をすることにより、ヒットを生み出していくことができるのです。したがって、音楽がフリー（無料）になってしまったら、フリーなりの結果しか出てこないのではないかと思います。僕は、フリーにしたら音楽はなくなってしまうのではないかという考えでいます。

先日、文部科学大臣と著作権についてお話ししたのですが、国によってあり方が随

分違うので、なかなか難しい問題です。違法配信の問題では、他のエンタテインメントコンテンツに比べ、データ容量が小さいので音楽が先行しましたが、いずれは映像コンテンツでも同じ問題が生じてくるはずです。

2.6.16 音楽ビジネスの流れと関わる人々

音楽ビジネスの流れを、図を使って少し見てみましょう。まず、アーティストがいます。そして、ここに音楽出版社があります。このアーティストがシンガーソングライターだとして、なんらかの詞と曲を書くと、作家契約をしているこの音楽出版社がその権利を持ちます。そして、アーティストが所属し、そのマネジメントを行うプロダクションがあり、アーティストが生み出し、作るもの（原盤）に対して、レコード会社が存在します。プロダクションとレコード会社とでライブ活動やプロモーションなどについて話し合い、相談をします。

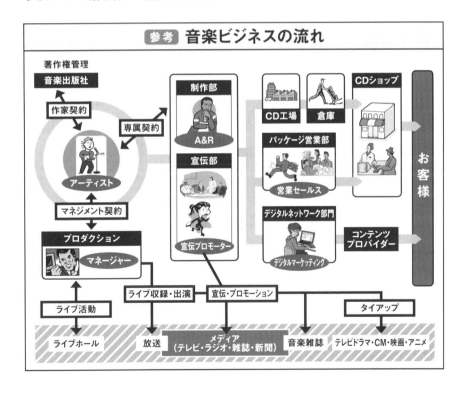

それ以外に、デジタル配信についても相談をします。商品がパッケージだけだったころの営業スタッフは、CD ショップなどとのやりとりが主な業務でしたが、現在では配信もあり、レコード店の系列化や E コマースの台頭もあって、SME では業務範囲は多岐にわたっています。

　さらに音楽ビジネスに携わる重要なプレイヤーとして、音楽プロデューサーがいます。これはレコード会社の社員の場合もあれば、秋元康さんのような外部のプロデューサーの方もいます。そして、制作する音源の曲調や雰囲気、方向性などを検討し、作詞家や作曲家、アレンジャー、ミュージシャン等に依頼します。

　マネージャーは、楽曲のリリースやライブのタイミングなど、全体の流れやスケジュールを調整します。コンサート制作のイベンターは、ライブ全般に関わるアレンジをします。

　レコード協会としてご説明するレコード産業の全体像と、音楽ビジネスの流れについては以上の通りです。この産業に関わる誰もが、それぞれの立場で日本の音楽を良くしようと、日夜努力を続けていることをご理解いただけたら幸いです。

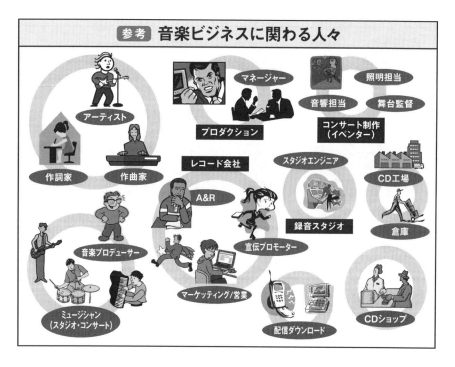

2.7 音楽エンタテインメント ビジネス論 2
講義 7
北川直樹

2.7.1 ソニーミュージック設立の経緯

次に、ソニーミュージックグループ（以下、SME）の現在の状況をお話ししたいと思います。SME は、ソニーの盛田昭夫さんと大賀典雄さんの二人が中心になって作った会社で、盛田さんが初代の社長です。ソニーの創始者の一人である盛田さんは、小さい頃からアメリカなど海外に憧れていて、世界の新しいものに興味があり、音楽などもいろいろと買って集めていたそうです。そうした好きなものをいつか自分で作りたいという気持ちが根本にあったのでしょう。1968 年というとても早い段階で、アメリカの CBS 社とソニーのジョイントベンチャーとして音楽の会社を設立しました。経営という視点よりも、個人として持っていた自分の夢を実現していったというのが本当だと思います。1988 年には CBS レコーズを買収することで、当時の SME をソニーの 100％子会社にしました。また、次は映像の時代が来るとも予測して、今度はコロムビア・ピクチャーズ・エンタテインメントを買収することになりました。やはりソフトも扱っていかないと、ハードだけではわからないこともあると考えたのでしょう。

2.7.2 ソニーグループ

ソニーグループはエレクトロニクス、エンタテインメント、金融、そしてその他と大きく 4 つの事業に分けられます。社長兼 CEO の平井一夫さんは、SME からキャリアをスタートしているので一緒に仕事をしたこともありますが、いまやソニーグループ全体のトップです。現在グループの中では金融事業の業績がいいのですが、立ち上げた当初は反対する意見も多かったのです。しかし、今や、ここが稼ぎ頭となっています。

エンタテインメント事業では、音楽のソニー・ミュージックエンタテインメント（SME）、映画のソニー・ピクチャーズエンタテインメント（SPE）、ゲームのソニー・コンピュータエンタテインメント（SCE）の 3 社が揃っています。この中で、SCE

は、エレキの技術とエンタテインメントのクリエイティビティの二つを元にソニーとSMEの2社でスタートした会社です。しかし、両者が溶け合うまで最初の頃は、本当に大変でした。

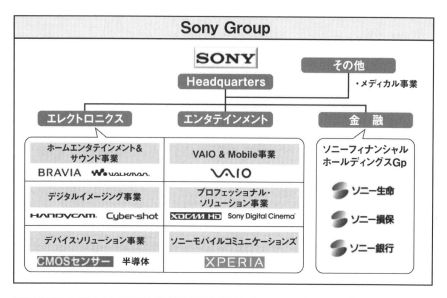

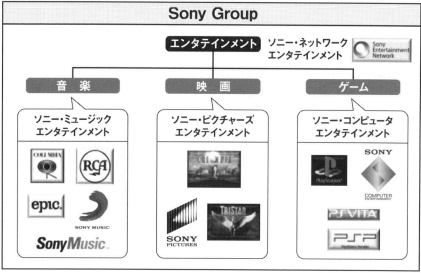

プレイステーションの発売にあたって、新たに独自のゲームソフトを開発するよりも、まずはすでに何万枚も売れていた『ファイナルファンタジー』や『ドラゴンクエスト』などを発売することにより、ソフトの人気で牽引しようとSMEのスタッフは考えました。一方ソニーのスタッフは、ハードに高い性能があれば売れると考えていました。実際は、魅力的なソフトがあって初めてハードが売れるのです。ハードは、どんなに性能が良くても単なる機械です。それを使って面白い事ができない限り、単に機械そのものでは売れないということを、SMEのスタッフは長い経験から知っていました。いまエンタテインメント出身の平井さんがエレキのトップになったことで、そうした両方の発想を活かした経営ができるのではないかと期待しています。

　我々SMEは、ソニーの100%子会社です。ところが、ソニーアメリカの子会社として、NYにもソニー・ミュージックエンタテインメントがあります。例えばユニバーサル ミュージックジャパンなど外資系のレコード会社は、海外にある本社の日本支社という位置づけになってしまいますが、SMEの場合は、日本とアメリカの会社に直接の資本関係がなく、それぞれがしっかり独立しているため、我々は独自の戦略に基づき、アメリカのSMEとは別個の会社として経営することができるのです。

　私は最初、アルバイトとしてSME（当時はCBS・ソニー）に入社しました。アルバイトはとても良いポジションで、どの人が働いていて、どの人が怠けているかなど、会社全体のことがよく見える立場だったりもします。その後社員として入社し、最初に配属になったのが、洋楽の部署でした。その後、地方営業などを経て、1993年にソニー・ピクチャーズエンタテインメント（SPE）へ出向になりました。ここでは、またSMEと違った面白い仕事をさせてもらいました。

2.7.3　ソニー・ピクチャーズエンタテインメント（SPE）での経験

　当時ロバート・デ・ニーロ主演の『フランケンシュタイン』という映画がありました。アメリカから送られてきたその映画の宣伝ポスターは、誰もが関心を持つようにと作られていましたが、実際の内容とはずれたつまらない代物でした。そこで、『フランケンシュタイン』のオリジナルを読んでみると、「人間とはなぜ生まれ、そしてどこにいくのか。」みたいなことがこの作品のテーマであって、ポスターにあるような愛と真実みたいな話ではなかったのです。映画の中に、フランケンシュタインの唯

一の理解者となる子どもが、花束から花を一輪摘んでフランケンシュタインに渡す印象的なシーンがあります。僕は、これだと思いました。そこで、このシーンを基にした日本向けだけのポスターを作りました。すると、アメリカと日本の配給元からは、勝手なことするな、アメリカのポスターと全然違うと怒られてしまったのです。しかし、もう作ってしまったので、使うしかない状況でした。結局、数多くいる映画評論家の中でも、このポスターを褒めてくれたのは、おすぎさんだけでした。

こんなことができるのも、私は映画制作のプロとしてではなく、映画を観る側の気持ちになって考えたからでした。そうこうするうちに、主演のロバート・デ・ニーロが来日しました。本人がこのポスターを見たら怒るのではないかと内心ヒヤヒヤしていましたが、彼は「素晴らしい！」と言ってくれたのです。そこからは、ヨーロッパなどその後に公開される国々では、このポスターのアイデアが使われるようになりました。結果的に我ながら、すごい経験をしたと思いました。何事もそうですが、自分を信じなければいけないということをこのとき強く感じました。

次は、ジャック・ニコルソン主演の映画でのことです。日本では最も当たりにくいと言われているコメディータッチの人間ドラマみたいな作品でした。偏屈オヤジの作家が、好きな女性ができて、少しずつ心を開いていくというストーリーです。しかし本国から来たポスターのデザインには、主役のジャックと一緒に犬が大きく写っていたのです。「人生において恋愛は素晴らしい。」ということがテーマなのに、犬がいたら意味がわからなくなってしまいます。それで、犬を取ってしまいたいと言ったら、またアメリカの本社と揉めたわけです。結局犬は小さくすることになり、ストーリーのイメージに近いデザインにすることができました。

この作品でさらに揉めたのは、日本語のタイトルでした。タイトルの日本語訳はたいへん難しいものですが、そのころ渡辺淳一さんによる大人の恋愛小説が流行っていたので、それを参考にして、最初は「ラブストーリーライター」というタイトルにしました。そのことを説明するためハリウッドの本社に行きましたが、皆よくわからないというので、ジャック本人に見てもらうことになりました。そうしたら、彼はまずカタカナでジャック・ニコルソンと書いてくれないかと言い、タイトルと並べてみました。するとパッと見た時に、何か軽い感じがしたわけです。しかし漢字にしてみると、外国人に意味はわからなくても、形に重みがでました。そこで最終的にタイトルを漢字で「恋愛小説家」とすることに決まりました。こんな勝手なことをしていたら、映画業界ではすぐに首だったかもしれません。しかし、私は幸いSMEからの出向者

の身でしたので、SPE で何をしても首にされることがないと思い、思い切った大胆なことができたのです。「ほら見て見ろ、うまくいっただろう。」という感じでした。

こういう時に保身を考えずに本音が言えるという意味で、出向者は強い立場にあります。ですから、出向の機会があれば、飛ばされたとかではなく、チャンスと思って行くのがいいと思います。

2.7.4　ソニー・ミュージックエンタテインメント

さて、今の私は SME に所属しています。桁違いの収入を得ているアメリカの社長と違って、日本のサラリーマン社長では、労ばかり多くて見返りが少ないという気がして、社長になる時には、全ての権限を部下に委譲したいと申し出ました。だから、実は私には人事権くらいしか決済権はほとんどないのです。図のように、SME はビジネスのカテゴリーによってグループ分けをして、それぞれに代表者を置いています。

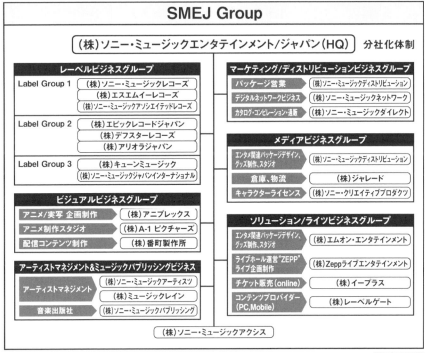

(2012 年 10 月現在)

それぞれの代表が、それぞれのグループにおける決済権を持つという組織を作ったわけです。各グループに属する会社についても法人格にすることで、またそこにも代表を置いています。こうして、多くの者が経営者という立場となって、自分のテリトリーに対する責任を自覚し、経営者として成長していくと考えたわけです。

また各ビジネスグループのトップには、私とはタイプが違う人を置くことで、私に迎合することなく自身の意見をしっかりと言ってもらうようにしました。会社の経営状況を知るのに、社員全員と話をすることはできませんが、各ビジネスグループの代表8人としっかりコミュニケーションを取ることで、いろいろなことがわかってきます。もちろん、彼らに経営を任せていても、最終的には人事権を持つ私が会社としての責任を持つというようになっています。

ビジネスグループは、音楽制作をするレーベルビジネス、アニメ関連のビジネスを展開するビジュアルビジネス、マネジメントや音楽出版を担当するアーティストマネジメント＆ミュージックパブリッシングビジネス、パッケージ商品の営業・音楽配信を担うディストリビューションビジネス、放送・出版およびライブ関連のビジネスを展開しているメディアビジネス、そしてエンタメ業界のインフラとなり様々なソリューションを提供しているソリューション／ライツビジネスと分けられています。

ソリューション／ライツビジネスグループに属するソニー・ミュージックコミュニケーションズという会社は、元々はレコードやCDのジャケット制作からスタートしていますが、特長的なのはソニーミュージックグループ以外のメーカーからも受注していることです。例えばユニバーサル ミュージックやトイズファクトリーなどにも我々のスタッフが常駐して、ジャケットや販促物の制作をしています。従って、ユニバーサル ミュージックは競合でもありますが、お得意様とも言えるのです。最近ではジャケット制作だけでなく、ソニー製品のカタログやWeb制作、コンサート物販、イベントの制作・運営、プロモーション・プランニングといった代理店業務などもやっていたりします。さらに、世界水準のレコーディングスタジオも運営するなど、業界全体の様々なインフラを一手に引き受けようとしています。

同じこのビジネスグループにはライセンスビジネスを展開しているソニー・クリエイティブプロダクツという会社があります。スヌーピーでおなじみの「ピーナッツ」や「きかんしゃトーマス」、「リサとガスパール」、「ピーターラビット」といった有名なキャラクターの日本での版権を管理しており、商品化したり、企業のセールスプロモーションに採用してもらったりと、版権活用によってライセンス収益を得るという

ビジネスを展開しています。

　メディアビジネスグループには、音楽専門チャンネル「MUSIC ON! TV」を運営しているミュージック・オン・ティーヴィと雑誌・書籍を出版しているソニー・マガジンズが合併してできたエムオン・エンタテイメントという会社があります。また東京、札幌、名古屋、大阪、福岡でZeppというコンサートホールを運営しているライブエンタテインメントという会社があり、同時にライブの企画制作も行っています。

　こうしたエンタテインメントに関わる様々な事業を展開し、グループ全体では、約1,700億円を売り上げています。

　さらにチケットのネット販売で国内トップであるイープラスを運営するエンタテインメントプラスという会社もあり、映画のSPEとゲームのSCEを合わせると、エンタテインメント業界では、国内で最大規模のグループとなります。

2.7.5　アニメビジネス

　現在我々は、アニメビジネスに注力しており、業績も非常に良い状態です。アニメ市場では、DVDよりも圧倒的にブルーレイです。なぜかと言うと、アニメのお客さんたちは映像により高いクオリティを求めるからです。

　最初に製作したアニメは、『鋼の錬金術師』でした。同じグループに音楽レーベルがあるわけですので、主題歌等は当社に所属するアーティストが担当しています。アーティストには、事前にアニメのストーリーを全部読んでもらった上で作詞・作曲を依頼しています。またアニメについて詳しいクリエーターの方にも参加していただきました。そうやって徹底してアニメと音楽の世界観が合うように心がけたので、こだわりの強いアニメファンの方にも支持してもらえるようになったのです。

　海外のアニメファンも日本のファンと同様にこだわりが強く、自国の吹き替えやカバーではなく、皆オリジナルの声や歌を聴きたいと思ってくれています。フランスでは国の政策もあって、フランス語に吹き替えて放送していますが、残念ながら全く人気が出ませんでした。アメリカで開催されるアニメイベントでは、何千人ものファンの方が、L'Arc-en-Cielの『鋼の錬金術師』の主題歌を日本語で大合唱したりします。海外で日本のアーティストの人気をあげるには、アニメの主題歌としてまず認知してもらうという方法もあるわけです。

　最近ではさらに既存のアーティストを主題歌に起用するのではなくて、アニメに寄

り添えるような、アニソン専門のアーティストも育成しています。アニメ発から人気シンガーを出していこうという試みです。

2.7.6 ライブイベントビジネス

　ライブ市場は、現在右肩上がりで大きくなってきています。SMEには、コンサートホールのZeppや、先ほどお話ししたチケットのネット販売会社もありますので、今後のライブビジネスの成長には大いに期待しています。デジタルの時代では、SNSで繋がるということがありますが、やはり一番リアリティがあるのは、体験を共有して楽しむということなのだと思います。よって、フェスイベントは今でも非常に人気があります。以前、アニメイベントを代々木第一体育館で開催しました。最初に声優さんが出て、次にアニメのスペシャル映像を見せます。ここですでに歓声が飛びかい大騒ぎだったのですが、最後にシークレットゲストとして主題歌を歌うバンドのライブを行いました。すると大反響で全員総立ちとなったのです。こうした体験がライブイベントの醍醐味ではないでしょうか。

　また『あの日見た花の名前を僕達はまだ知らない。』というアニメでは、舞台となっている埼玉・秩父が聖地となっています。その聖地でイベントを開催することにしたら、秩父に5,000人ものファンが集まったのです。

　要するに、全てのコンテンツは、アイデア次第でイベント化することが可能ということです。SMEには、イベントのためのソリューションも数多くありますので、アイデアと企画さえあれば、どれも実現可能だと思います。

　我々はいまZeppというコンサートホールをアジアにも作ろうと考えています。アジアには、ライブの拠点となるインフラが整っていないので、アジアツアーを行う際には全てを持ちこまないといけないため、非常にお金がかかってしまいます。例えば台湾でイベントをやろうとすると、体育館などを借りることとなり、会場の設営から始めなければなりません。当然費用がかかり、イベントを開催しても赤字になってしまうのです。ところが、Zeppのようにイベント会場として最初からインフラの整ったホールがあったとすれば、日本で行うのと同様の準備で済むので、利益を出すことができるようになると思います。このように、先にインフラやシステムをアジアに作り、そのうえでライブやイベントをどんどんアジアに持っていくことを考えています。

2.7.7 出版ビジネス

SMEでは古くから雑誌や書籍の出版ビジネスを行っており、これまでは音楽が中心でしたが、今後は新たなガールズ市場を開拓しようと考え、アラサー女子を対象にした「and GIRL」という女性誌を2012年に創刊しました。創刊にあたっては、すでに女性誌業界でカリスマとなっていた編集長と、その編集チームにジョインしてもらっています。また同時にママ市場をターゲットにした「mamagirl」という雑誌も始めました。いずれも欲ばりで目利きな25〜35歳の女性を対象に情報を発信していくことで、ガールズコミュニティーの確立を狙っています。そして将来的にはファッションイベントの開催や人気モデルやタレントの輩出、またECサイト展開など、グループ内のライブ事業やプロダクションとも連携して多様な展開を図っていく予定です。

2.7.8 キャラクタービジネス

先にも述べましたが我々は、スヌーピーで人気の「ピーナッツ」や「きかんしゃトーマス」、「リサとガスパール」、「ピーターラビット」、「スポンジ・ボム」など世界の良質なキャラクターの日本におけるライセンスエージェント権を持っています。こうしたキャラクターで商品化を図ったり、セールスプロモーションで使用してもらったりするなどして、ライセンス料を得ています。キャラクターは生身のタレントと違って、スキャンダルもなく人気も安定しているので、企業CMに採用されることも多くなっています。またライセンスビジネスでは、その時々で勢いのある分野に向けてライセンスしていくことができるので、比較的市場規模が安定しているのが特長です。

2.7.9 まとめ

現在、SMEのビジネス全体の売り上げにおいて音楽の売上シェアは半分を割っています。かつては、音楽が売上シェアのほぼ全部を占めていたのが、徐々に音楽の比率が減ってきて、他のビジネスが占める割合が増えています。これは、音楽に力を入れていないということではなく、アニメビジネスや他のビジネスが伸びると、音楽が占める割合が減ってくるという、全く自然の成り行きです。また、音楽以外のビジネスが伸びることによって、そのシナジー効果で音楽も伸びるという側面もあります。

先ほどお話ししたように、SMEは各部門が分社化して各責任者が自らの責任で経営しているので、力を注ぐ分だけその分野が大いに伸び、会社の全売上に対するシェアが変わってくるのです。私の役割は、全社を見渡してバランスがうまく取れるように、微調整することです。
　今後は、ソニーの音楽サービスなどの事業に、SMEの人材をもっと投入していかなければいけないと思っています。人材交流することによって相乗効果をもたらし、そのことによってソニー全体に貢献したいと考えています。

2.8 プロダクション ビジネス論1　対談講義
講義8
川村龍夫 × 湯山茂徳

2.8.1　芸能とは何か

湯山：それでは、これから本日の講義に入ります。川村ケイダッシュ会長と私の対談形式で進めていきます。私はこの分野（芸能プロダクションビジネス）では全くの素人ですが、川村会長は50年以上の経験をお持ちで、このビジネスの全てを知っておられます。過去の歴史を見れば、皆さんがご存知の有名歌手さんや俳優さんが、いかに多くケイダッシュ、川村会長の元で働いているかがおわかりになると思います。今回の講義では川村会長の過去の仕事、そして現在の取り組みについてお話しいただき、最後に皆さんと一緒に、プロダクションビジネスの未来について、考える機会が持てたらよいと思います。

まず、たいへん難しいテーマかもしれませんが、「芸能とはなんぞや」について、会長にお聞きしたいと思います。

川村：皆さんはじめまして。川村です。今回、この講義のお話をお受けすることとなり、あらためて、「芸能とはなんぞや」という質問を、テレビ局や音楽業界の人たちにぶつけてみました。みなさん日々、現在進行形で現場の仕事をしているプロフェッショナルな人たちなのですが、だからでしょうか、この根本すぎる問いに、明確に答えを出せる人はあまりいませんでした。私自身も湯山先生と会ってから、あらためてこの問いを掘り下げて考え、芸能とはどんな力を持っているのかという認識を新たにしました。

芸能マネジメントの基本で最も大事なことは、いかに俳優やタレントに対してインスパイアさせられるか、刺激を与えられるかです。馴れ合ってしまえば、全部ダメになってしまいます。そういう意味では、原点に返って自分の仕事とはなんぞや、ということをもう一度考え直す良い機会を今回与えられたように思っております。

2.8.2　プロダクションの運営

湯山：川村さんから見た芸能の本質や歴史については、さらに後ほどいろいろ話していただけるかと思います。次に芸能プロダクション運営についての話、これは川村さんにとって最も力の入る部分の一つだと思います。そして商品であるタレントについて、これはビジネスの話になります。川村さんと過去にお話しさせていただいたなかで、芸能ビジネスの基本は他のビジネスと何も変わらないのではないかという印象を持ちました。川村さんはこれについては、どのようなお考えをお持ちですか。

川村：このビジネスをしていて、一番難しいことは、我々にとっては商品であるタレントを発掘した後、彼ら彼女らが少し売れてくると、自分の主張を持ち始めることです。通常の商品（モノ）と違って、原料費が一気に上がります。もちろん、渡辺謙のように、ある程度世に名前が出てから入ってくる人もいますが、私どもの場合は、私が面接して入れた俳優がほとんどです。最初彼らには、ある一定の給料保証をします。何も仕事が入らなくても、です。だいたい5年くらいで芽が出てくると、この給料は10倍くらいになります。もちろん稼ぎ自体がこの10倍くらいになったからです。これだけ稼げるようになって、原料費が上がったところで、彼らは力を持ち始めます。ようやく俳優として一本立ちして、主役等をやります。その状況で、実力をともなっていない彼らの自信のなさがどこに表れるかというと、仕事選びです。「この仕事は、やりたくない」などと言い出します。そして、この感情を突き詰めていくと、「辞めたい」ということになります。僕は、彼らが「辞める」と言い出した時は、絶対に止めません。しかし、一回話してから時間を置いてまた話を聞くと、「もう一度やり直す」とだいたいは言います。この自惚れを、僕は「虚実の間を彷徨している」と表現します。芸能人というものは、自惚れをなくしてしまったらブレイクしません。ですから、どこまで彼らの自信を深めて、うまくコントロールしていくかが大切です。タレントになる人は、すべからく普通の人と違ったエネルギーを持っています。その、ある意味いかがわしいエネルギーを、どうクリエイティビティに変換するか、ということが、ケイダッシュグループのマネジメントの基本なのです。

音楽家やミュージシャン、俳優、デザイナー、モデル、いろいろな人たちが、私の会社へ面接に来ます。その際に、一番気をつけなければいけないのは、社員の振る舞いです。社員も、売れているタレントと同じように自惚れを抱きますから、新人に対しては、最初から見くびった態度で臨むわけです。同様のことは、レコード会社やテレビ制作プロダクション、テレビ局でも見られます。これは、いけません。タレントは、たった1年間で普通の人10年分の人間関係を見ますから、絶対に軽く見てはいけません。私は、2年目からすぐ鞄持ちを付けます。16歳の女の子と言えども、自信を持った人たちは、1年間で変わります。それなので、最初の出会いが一番大事です。芸能の仕事は、人によっては面白いはずです。この仕事の面白さ、この仕事の一番のやりがいは何かと聞かれた時に、私は人の精神に触れられる数少ない仕事だと答えます。ですから、才能を豊かにするためには、その部分は自分で地道に勉強しなければ駄目だと口を酸っぱくして言います。それでも自惚れは止まりません。私から見ても、こんな面白いことはないです。会社に入ってくる時も、後光が差して入ってくる、そういう人がお金になるのです。その出会いのタイミングを逃してしまったら大変です。自社で育てたタレントに、給料保証をしている間にたくさん稼いでもらい、次の投資に回します。新しく移籍してきた俳優は、もっと良くなりたいためにうちの会社に来ます。したがって、今までいたプロダクションとは違う仕事を与えなくてはなりません。違う対応をしなくてはいけないのです。音楽で言えば、良い作曲家をつけたり、良い作詞家をつけたり、良いアレンジャーをつける、こういうことの繰り返しです。人の心理的な面を大事にしなくてはならないし、あらゆることに興味を持たなければなりません。

話は変わりますが、昨日、京都駅に着いてホテルに向かう途中、タクシーの運転手さんが、京都大学の自慢話を始めました。「ノーベル賞受賞者のうち、10人は京大出身だ」と言うのです。もう楽しくなり、すごいなあと思いました。そんな話をした後に、私が「京大に向かってくれ」と言うと、「時計台」と言う前に、運転手さんが「京大といえば時計台だね」と言いました。そして「黒紅葉が有名な寺がある。そこに女房を連れて行けば、絶対夫婦関係がうまくいく」と言うのです。この押しの強さと話のうまさ、私が若い頃なら、すぐにスカウトしてケイダッシュでお笑いタレントにしたでしょう。関西の人というのは、このくらい日常生活の中で、人の心に入ってくるのだなと改めて感じまし

た。お蔭で、本当に良い気分で京大に来ることができました。

2.8.3　略歴１－芸能ビジネスへの参入

湯山：ありがとうございます。商品であるタレントさんについて話をお聞きしました。後ほど、さらにその発掘の方法とか育成、付加価値の付け方などいろいろな話をしていただきます。それでは、川村会長の個人的な略歴をお聞きしたいと思います。既に、大学在学中からマネージャーとしての仕事をなさっていたのですか？

川村：そうです。鹿内孝（しかうちたかし）というジャズシンガーがいるのですが、彼とは中学・高校の同級生でした。学生時代に彼から、自分のマネージャーをやってみないかと声をかけられたのが、芸能の世界に入ったきっかけですね。これは私にとっては、すごくラッキーな出来事でした。この人は、譜面を初見で読める数少ない歌手の一人だったのです。当時、ほとんどの歌手は、譜面が読めませんでした。そんな中、鹿内孝が良かったのは、例えばクラシックの人たちと共演した時に、彼らは譜面の読めないポップの人たちを馬鹿にしていましたから、譜面が読めると彼らとうまく共演できた、遜色ない仕事ができたことです。鹿内孝がいたからこそ、ジャッキー吉川とブルー・コメッツ（以下、ブルー・コメッツ）はレコード大賞をとることができたと思います。しかし、鹿内孝がどういうわけか「ジャズを歌っているのに、英語ができないのは嫌だ。語学留学がしたい」などと言って、留学することになりました。その時は「そんなことされたら、私たちが食べられなくなってしまう。さてどうしようか」と思いました。しかし、そのタイミングで、1966年にブルー・コメッツの「青い瞳」がものすごく売れました。これが、日本の音楽業界を変えたきっかけとなりました。それまでは、例えばビクターやコロムビア、キングレコードなど、レコード会社と専属契約をしている作詞・作曲家しか仕事ができませんでした。それを、フリーの人たちが、自由に音楽を作り、発売することができるようになったのです。自分たちが、お金を出して原盤制作することが可能になったのです。

一番変わったのが、興行形態です。1965年10月に、足利市の教育委員会が、不良になってはいけないということで、（グループサウンズによる）エレキ演

奏を禁止しました。これは、私にとってはとても良いチャンスで、他のグループは興行できない状態でも、自分たちは活動できました。ブルー・コメッツは、NHKで演奏していましたから、どの会場でも行けたのです。広告についても、私は京都新聞のような地方の放送局や新聞社と組みました。彼らが宣伝してくれるので、必然的に全国でレコードは売れました。レコード大賞をとった際も、規制の影響で競争相手がいなかったものですから、彼らの音楽性はとても衝撃をもってお茶の間に受け入れられたのです。

湯山：レコード大賞をとられて、ブルー・コメッツはつまりは頂点に立ちました。現在多くのグループシンガーが存在しますが、当時グループサウンズ（GS）は、それは革命的だったと思います。

川村：この時代（1960年代後半）から、シンガーソングライターが世の中に出てきました。井上陽水氏や吉田拓郎氏などです。一番大きく興行界を騒がせた事件というのは、歌謡界のトップと言われる歌手も当時、一日のギャランティーは70万円くらいだったのですが、その中でブルー・コメッツが200万円いただいたことです。本当に、大変な時代でした。

湯山：そしてその後、ズー・ニー・ヴーとなります。「白いサンゴ礁」（1969年）を川村さんがプロデュースされました。

川村：このグループがどのように生まれたかというと、売れ続けるブルー・コメッツが、どんどん歌謡曲をヒットさせながら売れるコツを掴んでくるなかで、そんなことだけではつまらないと思って作りました。成城大学で、キャッスル＆ゲイツというフォークグループがいまして、それをスカウトして、ズー・ニー・ヴーとしてデビューさせました。このズー・ニー・ヴーの存在は、後に日本の音楽業界で、大きな意味を持ちました。アルバムに入っていた楽曲で「ひとりの悲しみ」（1970年）という曲があったのですが、それが、後に改詩改題され、尾崎紀世彦が歌った「また逢う日まで」（1971年）です。この曲はレコード大賞をとりました。それに伴って、当時外国楽曲を管理していた音楽出版社の日音が、日本人のアーティストを沢山発掘していくことになり、大きな成長を遂

げました。そして、赤字を被ることなくTBS系列で優秀な会社になりました。このように企業経営から見ても、どこがきっかけで大きな変化が生まれるかわからない、これこそこのビジネスの面白さです。

2.8.4　略歴2－プロダクションの設立

湯山：ズー・ニー・ヴーを作られた後で、川村企画を立ち上げられました。これは個人の会社ですか。

川村：そうです。27歳の時に、個人の会社を作りました。私が当時いた会社を辞めてから、3カ月後くらいにブルー・コメッツが解散しました。

湯山：ブルー・コメッツのマネジメントをする際に、企画からなにから、すべて自分一人でなさっていたのですか。

川村：私がマネジメントして、作詞は橋本淳、作曲は井上忠夫と小田啓義（すべてブルー・コメッツのメンバー）がやりました。レコード会社には、泉さんという素晴らしいディレクターがいまして、彼らと役割分担をはっきりさせて行いました。とても良いチームワークで、コロムビア・レコードに新しくCJグループと呼ばれるレーベルができ、後にいしだあゆみさんや伊東ゆかりさんなど、いろいろな人がそのグループで活躍できるきっかけをつくることができました。

作曲家で歌手の宇崎竜童さんを、ご存知ですか。彼の本名は木村修司といいまして、明治大学の学生で、バンドボーイをやっていました。後に作曲家になって今も活躍されていますが、とても良い作曲家です。彼も、当時の音楽の流れを汲んで、プレスリーやビートルズのサウンドに移り、ダウン・タウン・ブギウギ・バンドを結成したり、山口百恵さんに提供した曲をはじめ、多数のヒット曲を生み出していきました。実は彼も、私たちブルー・コメッツのスタッフの一人でした。

湯山：この川村企画というのは、こうした活動を引き継いだ、いわゆるベンチャーのような存在かと思います。それで、スパイダースとの関係についてお尋ねした

いのですが、現在もケイダッシュ系列に所属されている堺正章さんについてはどうですか。

川村：この時代は、ほとんどのグループサウンズが、外国楽曲のカバーをしていました。その中で、より外国の楽曲に近い作品をオリジナルで発表していたのが、スパイダースでした。彼らが歌ったこの曲「夕陽が泣いている」（1966年）は、浜口庫之助さんが作詞・作曲して、歌謡曲調で嫌だなと私は思っていたのですが、結局大ヒットしました。

同じ頃にブルー・コメッツもご褒美でヨーロッパ、そしてパリに行き、そこで演奏しました。私も同行しました。この時に、大きな衝撃がありました。ビンソンのエコーマシンがあったのですが、今はミキサーの人が客席にいて音を調節するのですが、当時は音声器を調整できなかったのです。それで、ブルー・コメッツが歌っても全く声が聴こえないのです。しかし、向こうのエンジニアが、わっと声を発すると聴こえました。つまりこれは、声のパワーに決定的な差のあることが問題だったのです。また、ディスコクラブで、ブルー・コメッツの音楽をかけましたら、全員が踊るのをやめてしまう、ということもありました。日本のアーティストが、全く通用しなかったのです。全くと言っていいほど、日本のボーカリストは駄目でした。

今は、相当マシンの技術が発達しましたけれど、技術を制するのはやはり、本人が持っている声なのです。これはとても良い体験でした。私がアントニオ猪木さんと結びついたのは、それからでした。音楽では世界に太刀打ちできないから、世界一をとるならプロレスだと、こういう発想からです。とにかく良い経験ができました。チャレンジすることは大事ですが、通用するかどうかも考えて、マネジメントサイドがよほどリサーチしていかないと難しいです。楽器をやる人についてはいいのです。例えば、クラシックの内田光子さんは、世界的なピアニストです。しかし、ボーカルはなかなか難しいです。もう泣きたくなるほどの違いがあります。これはいつになったら克服できるかわかりません。克服できる人たちが出てくるといいという希望を持ち、そういうアーティストを発掘したいという願望を持っています。

湯山：その後の活動は、どんなものでしたか。

川村：田邊昭知(たなべしょうち)さんという音楽家との出会いがありました。私が現在も役員をしている田辺エージェンシーの社長をずっとされています。現在、渡辺謙が所属するアメリカのウィリアム・モリス・エンデバー・エンタテインメント（当時はエンデバー・エージェンシー）を真似して、1973年に、エージェントを作ろうと思いました。それが田辺エージェンシーです。田辺エージェンシーは、日本の音楽事業所業界、芸能プロダクションやレコード会社などの、あらゆる分野の人が集まって作った、最初の近代プロダクションです。田邊さんは、現在も日本の芸能関係で何かあると、テレビ局でも芸能プロダクションでも、全ての物事を田邊さんにお伺いを立てて決める、というくらいの実力者です。日本の芸能界は、この人が存在する限りうまくいくのではないか、というくらいの人です。私は、この人とずっと一緒に仕事をして、とても勉強になりました。テレビ番組の制作もたくさんしました。「マチャアキ！するぞー」（1975〜1976年／フジテレビ）や、「マチャアキの森の石松」（1975年／テレビ朝日）、「タモリ倶楽部」（1982年〜／テレビ朝日）も、田邊さんの企画です。「笑っていいとも！」（1982〜2014年／フジテレビ）は、番組企画は田邊さん、ギャランティーの交渉は私がやりました。お金の交渉は、大変な作業です。お金を稼ぐには、正直言ってテレビのレギュラー番組を持つことが一番です。かつての演歌歌手は、公演が主な仕事でした。しかし、今は公演が少ないですから、テレビのレギュラー番組を持っているか否かで、雲泥の差があります。そういう意味では、吉本興業はとても良いと思います。吉本興業は、着実にお金を稼ぐ術を知っています。劇場も持っていて、すごい会社です。

ドラマ制作について話をしますと、制作費はフジテレビが一番高くて1本4,000万円、これの30%くらいがタレントのギャラの総額になるわけです。普通は3,500万円くらい、関西テレビにいきますと2,500万円くらいです。今は一つのテレビ局で1クール（3カ月）に11本、それが年間4クールです。そのなかで、役者が食べていくのは、至難の業です。40代以降の日本の俳優は大変です。ケイダッシュの調べでは、日本には約9〜10万人もの役者がいるそうです。確実に食べられるのは、ミュージシャンも含めて500人程度です。ミュージシャンも、なかなか仕事がありません。したがって、番組枠をとるというのは、ものすごく大変なことなのです。一つの枠に、芸能プロダクションが少なくとも20社は群がります。昔だったら、（売れっ子の）この俳優を出す

からあの俳優も出せ、という、いわゆるバーター的な交渉ができたわけですが、今はそれも難しい時代です。例えば音楽番組などで山口百恵を出すから、このタレントも一緒に入れろと、交渉できたわけです。しかし、今はヒットした歌手しか入ることができません。したがって、若手の売り込みの機会も少なくなります。

売り込みの機会が少ないということは、マネージャーがなかなか成長しない原因になります。何故なら、売れている人は、テレビ局の方から出てくださいと依頼がくるわけですから、売り込む必要もなくなるからです。NHKは、いまだに音合わせをしますが、マネージャーが譜面を配って音合わせをするのは、民放では「夜のヒットスタジオ」（1968〜1990年／フジテレビ）くらいまででした。このため、マネージャーは、歌も歌えなくてはいけませんでした。今のマネージャーは、普通そんなことはできません。幸い、うちには音楽が好きだった人が多く入っているので、多少は良いのですが、本当にマネージャーの気質も変わってきています。

テレビの出演料は、当時は最低が1万円、今は3万円です。音楽番組で、一番高いのが50万円くらいです。実は、これは50年前から、変わっていません。NHKは、15万円くらいです。これもずっと変わっていません。ただし、NHKのすごいのは、紅白歌合戦に出た場合、どんなに売れているグループでも楽屋は大部屋に入ります。年功序列の社会です。それによって、芸能界の厳しさを教えるわけです。テレビ局と我々は密接な関係にあり、こうしたことを一緒に教育していく場をつくらないと、タレントはある部分で一般常識というものがなくなってしまいます。非常に厳しい社会です。

2.8.5　所属俳優とタレント

川村：私がケイダッシュグループを作ってから、だいたい20年くらいになります。最初は、20年でどれくらいの俳優を輩出できるかわからなかったので、10年間は音楽をやっていました。過去には池田聡さんとか中西圭三さん、作曲家の伊秩弘将さんをスカウトしました。電通と結びついて、ソニーやパイオニアなどと新人のアーティストをスカウトして、これを三菱系のレコード会社でデビューさせました。

NHK大河ドラマ「龍馬伝」(2010年)などに出演した天野義久(あまのよしひさ)については、彼が37歳くらいのときに会いました。当時、芸能人でも考えられないくらい女性にモテていたので、「俳優をやるか？」と聞いたところ、「興味あります」と言ってきました。彼は、元々ラグビーの有名選手でした。スポーツをやっている人はリズム感がいいですから、役者としても良いのです。それで、先のNHKの大河ドラマと、渡辺謙が主演した「負けて、勝つ～戦後を創った男・吉田茂～」(2012年)に出ました。普通の俳優というのは、20歳から40歳までが全盛時代です。40歳以上で食べられる人は、少ないのです。ですから、私は天野を、40歳からでも食べられるような俳優にしようと思ってスカウトしたのです。うちの俳優には、あまり若い人がいません。一番若い永井大(ながいまさる)でも、33歳です。もちろん新人はいます。約30名の若手に対して、ずっと投資しています。しかし、これから活躍できる人は、そのうちの何人かでしょう。大変な仕事です。天野の場合は、最初、渡辺謙に会わせて、「どう思う？」と聞きました。そうしたら、「なかなか良い感じだ」ということでした。その後、私は「俳優ということはどういうことか教えてやれ」と言いました。そうしたら、彼はこう言いました。「乗馬をしたり殺陣をしたり、そんなことはいつでもできる。それより、自分の職業がどのようなものかわかるためには、テレビや映画、ラジオ、舞台などをできるだけ多く観賞するべきだ」。天野がこの助言を新人の頃に聞いたのは、ラッキーだと思います。たいていの芸能プロダクションは、演技レッスンに行かせてボイストレーニングさせて、そこから始まりますから。その前に、俳優の心構えを説いてくれたのは、さすが渡辺だと思いました。こういうことを言う俳優は、他にいません。本当に良かったです。普段の生活ではどういう点に心掛けたらよいかと聞いたところ、「新聞の編集手帳などのコラムを毎日読みなさい。大きな声で読めば、セリフの勉強になる」と答えました。ケイダッシュグループとして、良い俳優を抱えていてよかったと思いました。

堺正章は、当社の役員です。レギュラー番組が、現在4、5本あります。5本のレギュラー番組を持つと、年間に数億円近いお金が入ってきます。だから月曜から金曜、毎日のレギュラーを持っている人は、すごいわけです。こうしたことは、芸能プロダクションが一番求めているもので、逆にこれがなくなったら大変です。えらいことになります。

今の俳優事務所は大変です。出演料のうちプロダクションに入るのが30％くらいで、70％は俳優の収入になります。それで、プロダクション経営のポイントとなるのがコマーシャルです。良いコマーシャルをとって、いかにタレントに付加価値をつけていくかが重要です。何でも良いというわけではありません。最近、渡辺謙がドコモとスズキ自動車のコマーシャルをやっていますが、少し前までは日産をやっていました。しかし、このエコの時代は、スズキのコンセプトと彼の考えが一致する、ということから、このコマーシャルを受けたのです。彼は非常に律儀で、うちに移籍する20年くらい前に、アサヒビールのコマーシャルをしていたのですが、その2年後に、博報堂から次は他社をやってくれと頼まれた時に、「アサヒに義理があるから、終わってすぐはよろしくない」と、タイミングをずらすように言いました。そうした俳優がいると、マネージャーも成長します。彼の俳優人生がどのようなものかというのは、彼との普段のコミュニケーションからわかります。そして彼は、お金のことには、一切口出ししません。演じるのは本人の責任だが、ビジネスは我々マネジメントをする人間の範疇だから、と考えているのです。他はどうか知りませんが、うちの会社に関しては、お金のことをとやかく言ってくる俳優はいません。その代わり、俳優が良い環境のなかで仕事ができるように、良いマネージャーがいます。マネージャーも、一人前になるまでは、入社して20年くらいかかります。大学を出て10年くらいでブレイクした人を担当するマネージャーは、どうしても生意気になりがちですから、「どうだ、今度の新人は？」と聞くと、「私がやったら、全部いけます」と返してきます。自分が面倒見たら、全員売れるというのはすごいことです。しかし、20年くらい経験を積むと、そういうことはなかなか難しいとわかってきます。役員になり経営の内側に入り、しっかり人を育てるための見極めができるようになるのに、20年くらい掛かるのです。マネージャーという仕事は、簡単にできることではありません。俳優と一緒です。

俳優が成功すると、彼らが部屋に入ってくるだけで、完全に圧倒されるくらいオーラを発します。この喜びを知ると、多少嫌なことがあっても、吹っ飛びます。その代わり、我がままが、すごいことになります。こんなことを、よく言えるなというくらい言います。若いマネージャーは、大変です。しかし、そういうふうになった人間は、しめたものです。自信のついたことが、本当に良くわかります。現場は大変ですが……。

他の事務所は少し違うと思いますが、うちに所属する蛯原友里も山田優も押切もえも、雑誌のモデルの仕事の時には、朝6時に起きて自分で撮影場所に行きます。モデルにはマネージャーをつけずに現場へ行かせます。タレントの仕事には、マネージャーをつけます。これも芸能界では、少し珍しいことです。一般常識を身につけないと、社会に出た時に駄目だということを教えるために、徹底しています。ですから、買い物も全部一人でやらせます。

渡辺謙はスタジオへ、1時間前に必ず自分で車を運転して来ます。あのクラスの俳優なのにもかかわらず、そうするのです。以前、こんなことがありました。坂口憲二が、マネージャーの寝坊が原因で、自分も寝坊してしまいました。「お前、寝坊なんかしてとんでもない」ということになりました。しかし、こういう時が、俳優が成長する良いチャンスなのです。「憲二、遅刻がお前のせいになるから嫌だろう。渡辺謙は、マネージャーに頼らず自分で運転していくぞ」と言います。もちろん、愛情を込めてです。何かのきっかけで、言いやすくなるのです。

外国の撮影でも、女の子の場合はマネージャーをつけますが、うちはほとんど本人一人で行かせます。これも、渡辺謙たちがそうしているからでしょう。他の事務所は、大変です。スターになると30人くらいつける事務所もあります。人気がなくなったら、その人たちはどうするのだろうと思います。マネージャーも、うちではこういう無駄なことはやめようなどと勉強をします。こうした講義の機会を与えていただき、芸能という言葉を改めて見直すことができ、私にとっては目から鱗です。再発見したものが、たくさんあります。

湯山：そうしますと、1973年に田辺エージェンシーを立ち上げ、その後1993年にケイダッシュを設立した後も、番組制作を続けられたのですか。

川村：ブルー・コメッツのマネージャーをしていた頃に、HBC（北海道放送）で「雪まつり」という番組をつくりました。「雪まつり」は全国放送として、5年間くらい番組制作を請け負いました。HBCから年間で7,000万円くらい予算をもらいました。若い時にそういうことをやらせていただいたことは、ラッキーでした。

湯山：その後、時間が少し経ちますが、ケイダッシュを設立されたのが約20年前になります。これを契機に、川村会長は新たなビジネスモデルを作られます。ここまで、芸能プロダクションがどうあるべきかいろいろお話しされたのですが、実際に運営をどうするのか、後で説明していただきます。

2.8.6　著名俳優とのエピソード

湯山：ここで、皆さんに写真をお見せしながら、エピソードをお話しいただきます。（渡辺謙さん、そして松田社長と一緒の写真を見せながら）川村さん、これはどういうシーンだったのですか。

川村：これは、2004年のアカデミー賞受賞時の会場移動の際に、ホテルの前で記念に撮りました。『ラストサムライ』（2003年／アメリカ）で、渡辺謙がアカデミー賞助演男優賞にノミネートされたのです。また、会場で僕のハリウッドにいる友人から、ブラッド・ピットを紹介されま

した。彼が別のビジネスを始めるということで、会いたいと言ってきたのです。さすが、ハリウッドスターです。2,000億円くらいの規模を考えているなどと言われ、いろいろな準備をしたのですが、揉めました。しかし、友情関係はまだ続いています。ここに示すように、ブラピと会った時に、マネージャーとして初めてアカデミー賞の会場に行きました。入ったところで、こちら側が映画関係者で、あちら側が出演者と分かれていて、100メートルくらいの所に世界中の報道陣が来ていました。（渡辺）謙がパブリシストの女性と一緒に、各メディアの質問を受けており、その時にアンジェリーナ・ジョリーがいたのです。私は全然知らなくて、席に座ったら、謙、私、アンジェリーナ・ジョリーの並びでした。あの人は、すごく悩殺的な格好をしていたのです。大変な女性が隣にいるなと思いました。眠くてしょうがなかったのですけれど、テレビのクルーが、後ろにいた『ロード・オブ・ザ・リング』の人たちを狙っていたのでうっ

かりウトウトもできませんでした。そして、隣に座っている謙に、「隣にすごい人がいるぞ。ちょっと紹介してくれ」と言ったら、アンジェリーナ・ジョリーでした。次に会った時は夫婦で一緒に食事をしました。プライベートで日本に来る時は、ガードマンを5人つけて、専用ジェット機で来るなど、すごいです。ジョージ・クルーニーは気さくで、『オーシャンズ13』のプロモーション時に、プロデューサーと一緒に日本に来ました。ジャニーズのSMAPの男の子たちから、彼との面会に一緒に連れて行ってくれと頼まれたのですが、ジョージ・クルーニーは、それもオーケーなのです。ブラッド・ピットは、プライベートでもそうしたことは一切ダメです。入り口に、身長190cmくらいのガードマンを5人つけます。このガードマンというのは、ソニーの会長などが外国へ行く時に、サポートする優秀なガードマンたちです。小さな縁がきっかけでこういう関係になる、という良い例です。よく、「お前は何もしていないのに、部下が働いて、なんてラッキーな奴だ」と怒られるのですが、やはり運が良いと思いますし、渡辺謙にも感謝しています。

湯山：（別の写真を見せながら）ここにおられる男性諸君は、きっとこうなりたいという願望を、お持ちになるのではないかと思います。この写真の左は秋元（康）さんです。この美しい女性は、山田優さんです。これは、川村さんの誕生パーティーの時で、私もこのパーティーに前回出席させていただきました。芸能界とは無縁の素人である私が行くと、目が眩むような感じで、名前は直ぐに浮かばないけれど、どこかで見た人ばかりでした。昨年、渡辺謙さんに講義をしていただいたのですが、その縁もあり私も招かれました。とにかくすごかったです。出席者は、1,000人、いや2,000人くらいいましたでしょうか。

川村：2,000人くらいはいました。

湯山：どういう方を招待されたのですか。

川村：テレビ局の現場で仕事をしているのは、30〜40代が中心で、この世代が一番力のある人たちです。僕は、今も、昔も徹底した現場主義者です。したがって、30〜40代で、うちの社員が現場でお世話になっている人たちを全員招待します。テレビ番組制作会社や映画会社、広告代理店、すべて同じです。とにかく現場が大切です。NHKから民放テレビ局まで、全部から来ます。そこで、うちの社員が、NHKの社員を、TBSの社員に紹介したりします。ですから、一種の社交場という感じです。こういうことを20年間続け、その間にTBSの石原俊爾さんも社長になり、テレビ朝日の早河洋さんも会長兼CEOになり、みなさん偉くなっています。自分の誕生日に、このような大パーティーをするというのは、恥ずかしさでいっぱいなのですが、堺正章に「パーティーをやるなら、自分の誕生日にやらなければダメだ。必ず自分の誕生日にやれ」と言われました。盛大なパーティーを自分の誕生日に開催することで、その華やかさを事務所内外に印象づけろという、まさにタレントならではの提案でした。もう来年で20周年、20回目になります。このパーティーの継続こそ、うちのグループが伸びた要因の一つだと思います。

湯山：ちなみに、このパーティー会場で、会長は奥の方に立っておられましたが、あまりの混雑で、会長がどこにいるのか、わからなくなっていました。そこで、今売り出し中の芸人さんがプラカードを持ち、現在会長がいる場所を教えていました。そして、会長の後ろに、渡辺謙さんが、ずっと立っていらっしゃるのです。

川村：渡辺謙は、5時間立ちっぱなしでした。やはりお客さんは、そういう姿を全部見ています。こういうパーティーとはいえ、自分の立ち位置をよく理解し、若手の俳優たちに、お客さんを接待するというのは、こういうことだと身をもって示しています。これは、すごいことです。たまたま、1月20日は私の誕生日なのですが、謙の奥さんも1月20日が誕生日です。ですから、20日のパーティーはいつも奥さんにも出席してもらい、一緒にお祝いをしましょう、と話しています。

湯山：それから、三人娘（蛯原友里、山田優、押切もえ）も遠くから拝見させていた

だいたのですが、とても華やかでした。この会場全体の華やかさの中に、ビジネスの要素が結びついており、エンタテイナーがエンタテインメントすることで、ビジネスになっていました。他のビジネスを行っていても、これと同じ要素があると思います。どんなビジネスをしても、懇親会やレセプション、飲み会などはついて回るものです。こうしたイベントに、行かなくてもよいと考えておられる方もいるかもしれません。しかし、こうした場にこそ人と人とのコミュニケーションがありますから、とても大切な機会だと思います。これは日本のみならず、アメリカでも同じです。

川村：アメリカですと、アカデミー賞の後に、同じようなパーティー会場が5カ所くらい設けられて、そこにコッポラがいたりスピルバーグがいたりするのです。以前ハリウッドから来た友人に、「お前の誕生日パーティー会場はすごい」と褒められましたけれど、ずっと続けてきて間違いなかったという感じがしました。

湯山：この写真に写っているのは、現在日本でトップクラスの女優さんの、鈴木京香さんです。

川村：この写真は、佐藤浩市の50歳の誕生日パーティーの時に写したものです。ちょうど彼女は、NHKの「セカンドバージン」（2010年／NHK）がブレイクし、各テレビ局の社長が、うちでも同じような作品をやれというようなことを、編成局長に指示しているころでした。山崎豊子原作の映画『沈まぬ太陽』（2009年／東映）を制作した時も、私は謙の女房役は、鈴木京香さんしかいないと思い、台本を渡して、その役をやってもらいました。渡辺謙の相手役が務まる女優さんは、なかなかいないのです。あとは夏川結衣さん、松雪泰子さん……そう何人もいないのです。こういう方たちとは、プロダクション同士も仲が良いですから、ジャズを聴くときなどは一緒に行ったり、常日頃から相談に乗ったりしています。次の相手役を誰にするかは、作品ごとに違いますけれど、相手役となるトップ女優さんは何人もいないですから、日頃のお付き合いが大切です。やはり、一人で映画はできません。したがって、こうした点に、ものすごく気を使っています。

2.8.7 ケイダッシュのビジネスモデル

湯山：次に、川村さんが経営しているケイダッシュグループのビジネスモデルについて、お話ししてもらいたいと思います（ケイダッシュグループ全体の説明図を指差しながら）。有力なタレントさんとして、例えば堺正章さん、この方を知らない方はほとんどいないと思いますが、彼は元々スパイダースでボーカルをしておられました。タレントの当たり役として、「西遊記」（1978〜1980年／日本テレビ）の孫悟空があります。

川村：そうです。

湯山：それから、後でケーススタディのなかで皆さんにも考えていただく、世界的な俳優の渡辺謙さんや、歌手の秋川雅史さんがおられます。秋川さんに関しては、最初は売れなくて困ったというエピソードを、川村さんからお聞きしたことがあります。

川村：彼は、ケイダッシュステージという会社を作った松田英夫という社長が、スカウトしてから4年間くらい、鳴かず飛ばずの状態でした。「千の風になって」（2006年）が売れた時に、まさか紅白歌合戦は出られないだろうと思っていたら、出てしまったのです。そうしたら、うちの社員は、「やはりうちの社長はすごい」と思い、求心力がまた増すのです。4年間クラシックで売れないとなると、大概の芸能プロですと、「もう売れない」という感じになるのですけれど、やはりそこは粘って、彼の良いところを引き出したのが、一番大きかったです。このときの松田は、社長であると同時にマネージャーでもあるわけですから、「絶対こいつは売れる」と思い、そのためにいろいろなことを考え、いろいろなトライをして、あの楽曲にたどり着いたわけです。その我慢というのが、大事なのです。

レコードビジネスの良いところは、映画やドラマに比べると一作品に携わるメンバーが限られ、楽曲がヒットした時に、その成功に貢献したと実感しやすいところです。だから作詞家は「絶対俺の作詞が良かったからだ」と言います。作曲家は「いや俺だ」、編曲者は「俺のアレンジ聴いたか！」と言うのです。そ

うすると、芸能プロは「あれは俺が４年も苦労してやったのだ」となります。レコード会社のディレクターは「いやいや、やっぱり俺だ」と言います。営業担当者まで全員が、自分が自分が、と主張するのです。製作過程でも、その後でも、みんなでワイワイと言い合えるところに、レコードビジネスの面白さがあります。こうしたことは、俳優が関係する仕事の中ではなかなか難しいのです。全員が参加して語れる面白さ、というのが、レコードビジネスの特徴です。

湯山：それから、山田優さん、蛯原さん、押切さんなどのモデルタレントさん、さらにタモリさんです。これらの方たちは、後でケーススタディの題材として登場していただきます。ケイダッシュグループに、タレントさんは何人くらいおられるのですか。

川村：おそらく、50人くらいいます。そのうち、10人くらいはトップです。ここ（スライド）に出ている人は、みんなブレイクしている人ばかりです。
　　ケイダッシュで俳優マネジメントをやろうと思ったきっかけは、私は新日本プロレスの役員をしているのですが、当時現役の人気プロレスラーだった坂口征二が、大学に行っている自分の息子と少し会ってくれと言ってきたことです。

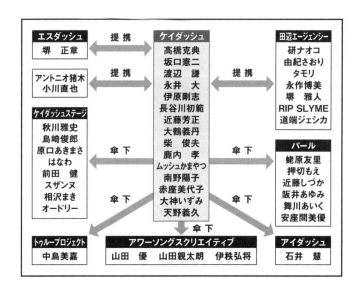

彼の息子は、子どもの頃から自由が丘辺りでは、ハンサムボーイで有名だったのです。それで、会社に連れてきました。親父は背が200cmくらい、倅が185cmです。その時、うちの会社には、俳優は高橋克典一人しかいませんでした。どうせ俳優のマネジメントをやるなら、テレビのサイズに収まるような俳優は嫌だと思っていたのです。その時に、坂口憲二が来ました。彼は全くの素人でしたから、あらゆる番組に対して恥ずかしがり、やりたくないと言っていました。基礎もなにもないのだから、当然です。唯一の武器は、サーフィンができるところでした。サーフィンは、プロ級でした。やはり一芸に秀でた人は、何でも上達が速いのです。私は彼を熱意と愛情を持って、育てていこうと決めました。

坂口が辞めたいと言ってきたのは、仕事をはじめて5年目くらいでした。「辞めたいのは俺の方だ。頭を下げてど素人のお前を出して、お金をもらっているのだ」、「辞めたければ、辞めてもよい」と言ってやりました。それから、1カ月ほど会わなかったのです。そうしたら、もう一度会いたいと言ってきました。そして、「もう一度やってみたい」ということになったのです。そういう時が、やはり成長の時です。そこで辞めたら何にもならないのです。辞める人も、たぶんいると思いますが、そこでもう一度やる気になったときに成長があります。坂口憲二はその後、フジテレビのドラマ「医龍」シリーズで主演を務め、役者としての幅を大きく広げました。これから、相当良い俳優になっていくのかなと思います。

俳優たちは、自信がつくと、結婚したいと言ってきます。俳優というのは、大変にモテます。あまりモテすぎても困るわけです。独身であれば、自由でいいと言えばいいのですが、やはりスキャンダルは御法度です。ですから、女性は良い人ができたら、できるだけ早く結婚します。あまり噂が立つのはよくないので、報告してきたらすぐに結婚をすすめます。

その後しばらくして、伊原剛志と縁ができました。彼は、藤原紀香をめぐって、高橋克典と三角関係の中で、紀香を取り合いするというストーリーの恋愛ドラマに出ていました。彼の芝居を見たとき、こんな芝居をする俳優が日本にいるのかと、とてもびっくりしました。そうこうしているうちに、友達の結婚式で彼と会ったら、「ケイダッシュに入れてくれ」と言うのです。プロダクションの移籍というのは、よほど慎重に動かないと、揉める原因となり難しいので、

辞めて1年くらいフリーで仕事をした後で入れました。彼は、相当良い俳優です。ハリウッドに一番近い俳優ではないかと思います。そうなるための努力をたくさんしており、日本にいる俳優さんとは、芝居の質が少し違うのです。国際的に通用するような芝居の仕方をします。

どうして僕がそういうことを感じたかと言うと、マキノ雅弘さんという、京都が生んだ天才映画人がいますが、その方とお付き合いして得た経験からです。マキノさんの晩年、僕が31歳くらいから、多くの仕事を一緒にしました。映画会社に初めてテレビカメラを持ち込んだ時、当時、超有名なテレビで売れている女優さんを、どうして映画で使わないのかと聞くと、「大きいスクリーンの中で、こんな小芝居をする女優なんて使えるか」と言ったのです。そのことが、今でもすごく強い印象として残っています。ですから、そういうことを、いつも意識しています。

それまでミュージシャンが中心だったケイダッシュで俳優マネジメントをするきっかけとなったのは、テアトル・ド・ポッシュという、三浦友和、佐藤浩市、吉行和子、夏川結衣、浅田美代子などを抱える会社の社長と、とても仲が良かったことです。彼は僕より一つ年上ですが、実に良いマネジメントをします。僕は、彼のことを日本の芸能マネジメントの世界の中でも最有力だと思っています。俳優とのコミュニケーションの仕方が、実に丁寧です。俳優は儲からないという話を、ずっとしていました。しかし、彼を見習い、俳優業のマネジメントをやったら面白いかなと思ったのです。

永井大は、美川憲一さんの紹介で入ってきました。当初、彼は、何が特徴なのか掴めませんでした。うちの社員も、どのように売っていけばよいのかと考えました。なかなかきっかけが掴めなかったので、TBSの「筋肉番付」に出したのです。そしたら、すごい成績を収めました。元々彼は空手2段で、スポーツが万能だったのです。それから、どういう番組に出せばよいのか、きっかけが掴めたのです。

俳優に関しては、高橋克典を筆頭にほぼそろったかな、という時期に、顧問弁護士から、「渡辺謙を知っているか？」と連絡がきました。実際に会って話をしているうちに、ケイダッシュに入りたいということになりました。当時彼は劇団円に所属していましたので、「劇団円にいて、いきなりうちに来るのは、あまりよろしくないのではないか」と言いました。そうしたら「いや、辞めて

きました」と言うのです。うちの社長の松田を、劇団円の山崎さんという社長のところに行かせて、実はこういうことですからと申し上げました。こんなことが起こるのは、本当に偶然ですが、芸能界においては、この偶然というのが、ものすごく大事なのです。

普通なら、芸能プロでこういう俳優が育つことはありません。芸能プロは、だいたい音楽家が主体です。俳優さんのマネジメントをずっと見ていると、芸能プロはこんなこともやらせるのか、というマネジメントも多いです。俳優の事務所は、すごく丁寧です。変なバラエティ番組などには出しません。芸能プロの場合、お金になるなら一度やらせてみようとチャレンジさせることもよくあります。だから、渡辺謙という俳優は、うちの会社では、育ちにくい人だったのです。彼が来たことは、うちの会社にとっても、私にとっても、とてもラッキーでした。彼の奥さんも、同じようなことを言って感謝してくれています。とにかく、とても良い出会いだったと思います。彼は、俳優としてとても珍しい人材です。音楽家もそうですが、俳優さんは特に、普段の生活が仕事に必ず現れるのです。ふしだらな生活をしている役者は、やはりそういう役しかできません。そういう点で、彼は理想的な俳優です。

アメリカに行った時に、彼の方から、1年間くらい滞在したいと言ってきました。それで、「行ってこい、しかし、距離感がないとだめだ」と言いました。私は、距離をイメージさせるのが好きです。よくロスに住む俳優さんがおられますが、距離感がないと、なかなか難しいと思います。距離感があるからこそ、ブラッド・ピット、トム・クルーズ、そしてデ・ニーロと競い合えるのです。たまに会うから、憧れもあるのです。

アカデミー賞の授与式が終わった後で、友人とCAAというエージェントに行きました。そこでエマニュエルという、トム・クルーズ担当の上級エージェントと会いました。渡辺謙に興味あるかと聞いたところ、あると言いました。ハリウッドのエージェントが、1年間くらい待って仕事をしてもらえるような大物俳優は、トム・クルーズを筆頭に、ブラッド・ピット、ジョージ・クルーニーとか5、6人います。あとは、すべてオーディションで、役が決まります。オーディションに来たらその場で、役柄に合っていたら仕事を得ることになります。オーディションを受けることは、何も恥ずかしいことではありません。日本もいずれそうなると思いますが、選ぶプロデューサーが優れているのです。この

方式でも、もちろん間違うことがあります。『ゴッドファーザー』のアル・パチーノの場合でも、プロデューサーは絶対反対だったのに、監督が彼をキャスティングしたのです。そういう勘違いも、ままあります。テレビ局でいう編成、すなわちキャスティングは、すべからくプロデューサーの責任です。ディレクターがキャスティングするということはありません。しかし、そこに問題が無いわけではありません。なぜなら、演出家の感性とは違う、編成の感性以外の意思が汲み上げられなくなる可能性があるからです。

ケイダッシュステージは、ケイダッシュ社長の松田が、お笑いをやりたいと言って始まりました。彼とはいつも、現在いるうちの陣営が5年後に年をとり、お金もかかるようになったらどうなるかを議論し、経営の見直しをしています。そうしたら、彼がお笑いをやりたいと言い出しました。僕は、お笑いは全くわかりません。音楽をやっていた人の、例えば堺正章の笑いは心地好いと思います。しかし、芸人が作る笑いには、少し違和感がありました。皆さん、芸人でHi-Hiをご存知ですか。苦節18年、ずっと下積みをやっていました。私、堺正章、そして松田が、レコード大賞の楽屋にいた時に、彼らの芸を見て私以外の2人がいきなり笑うのです。私には、なぜ、堺が笑っているかわからないのです。彼は、「こういう人（松田）が笑いをやると成功する」と言うのです。

ケイダッシュステージについては、僕は経営の数字を見ているだけで、一切口出ししません。全てを松田社長に任せています。オードリーもそうですし、スザンヌも原口あきまさも、はなわも全部、松田がやりました。僕は、新年会の時にしか彼らと会いませんから、会話をどうしたらいいか、難しいと思っています。お笑いをやっている人はタフでなく、皆とてもデリケートで、小さいことを気にします。逆に大雑把なのが我々のセンスなので、お笑い芸人さんとうまく付き合える松田という人の感性は、たいしたものだと思います。

ケイダッシュグループには、現在、系列会社が11社くらいありますが、それぞれ社長が違います。もちろん田辺エージェンシーが、親会社に近い関係なのですが、こういうシステムは、芸能界では珍しいのではないかと思います。なぜ、全部社長が違うのかというと、それはトップに立って手腕を発揮したい人が多いからです。優秀なマネージャーはタレントの管理や売り込みのほか、ギャラや経費などお金のやりくりもしますから、会社を経営するスキルが身についています。だから、独立志向が強いのです。でも、今の時代、独立するのは、な

かなか大変です。事故が起こった時に責任をとれませんから、テレビ局は、個人の俳優とはなかなか契約しません。また、せっかく育った社員が、外に出て行ったら困ります。これほど大きな損失は、他にありません。したがって、「こんなことをやりたい」などと提案する有能な社員がいたら、それは力のある証拠ですから、系列会社を作り、そこの社長にします。

モデル会社をやっている中島という社長は、モデルの目利きですから、女の子の選び方が私とは全く違います。そして、中島だけではなく、うちのエースで谷口という社員がいるのですが、彼を投入して、蛯原と押切をファッション誌「CanCam」と組ませ、さらにこの雑誌を売り出すために、山田優を加えた3人が必要だと見抜き、見事にブレイクしました。若い社長の情熱が、こういう結果を生み出しました。何かが好きだという人たちは、必ず人とは違う特殊な才能を持っています。しかし、そうした才能と経営は、別物です。私は、若い女の子が苦手ですから、全く口を出さずに、彼らの良いという人と契約するようにしています。何にでも口出ししたら、失敗すると思います。私のように、70歳を過ぎた男が、18歳ぐらいの女の子を面接するのですから、相当難しいです。しかし、本当にたまに、新入社員採用の際、女の子を面接します。その時、「ケイダッシュの印象は？」と聞いたところ、小さい会社で驚いたと言われたことがありました。それは正しいことだと思いました。芸能プロは、規模から言うと、とても小さいです。大きい会社なら、自社ビルがありますが、うちにはありません。なるほど、外から見たら小さい会社なのだろうと思います。だいたい会長室、社長室がありません。全部オープンです。ですから、ニューヨークから関係者が来ると、お前のところはニューヨークスタイルだと言われます。こういう点が、他の芸能プロとは違うところかもしれません。

2.8.8　女優のエピソード

湯山：また、会長のところでは、女優さんについても、いろいろ面白いお話があることを、以前にお聞きしました。

川村：僕は「こんな女性と、どうしたらうまくやっていけるのか？」と言われるくらい生意気な女優さんが好きです。こういうことを言ったら、ある女優さんに、「私

はそんなに生意気じゃありません」と言われてしまいました。女優さんで本当のスターは、わがままなものです。女優として名声を得て、金も入り、恋もしたい、そうなったら、普通の女性ではいられません。どこかを犠牲にしないと、何かが成立しなくなります。そういう困難さこそが、女優としてのエネルギーになっていくのです。全部満足したら、良い芝居などできません。優れた女優が恋愛したとしても、とやかく言う筋合いではありませんが、すべて幸せな人だと、魅力を感じないものです。女優のマネジメントをやっていたら、普通の人は神経も体も持ちません。昼でも、夜でも関係ないし、こちらが困っていることなどには、お構いなしです。しかし、そういう女優さんを、私は面白いと思っています。私は70歳を過ぎたら、女優のマネージャーをやってみたいと思っていましたが、体力的に難しいので、渡辺謙の相手役になる何人かの女優さんと仲良くさせてもらい、食事をしたりして、彼女たちがどういう作品に出たいか、またどういう人と共演したいかなどの情報を、常に集めています。うちには、渡辺謙だけでなく、他にも優れた俳優がいます。高橋克典の相手役は誰が良いか、坂口憲二の相手は誰が良いかなどは、とても大きな問題です。ドラマのプロデューサーといっても、万能ではありませんから、芸能プロダクションとして、こちらの意見も言いながら、一つの番組を作っていかないと、なかなか難しいのです。

女優さんのマネジメントは、本当に大変です。ケイダッシュには南野陽子さんがいます。彼女は、若いうちにトップをとりました。現在46歳ですが、とてもよく気がつく人です。担当マネージャーがちょっと口紅を塗ったら、「あ、好きな人ができたのかな」とか、こういうことがわかる人なのです。「時間になるとすぐ帰るのは、何か忙しいのかな」とか、服装や髪型が変わったら、すぐに気がつきます。それは僕にとってはとても面白いことですが、社員にとっては大変です。例えば、舞台をやりたい、と彼女が言ったとします。小さい舞台というのは、出演料がとても安いのです。1日1,000円くらいの出演料しかありません。小さい会場だと、本当にそんなものです。舞台女優などは、好きで演じて、技術を磨くわけです。そうすることによって、俳優としてのスキルが上がります。うちのマネージャーは、「そんなに出演料が安いのだったら辞めろ」と言います。しかし、南野さんはそんなことを言っても、聞く人ではありません。そのバトルは、見ていてとても面白いです。僕がそこに立ち会うと、

何でも彼女の言うことを聞いてしまうので、社員からはもう来ないでくれと言われました。本当に困った時は出て行きますが、こうしたやり取りは、とにかく面白いです。系列会社の中に、女優さんを扱ったらすごくうまい社長がいますから、その人に習って僕はたまに食事をしながら話をし、将来どういうふうになりたいか聞く程度にしています。

2.8.9　芸能の定義と社会への貢献

湯山：人生で起こるいろいろな出来事について、とても楽しい言い方で、教えられたような気がします。ケイダッシュグループでは、ありとあらゆるジャンルをカバーされています。そこで、芸能の定義はどう考えておられますか。

川村：私の中では、人の精神に触れられるということが、芸能における一番大きな要素かなと思っています。俳優は、体を使って人に示すわけです。芸人もそうです。それは芸能、そして芸能人の持つ本質だと思います。演じて人を喜ばせる、それによって、いろいろな人たちの気持ちの中に入っていける、というのが大きな要素だと思うのです。ただし、誰でも生活しなくてはいけませんから、そんなことを年中言いながら演じている俳優も会社も少ないと思います。しかし、やはり良い歌を聴いた時には涙し、良い芝居や良い芸を観たときには皆で語り合うことで、どれだけ癒されるか考えてみてください。

例えば、震災の時には、本当にありとあらゆる芸能人たちが、自分の仕事の本質をそこに見出して、できる範囲内で何かできることはないかと、協力しました。ケイダッシュグループでは、震災発生直後に、私と社長の松田が、どうしようかと逡巡していました。その時、渡辺謙から電話が入り、「小山薫堂とkizuna311という復興プロジェクトをやりたい。地道に20年かけてやらないとこれは難しいと思う」と言ってきたのです。これを聞き、僕は飛び上がるほど嬉しく思いました。なぜなら、普段僕が言っていることを、彼が実践しようとしていたからです。クライアント（スポンサー）は、すぐにつきます。しかし彼は、「誰かに頼むのはよくない、現地に行って、現地の人たちが、一体何を欲しがっているかを、自分の目で確かめてから行動するのがよい」と考えていました。調べてみると、現地では冷蔵庫が必要であることがわかり、現地の

電器店から30台購入しました。冷蔵庫を東京から現地に運ぶのであれば、クライアントがすぐついて、トラックを出してくれるのはわかっています。しかし、そうすると、いろいろ別の問題が起こる可能性が出てきます。したがって、極力メディアには内緒で、自分たちだけで行きたかったのです。結局、渡辺は最初は奥さんと子どもの、家族3人で行きました。現地から帰ってきたら、子どもも友人から行動力を褒められたと言っていました。

湯山：政府や地方自治体にとって、震災直後は、原発事故への対応を含めて、しなければならないことが山ほどあり、それらに追われ、被災者の心のケアにまで、とても手が回るような状態ではありませんでした。現実的に最も必要とされる作業ということで、まず被災者の救助活動、原発事故への対応、そして大至急のインフラ整備など、ハードウェア的な復興を優先的にせざるを得ない部分があったのは当然だと思います。そうした時に、芸能人や芸術家、スポーツ関係者など、様々なエンタテインメント分野の方たちが被災地に行かれて、被災者を勇気づけ、心を和ませることにより、被災地のみならず国内全体の雰囲気が、随分良い方向に変わっていったと思います。

川村：震災対応に限らず、全てに当てはまることだと思いますが、やはり最初にどうするかということが、ものすごく肝心です。とりわけ我々のビジネスにおいて、アーティストとの出会いは、正にそれに尽きます。最初の出会いで、将来有望な機会を逃してしまったとしたら、そうでない場合に比べ、たいへん大きな差が生じてしまいます。ですから、常日頃からこのことを、本当に真剣に考えています。

タレント候補の女の子が、うちの音楽部門を訪問しに、地方から出てきます。その時に、面接を約束した社員がいない場合があったりします。その人は、九州から出てきたのかもしれない、あるいは京都からかもしれない、今すぐトイレに行きたいかもわからない、だけど約束したはずの相手がいない。事務所に着いた時には、普通の女の子ですから、どうしていいかわからないのです。そういう時は、私はその社員をとても厳しく叱責します。本当に、烈火のごとく怒ります。そこがダメだと、全部ダメになってしまいます。せっかくの宝が、他のプロダクションに行ってしまうかもしれません。大きな損失につながるこ

とになる。応募してくるということ、しかも会社で面会を約束するということは、それなりの勝算があるからこそ、そうするわけです。それなのに、約束の時間に遅れてしまったら、とてつもないチャンスを逃す、手痛い一歩になりかねません。政治でも何でも、最初のミスは取り返しがつかない結果を生むことになります。どんな事も、初動が肝心です。

2.8.10 タレントの発掘法

湯山：タレントさんの育成や訓練、付加価値など、全てが関連し合っていると思いますが、とりわけその発掘法について伺います。どのようにして、将来、光輝く可能性のある逸材を見つけるのでしょうか。

川村：僕自身で探しますし、自ら売り込みにくる人もいる、さらに推薦を貰って来る人もいるということで、ありとあらゆる機会を利用します。例えば、講義の最初に、大学へ来る時に乗ったタクシー運転手さんの話をしましたが、街に出て、この人面白いと思ったら、すぐに声をかけます。ですから、パーティーに出かけても、この人良いなとか、俳優やっているのかなとか、モデルさんかなとか考えているので、なかなか落ち着かないです。無名でも輝いている人はいっぱいいます。したがって、僕にとってマーケットは、"世の中全て"です。

2.8.11 芸能プロダクションのマネジメント

湯山：価格戦略についてお伺いします。出演する際の価格は、俳優さんやタレントさんとマネージャーが、話し合いながら決めるものなのでしょうか。

川村：タレントは、価格交渉には一切関わりません。例えば、堺正章がNHKで打ち合わせをする時、彼は絶対に制作の部屋に入ってきません。別に部屋をとって、プロデューサーやディレクターと打ち合わせはしますが、皆がいる所には入りません。制作の部屋には、何百人もの関係者がいます。「その中には、自分を好きな人も、嫌いな人もいるだろう。たまたま、自分を使ってくれるプロデューサーがいるけれども、制作するのは彼の仕事で、自分の仕事ではない」と彼は

考えています。また、お金のことにも一切関与しません。うちの俳優は、ほとんどがそうです。お金に関わらないで仕事ができるというのは、本人にとって、とても楽なことです。そうした環境をつくってあげることが、我々にとって一番の仕事です。それには、両者の信頼が何よりも重要になります。

湯山：信頼については、ケイダッシュグループのビジネスモデルに関するお話でも、強調しておられました。グループの中にいろいろな関連会社を作り、各社長に全ての権限を与え、川村会長はトップにいるけれども、現場はすべて担当者に任せるという方法です。社内の強固な信頼関係を基に、タレントさんを、あくまで商品と見ていることがよく理解できます。ビジネスはビジネスとして、常に存在し得る人間関係の複雑さから、できる限り分離しようとされています。これは、我々が行っている普通のビジネスでも同じです。物を作って売るということと、ある意味ではよく似ているところがあります。マネジメントは、常に合理性に満ちていなければなりませんが、そのなかで人間を扱うという「人間ビジネス」の面が強いので、互いの信頼関係をどのようにつくるかが、最も重要な点のように思えます。

川村：そうです。互いにコミュニケーションを欠かさないようにしています。例えば、関係者と食事をした時に、必ずそのグループの長や担当者にそのことを報告しないと、後でなかなか難しい問題の起こる可能性があります。どうして自分が知らないことを会長が知っているのかというように、不満や不信を持つことになりかねません。僕が気を遣いながらそういうふうに振る舞うと、マネージャーも、部下にそういう接し方をします。皆にプライドを持って仕事をしてもらうためには、やはりリレーションを良くし、信頼関係をしっかり築くことが大切です。

湯山：このお話から、川村さん自身が社員や所属タレントさんに対して、最大のエンタテイナーになっていることがよくわかります。マネジメント＝エンタテインメント、これこそあらゆるビジネスの基本であるように思われます。

2.9 プロダクション ビジネス論2 対談講義
講義9
川村龍夫 × 湯山茂徳

ケーススタディ（一流タレントの10年後をどうするか）

2.9.1 10年後のビジネス

湯山：次の講義は、ビジネスケーススタディということで、教室にいる皆さんに参加していただきます。川村会長が経営するケイダッシュに所属しておられるタレントさんの、10年後を見据えたビジネスを考えていきたいと思います。この場で、どんな意見を言っていただいてもかまいません。どういう方が対象かというと、誰でも知っている俳優さんやタレントさんです。まず渡辺謙さん、それからモデルの山田優さん、蛯原友里さん、押切もえさん、この3人はそれぞれが皆有名ですが、年代的にも大体そろっているので、3人娘という形でまとめさせていただきます。それからタモリさん、今が旬の歌手の中島美嘉さん、そして新人俳優の天野義久さんです。

課題は、「今後10年間で、さらに付加価値を創造し、商品価値を高めるためのビジネス戦略」です。所属プロダクションの最高責任者である川村会長と、討論していただきます。皆さん、いろいろとアイデアを出してイメージを作り、それを述べていただければよいと思います。それに対して、プロ中のプロである川村さんが、良いと言うかもしれませんし、反対のことを言うかもしれません。ビジネスというのは、そういうものですから、それはそれでよいと思います。もしかしたら、川村さんが皆さんのアイデアを、こっそり取り上げるかもしれません。教室全体が、どんどん盛り上がることを期待していますので、是非参加してください。

2.9.2 渡辺謙の10年後

湯山：最初はもちろんこの方、渡辺謙さんです。世界的に有名な、超一流の俳優さんです。あと10年後の姿を、想像してみてください。どんな俳優を目指し、どうやって売り込んでいったらよいでしょうか。ご意見のある方おられませんか。

もちろん今や日本トップで、世界でも片手の指には入るほどの俳優さんです。世界的知名度の点からは、ハリウッドスターの仲間にも入るほどです。この方の価値をもっと高め、世界ナンバーワンにするには、どうしたらよいでしょうか。何か良い方法はありますか？

学生：今思いついたのですが、渡辺謙さんは現在俳優を主にされていますが、歌ってみたらよいのではありませんか。つまり、渡辺謙さんがこれまでしたことのないことをしてみたら、新しい演技以外のところで咲くのかなと思いました。

川村：歌ったことはあります。彼はトランペットを吹いていますから、音楽にはかなり精通していて、休みの時には、音楽を聴きに、青山にあるジャズクラブのブルーノートによく行っています。それに歌は、相当上手です。だからと言って、歌手として売れるか売れないかは非常に難しい問題です。

湯山：高倉健さんも、歌っておられます。

川村：はい、とても上手です。しかし、歌がうまいから売れるというわけではありません。昔TBSの音楽番組で、アイ・ジョージさんという歌手が出演していました。日本の歌謡界でも有数の、ラテン系の歌を歌う方です。この人は、素晴らしい美声の持ち主で、声量もあるし、音程もいいし、海外でも通用するくらいすごい歌手でした。この人が軍歌を歌ったのです。その横で、渥美清さんも歌ったのです。そうすると、渥美清さんの方が、味があるように感じたのです。哀愁のある声で、切々と歌うのです。その時、歌というのは、とても難しいものだと思いました。謙は、すごくうまく歌います。本格的に歌手業をやるのは難しいけれど、たまにやってみたら面白いかもしれません。それからトランペットの件、吹くまでに唇を作るのが大変なのです。しかし、機会があれば試みるのも面白いかもしれません。今まで忘れていました。良いご意見、どうもありがとうございます。

学生：既に、日本や欧米のマーケットは成熟しています。これからインドネシアなど、

エンタテインメントマーケットが発展してくるところに乗り込んでいくのが、面白いと思います。

川村：そういう俳優さんもいますが、芝居の基本であるコミュニケーションがとれないとどうしようもないので、まず現地に行って言葉の壁、その他のことを乗り越えなければなりません。しかし、時間があればそういうこともありだと思います。

湯山：中国はどうなのでしょうか。中国映画に出る可能性はありますか。

川村：中国には、前回の万博の時に行きました。中国側は250億円くらいの予算を用意し、チェン・カイコーさんが監督で、空海の映画を製作するために、セットなどを作っています。これは角川映画が共同製作しています。夢枕獏さんの原作を基にして、謙が空海を演じるという話です。万博の時に、中国で記者会見をしたのですが、脚本がまだ出来上がっていないようで、まだまだ先の話だと思います。

湯山：空海というと、すごく面白い題材です。他に何かご意見ありますか。

学生：トランペットができるということですので、俳優業の面だけでなく、クラシック音楽などを、佐渡裕さんや辻井伸行さんと組んで演奏し、クラシック音楽を世の中に浸透させるというような、文化の面でヘルプしていただけるなら嬉しく思います。俳優業を磨くことは、個人でもできると思うのですが、こうした文化的な面から社会に貢献していただければ、名前を知れ渡らせることができ、他にもオファーが出てくる可能性が高まります。そしてクラシック音楽も盛んになり、渡辺謙さんとしてのイメージも、上がるのではないかと思います。
たとえば、小澤征爾さんが、様々な子どもを教えておられます。同じようなことを、謙さんにもしていただければいいのです。クラシック音楽は、なかなか取っ付きにくいところがありますが、謙さんの助けがあれば、もう少し普及できるのではないかと期待できます。皆がクラシック音楽を好きになってくれれば、非常に嬉しく思います。

川村：ありがとうございます。クラシックの川井郁子さんというバイオリニストを知っていますか。彼女も、我が社の系列会社にいたのです。彼女は努力と才能で、大きな成功を掴みました。クラシック音楽の世界では、世界レベルにいく時に日本人はたいてい、大きな壁にぶつかります。演奏自体は技術的にすごく長けているのですが、どうしてこの曲ができたのだろうかというような、西洋文化の歴史的経緯を伝える際に、コミュニケーションがうまくとれないという問題が立ち塞がります。ただ弾くだけでよいというわけではなく、超一流になるためには、別の高い壁を乗り越えるだけの素養が必要なのです。

渡辺謙なら、普通にトランペットを吹くことはできますが、教えるとなると、また別の話のような気もします。が、このことは本人に伝えておきます。

学生：渡辺謙さんは、元々舞台で活躍され、そこからテレビやハリウッド映画に出られました。私は、渡辺謙さんの舞台を見ることができなかった世代なので、ぜひ舞台で、謙さんの生の演技を見られる機会があればよいと思います。

川村：その計画が、既にあります。大阪のシアターBRAVA! という劇場で、来年（2013年）3月に公演する予定です。まだ細かい話は詰めていないのですが、三谷幸喜さんが手掛ける4人芝居で、超有名ピアニスト専属のピアノ調律師の話です。

湯山：来年以降も、継続的に舞台を続けられるのでしょうか。

川村：これが成功したら、また本人からやりたいという声が出るのではないかと思います。タイミングとしては、非常に良いと考えています。

湯山：すでにプロデュースをされていますが、映画監督とか、制作の方にはいかれないのでしょうか。

川村：私は、60歳までたくさん稼ぎ、60歳を過ぎたら映画監督をやれと言っています。

湯山：そうすると、10年後くらいになりますか。

川村：今は53歳ですから、そういうことになります。

学生：関連した質問ですが、舞台出身の俳優さんが、テレビや映画に出るというような流れ、あるいはショーや劇場からテレビに出るという流れがあると思いますが、それは、舞台だけの役者では、ビジネス的にうまく回らないということがあるからでしょうか。

川村：おっしゃる通りです。したがって、舞台俳優もテレビに出るようになってから、生活が変わったりするわけです。テレビで人気が出て、舞台に帰るとお客さんがいっぱいいるということが起こります。ですから、舞台とテレビ、二つの世界をうまく使いこなすのは、非常に良いことだと思います。

湯山：これほどの商品価値が既にある俳優さんの価値を、もっと高めるというのは、なかなか難しいところもあると思いますが、会長としては、全体的にどのようなお考えをお持ちでしょうか。

川村：俳優ですから、することはそれほど変わりません。ただ、最近は歴史上の人物ばかりを演じ、毛色がそこに偏っていますから、いつも手に汗握るというものではなく、皆がほっとするような作品をやってみたらいいと考えています。少し目先を変えてみたらどうかと思います。その一つに、舞台があります。悪人をやっつける映画のパターンは、少し違うように感じます。本当は、ロバート・デ・ニーロなどのように、悪役っぽいものができるとよいのです。

湯山：ロバート・デ・ニーロとはすごいです。どういう映画をイメージされているのですか。

川村：デ・ニーロさんとは、『硫黄島からの手紙』（2006年／アメリカ）の撮影が終わった時に、ホテルオークラの裏にあるレストランNOBUで会い、意気投合しました。いろいろ話し込んでいるうちに、「何歳か」と聞かれたので、私は「66歳」と答えました。僕の方からもデ・ニーロの歳を聞くと、「63歳」とのことでした。さらに、「私は、渡辺謙のエージェントをしている。ぜひいろいろな映画を、

一緒に作りたい。」などと言って、抱き合ったりしながら話しました。そうした中で、私が「日本に来たフランク・シナトラと2回会った」と言ったところ、大いに感心し、さらに尊重してくれるようになりました。シナトラほどの超大物には、デ・ニーロですら個人的に会えるわけではなく、それを2回もしたことのある私を、どんな大物かと思ってくれたのです。

渡辺謙は、『ラストサムライ』（2003年／アメリカ）で、たいへんインパクトのある演技をしました。以前、ユル・ブリンナーという格上の超大物俳優が、ブロードウェイで「王様と私」を演じました。渡辺謙の芝居は、それを彷彿とさせるものでした。このことを、例えばジョージ・クルーニーを含めて、ハリウッドの誰もが知っており、渡辺謙は本当に素晴らしい感性を持つすごい俳優だと言っています。ロバート・デ・ニーロもそうした一人で、私が「君がギャングで、謙が日系の悪徳弁護士役で、面白い映画を作ろう」と言ったところ、「それは面白そうだ」ということでたいへん盛り上がりました。

彼らには、世界中にネットワークがあります。謙と組んだ映画を日本で作れば、お客が入ることを、プロデューサーを含め、皆知っています。アメリカにずっと住み続けると、日本人俳優が持つ独特の感性をなくしてしまうので、そんなことはしない方がいいのです。『インセプション』（2010年／アメリカ）にも、各国の俳優が出ています。クリストファー・ノーランは、まだ40歳そこそこの監督ですが、世界中にネットワークがあります。ただし、気を付けなければいけないのは、向こうの俳優と共演するには、日本で人気があるだけでは不十分で、それに見合う、しっかりした演技力がないと太刀打ちできません。先ほどの音楽の話と一緒です。ステージで共演した日本人歌手は皆、その実力差にショックを受けます。違いを感ずることのできる歌手は、自分を磨き上げて一級品になれますが、普通はそこそこで終わってしまいます。非常に厳しいけれども、認められた時は、たいへん面白みのある世界です。

湯山：人間にとって、日々いいことも悪いこともありますが、生きること自体が、エンタテインメントそのものです。いわば、お母さんのお腹にいる時から、亡くなるまで、毎日がエンタテインメントの連続です。仕事やビジネスも、そのことを理解できないと、なかなか成功しないと思います。謙さんは川村さんと二人三脚で、エンタテインメント中のエンタテインメントに関する仕事をなさっ

ています。自分の経営するプロダクションで、最高峰の価値を持つ人材の価値を、さらに高めようとするには、世界中のトップとコネクションを保ち続けながら、最高の機会を見つけるということでしょうか。謙さんとは、普段どのような話をなさっていますか。

川村：渡辺謙とのミーティングは、二人でするのですが、大概10分以内で終わります。要点を話した後で食事に行き、楽しい話をします。現場のマネージャーから、普段の話は伝わっていますから、仕事の話は簡単に済ませます。いつも、そのくらい仕事の中身を濃くして、話が通じるようにしています。したがって、全く時間はかかりません。しかし、他人から見るといかにも楽そうに見えますが、私の方は結構大変なのです。

2.9.3 人気モデル（山田優、蛯原友里、押切もえ）の10年後

湯山：世界的な俳優から、次は超人気の美人モデル、山田優さん、蛯原友里さん、押切もえさんの3人に移りたいと思います。10年近く活躍されている第一線の人気モデルで、今が旬の方たちです。現在だいたい30歳前後で、とても美しい方たちなのですが、10年後はどうしましょう。今の価値を、そのままの形で維持するのは、かなり難しいように思います。

学生：モデルとして活動できる期間はとても短いので、10年経った後でも、今と同じようなモデルをやっているのは難しいと思います。ですから、今のファッションというスタイルから脱皮し、世界のトップモデルになり、自分のブランドを持ったなら、モデル業以外の付加価値が生まれると思います。

川村：蛯原友里は、大学でデザインを勉強していましたから、デザイナーとしての契約を進めています。僕は山田優を、14歳でスカウトしました。あまりマスコミには発表していませんが、アメリカのFOXという映画会社の経営するアクティングスクールが新宿にありまして、今はそこで、英語のレッスンと芝居の稽古をしています。そこでは、トム・クルーズのクルーをしていた5人くらいが教えています。押切もえは、キャスターになりたいという希望があります。先日京大で、「テレビとタレントの関わり合い」について、講演したようです。本人は、非常に面白かったと言っていました。こういう方面で、たいへん意欲的です。

学生：日本の芸能界では、噂をうまく使って売り込めると思います。例えば、売れている芸能人と一緒に、噂になるのはどうでしょうか。中国では日本のファッション雑誌を、たくさんの若い女性たちが見ています。しかし、実際のところ、モデルさんの顔と名前が、なかなか関連付きません。そこで、他の芸能人、例えばジャニーズのタレントさんと噂になれば、直ぐに名前と顔を覚えてもらえます。こうした方法は、イメージ的にあまりよくないかもしれませんが、如何でしょうか。山田優さんが、小栗旬さんと結婚してから、中国のファンたちの間で、急に人気が出てきたみたいです。私は、嵐の番組に出ているということで、他の二人より、押切さんをよく知っています。この人は、確か「CanCam」に出ている、ということは知っていたけれど、誰なのかはなかなかわからなかったのです。しかし、ある日、嵐の番組にモデルさんとして出ているのを見たら、直ぐに覚えました。超有名アイドルの人たちと一緒に、出演するということも考えられるのではないでしょうか。

川村：中国には、よく行っています。中国でも、上海でガールズコレクションを行っているので、現地のモデルさんたちと一緒に出ています。有名デザイナーのコレクションに出演するような、世界で活躍する本当の意味のファッションモデルは、身長が高く178cmぐらいあります。しかし、この人たち（3人）は、雑誌から出てきたモデルさんですから、可愛い系のジャンルです。したがって、自分たちのキャラクターを活かしながら、どう進むかということが重要です。バラエティ番組に出て成功することも、確かに大きな機会になります。

学生：私はピッタリ当てはまる世代で、彼女たちが大好きです。この方々に、是非ゴルフをしていただきたいと思っています。彼女たちは今、20代から30代の女性に、絶大な支持があります。ゴルフをすることによって、40代から60代までの男性からの人気も得られると思います。さらに、30代の女性に、ゴルフブームが生まれるのではないでしょうか。

川村：現在、押切もえと、蛯原友里は、しっかりゴルフをしています。山田優は結婚したばかりなので、ゴルフはやっていません。蛯原友里は、水泳などもしており、運動神経がすごく良いですから、上達が早いのかなと思います。とにかく、一生懸命やっています。

学生：山田優さんが、以前にあるバラエティ番組で、料理がすごくうまいということを言っていました。この3人の方たちは、美容にすごく気を使っているので、食べ物にも気を使っているに違いないと思います。3人の方が作っている料理のレシピを公表し、例えば3人で料理番組を作ったら、とても面白いと思います。雑誌のコーナーで、「私はこういうものを食べて綺麗になります」みたいな記事がよくあるので、それがテレビ番組化されるなら、私は是非見たいと思います。

川村：それは、面白いです。山田優は、すごく食べます。しかし、押切もえは、小食です。蛯原友里は主婦で、料理を作らなければならないし、すごく食べます。山田優は、14歳でうちの事務所にきた時、一緒にレストランへ行ったのですが、食事のマナーが良くて驚きました。おじいさんが、米軍キャンプで働いていたので、食事の作法に関しては、ものすごく厳しかったのだそうです。こんなにしっかりした10代の女の子を見たのは、初めてでした。

学生：みなさんとても綺麗な方々なので、日々美容に気をつけていらっしゃると思います。それで、いつもメディアに出てくるのではなく、時々出て、普段の生活を紹介されると、印象が強くなるのではないでしょうか。「この人は全然メディアに出ていないけれど、ずっと綺麗にされて、こんなお弁当作っている」というふうに、日々の生活をお洒落にプロデュースし、それを人々に伝えるのは如何でしょうか。いつも見かけるのではなく、時々メディアに出てこられ、奥さ

んであるけれどもとても素敵な生活をしているというようなことを、紹介していただければ嬉しく思います。

川村：なるほど、おっしゃっていることは、よくわかります。

学生：個人的なイメージですが、山田優さんはよくドラマに出ており、いろいろな役を演じている気がするのですが、他の2人はあまり出ていないように思います。押切さんや蛯原さんは、ドラマに出ていますか。もっと演技をしていけば、女優さんになれるのではないでしょうか。

川村：今のところドラマに出ているのは、山田優だけです。

学生：個人的には押切さんは、ドラマに出ない方がよいと思います。また、蛯原さんは少しお休みをして、時々出てきて、お料理とかファッション、デザインを、紹介してくれると、いつまでも人気を保てると思います。ずっと出続けると、ピークアウトしてしまうかもしれません。私は、蛯原さんが一番好きで、応援したいので、少しずつ休憩しながら、時々メディアに出てくれると、いつまでもとてもフレッシュに感じられ、嬉しく思います。押切もえさんは、たいへんな努力家で、フランスワインが好きだと言っていたので、いろいろ勉強しながらフランスのものを紹介するなど、モデルさんではない、キャスターやレポーター的なことをしてくれると、皆さんが喜ぶのではないかと思います。

川村：わかりました。ありがとうございます。

学生：蛯原さんの一ファンですが、旦那さんも好きです。RIP SLYME の ILMARI くんと一緒に、メディアに出てほしいと、個人的に思います。二人が一緒なら、さらに魅力的になるのではないでしょうか。

川村：二人は、所属するプロダクションが違います。旦那さんの方は、うちのグループ会社である田辺エージェンシーです。結婚も、二人の所属がうちと田辺エージェンシーだからうまくいきましたが、他のプロダクション同士だったら、調

整が難しかったかもしれません。11月9日に、田邊社長と私で、蛯原友里とILMARIさんを呼んで話し、12月には籍を入れました。このことを、スポーツ新聞の記者に見つかってしまったのですが、変な噂がたつと嫌ですから、籍を入れたことだけは、暫く伏せておくよう記者に頼みました。こういうことも、田邊社長と私の間柄だからできたのではないかと思います。こちらの新聞ではこう書かれるが、他では別なふうに書かれるということがありますから、結婚というものは、芸能人にとって大変なことなのです。しかし、あるスポーツ新聞の優秀な記者が、良い感じで記事を書いてくれました。今二人は、とても幸せにやっています。

2.9.4 タモリの10年後

湯山：そろそろこの辺で、次に移らせていただきます。次はタモリさんです。私は、彼のファンです。30年以上も、「笑っていいとも！」を続けられました。すごいことだと思います。それで、この後10年先をイメージしていただきたいのですが、どうしたらもっとタレントとしての価値を上げられるでしょうか。

川村：彼は多芸で、今の時代に求められているものを、相当兼ね備えています。現在世の中に出ている芸人さんとは少し違っていろいろなことができますし、相当面白いタレントです。ですから、新しいことをいろいろやった方がよいかなということで、田邊社長が考えているのではないでしょうか。

彼は最初に会った頃から、生活が変わっていないのです。先日私が家にいたらピンポンと鳴るので出てみたら、タモリでした。からかっているのかなと思ったら、朝の5時からマラソンしているとのことです。「どうしたの？」と聞くと、「毎日走っていて」と言い、続けて「たまには寄らないとね」とのことでした。彼の家は、うちのすぐ近所なのですけれど、そういうふうに自分の体を鍛えるとか、食事の好みとか、全然変わらないです。お酒がとても好きで、石原裕次郎さんのように、ビールは水代わりです。体は大丈夫かと思うくらいすごくお酒を飲みます。とても、面白い人です。あるレストランで会ったところ、これ

から新宿へ戻るというので、タモリとわかるのを避けるために「俺の車を使って」と申し出ると、「いや大丈夫です。普通の眼鏡にすれば誰もわかんないでしょ」と、こういう感じです。こうしたことも、面白がっているのではないでしょうか。

湯山：私は「ブラタモリ」（2008 〜 2012 年／ NHK）が好きです。本当に面白い番組です。非常に奥が深く、人生を自分で楽しんでいる様子が、その中へと視聴者をどんどん引き込んでいきます。

川村：まさに時代が求める、多芸な人です。とても興味の範囲がすごく広く、いろいろな人に興味を持つ、たいへんな知識人です。同じ時期にデビューしたビートたけしさんや明石家さんまさんとは、傾向が全然違います。彼は音楽もやっていたので、その辺が他の人たちと違うと思います。ですから、堺正章とは仲が良いです。タモリも、ジャズクラブのブルーノートによく行って、ジャズを聴いています。

学生：私のイメージでは、タモリさんはバラエティ番組によく出ているけれども、そのバラエティの内容とは違い、タモリさん自身がすごい知識人であると感じています。タモリさんを、ニュース番組に使ってみたらどうなのかなと思います。

川村：昔、そういうことをやりました。筑紫哲也さんという当時たいへん有名なニュースキャスターが、テレビ朝日で「日曜夕刊！こちらデスク」（1978 〜 1982 年）という番組を放送していました。その後の時間帯に、僕が企画して、「夕刊タモリ！こちらデス」（1981 〜 1982 年）という情報のパロディ番組をやりました。面白かったです。その時々に起こったことを、架空の人物になりきり、タモリがコメントするのですが、日本のそういう番組では、とてもあり得ないくらいに洗練された番組で、たいへん面白かったです。時代が笑いを変えていきますから、またどこかで同じような番組を作れたら面白いなと思っています。

学生：個人的なイメージなのですが、タモリさんは「笑っていいとも！」などのお昼

の番組に出ているよりも、「タモリ倶楽部」とか、そういうコアな番組で鉄道の話をしたりする時の方が、活き活きとしていらっしゃる気がします。したがって、これからは、もちろん昼の番組にも出るけれども、深夜の番組であるとか、BS の番組とかで、ニッチな層向けに、コアなファンのための番組をやったら、もっと幅が広がるのではないかと思います。

川村：おっしゃる通りです。「タモリ倶楽部」は、テレビ制作会社ハウフルスの菅原正豊さんが、直木賞作家の景山民夫さんと一緒に作った番組です。あの番組も 30 年以上続いています。やはり好きなことをやっているので、表情が違います。「笑っていいとも！」は、毎日放送しています。あれはゲストの新鮮さとか、プロデューサーの思考によって方向性が変わるのですが、あそこを登竜門として、新人のお笑い芸人が次々と出ていったのです。

2.9.5 中島美嘉の10年後

湯山：それでは、このあたりで次に移りましょうか。中島美嘉さんです。先月出た DVD を観てからご意見を伺いましょう。今が旬の歌手です。

川村：彼女は、ハリウッドからも気に入られています。映画『バイオハザード』（2002 年／アメリカ）に出たりして、外国の監督からは、非常に好意的に見られています。

学生：感想になるのですが、音楽業界の売り方自体として、今までの技術が通用しなくなっているように思います。韓国の PSY という歌手が、「Gangnam Style」という曲で、世界中で話題になっています。韓国の場合は、スタッフをハリウッドに派遣して、まずそこで学び、帰ってきてからブレイクさせるというふうに、ハリウッド的なスタイルを取り入れています。ハリウッドを世界のスタンダードとするなら、そうした方法が世界市場で受け入れやすくなっているのかなと思います。例えば、アメリカのプロデューサーが、彼女をプロデュースしたらうまくいくのではないでしょうか。

川村：今おっしゃった通りだと思います。いろいろトライしてみることが、とても大事です。かつては、韓国でレコーディングすると、日本に来てその音を仕上げました。今は、日本が問題にならないくらい、韓国の実力が上です。東南アジアのアーティストたちは、全員と言っていいほどアメリカ進出を狙っています。しかし、皆失敗しているのです。したがって、あのように韓国発の楽曲が売れたことは、ものすごく自信になったのではないでしょうか。

日本人のアーティストも、やはりトライすることが必要です。失敗してもよいから、やらなければだめです。この間グラミー賞をとったイギリスの歌手、アデルのDVDを観ました。メロディラインも音楽性も、日本人とあまり変わらないのですが、圧倒的な声量と素晴らしい歌唱力があります。僕は、すぐに中島美嘉が所属する会社の社長に連絡し、本人にこのDVDを見せろと言いました。ステージングでの回り方など、たいへん素晴らしいです。踊ったり跳ねたりしなくても、観客を魅了する歌唱力やトーク、バンドの編成、いやになるくらい素晴らしく、完全に虜になりました。日本人でも、可能性はあります。音楽で不正解は、あまりありません。ただし、ビッグネームと一緒にジョイントする時は、その違いによるショックが大きいので気をつけないといけません。ジョイントでショーをするのではなく、単独で、自分の力で出ることが大切です。

学生：中島美嘉さんは、すごく魅力的で神秘的で、とても哀愁を漂わせる歌を歌うので、私は「雪の華」（2003年）などの作品が大好きです。一方、映画「NANA」（2005年／東宝）の時のように、バンドを組み、元気な作品を歌うのも、すごく聴きやすいと思っています。それで、他の事務所の所属なので難しいことかもしませんが、例えば、アメリカで人気のある神秘的な存在のX JAPANのYOSHIKIとか、そういう方と一緒にコラボレーションできたら、すごく楽しいのではないかと思います。

川村：音楽性が合い、目指す方向が一緒の人とのコラボレーションは、面白いと思います。彼女は、「NANA」に出たことにより、海外の有名な兄弟監督から映画出演のオファーがありました。しかしその時期、彼女は全国ツアー中で、だいたい15億円くらいの売り上げがありますから、それに対するキャンセル代を払ってくれるかと尋ねたところ、それは無理だと言われたので、その話は残念

ながら流れてしまいました。こういう意味で、外国人関係者に非常に好かれます。日本の歌手の中では、とても存在感のある人です。自分のペースを守ってやっていけるのは、やはりスタッフが良いからだと思います。当初は、うちの中でやろうと思っていましたが、それをアウトソーシングして、傘下にある外部スタッフを使ってうまく成功した例です。

学生：デビュー時の「傷だらけのラブソング」(2001年／フジテレビ)、そして「NANA」もそうなのですが、演じながら歌えるということが、強みだと思います。ですから、演じることをもっと前面に出し、ドラマの中で歌っていける歌手は貴重な存在だと思うので、その辺を伸ばしていったらどうかと思います。

川村：そういう方向にいっていると思います。スタッフに、今後の中島美嘉のことを聞いてみたら、同じように答えていました。年がら年中ドラマに出るわけにはいきませんが、機会があったらそういうことをいろいろ試みることにより、長続きする良い歌手になると思います。

学生：先ほど、歌がうまくても売れるとは限らないと言われたと思いますが、歌のうまさと売れるか売れないかとの関係、そして違い、なぜ売れる人は売れて、売れない人は売れないのかということについて、お教えください。

川村：売れる歌手には、声に魅力がある、時代をつかまえている、詩に対する表現力がある、それほどうまく歌えなくても相手に通じる力を持つとか、いろいろな理由があると思います。ただし、皆が感じる、「うまい」という感覚は、共通していると思います。良い曲を得た時に、初めて力が発揮できるなど、楽曲に左右されることもあります。また、歌がうまい人でも、もっと良い曲を歌ったらよいのに、と思うこともあります。これは、誰もが持つ共通の課題です。歌謡番組で、自分の曲ではなく、他人の歌を歌ったら、すごくうまかったということがよくあります。

コスチュームや髪型でも、与える印象は大きく変わってきますから、そういうことが全部影響するのかなと思います。こういうことがわかるので、テレビ番組を観ていると、とても楽しいです。特に演歌歌手の中には、ヒットソングが

ない人が、他人の曲を歌った時に、こんなにうまかったのかと思うことが多々あります。そういう所から、その人の魅力を新たに発見することもあると思います。

2.9.6 新人俳優（天野義久）の10年後

湯山：それでは、時間も限られていますので、川村会長が一押しの男性新人・天野義久さんについて、議論したいと思います。（スライドの写真を見せながら）身長183cmと渡辺謙さんと同じくらいあり、がっしりした感じの元ラガーマンです。日本代表にもなっておられ、ラグビーのトッププレイヤーだった方です。先ほどの講義で少し触れましたが、

あと30年間は俳優として食べていくことを、本人も決心されているとのことです。この方は、野性味があって、女性にたいそうモテるそうです。すでに大河ドラマにも出ておられ、それから「負けて、勝つ」でも渡辺謙さんと共演しました。この方をどうやって売り出しましょう。どうしたら、もっと大きな商品価値を付けることができますか。

学生：思いつきなのですが、以前にあるお茶漬けのCMの中で、如何にも美味しそうに食べる俳優がいて、一時期その人の商品価値がすごく上がったことがあります。この人も、庶民的な食品のCMで、ガンガン食べたり飲んだりするところが、絵になるのではないかと思います。

川村：彼は、明治大学から、一度ある会社に入社した後で、サントリーに移りました。オックスフォード大学に留学したりして、英語も多少できるそうです。

学生：テレビ東京で放送している「ソロモン流」等のビジネス寄りの番組で、司会の方が俳優だけれど内容はビジネス系というものがあると思いますが、ビジネス系の番組を観ていて、司会の方がビジネスのバックグラウンドを持っているかどうかで、質問の質が違ってきます。この方は、ビジネスのバックグラウンドがあると思うので、ぜひそういうビジネス系の番組の司会をしていただけると、

観ている方も楽しめるし、知名度も上がってくるのではないかと思います。

川村：とても良いヒントです。ありがとうございました。

学生：この方は、脱ぐと良い体なのかなという想像をしました。雑誌「an・an」等で、1年に1回男優の方が脱ぐという企画があると思いますが、あれに出るとよいかなと思いました。

川村：なるほど、考えてみます。

湯山：ここで残念ながら、時間がきてしまいました。最後に、普段聞くことのできない、たいへん貴重な講義をしてくださった川村会長に、一言お願いします。

川村：今回、こういう機会を与えていただき、本当に感謝しております。僕は50年間、この世界（芸能界）にいましたが、こんなに刺激を受けたことはありませんでした。それも、湯山先生の会社が、偶然にもうちと同じビルにあり、何十年も一緒のところにいて、以前から知り合いだったというご縁があったからです。皆様とも、とても良い出会いをいただきました。ショービジネスは、将来も永遠に続きます。人生も同じように、ずっと続きます。皆で幸せになりましょう。どうもありがとうございました。

2.10 講義10　音楽イベントプロデュース論
石本浩隆

2.10.1　音楽業界に入ったきっかけ

エイベックス・エンタテインメント（現在：株式会社ネクステップ代表取締役）の石本と申します。自らの体験を含めて話せればよいと思います。プログラムに沿ってお話しさせていただく前に、まず僕が、どういうことをやってきたかを簡単に話します。

僕は、エイベックスに入って約18年になるのですが、入社当時まだエイベックスは現在のように大きな会社ではなく、言い換えれば、活気があり、がむしゃらに頑張っている感じがありました。それが今では、若者の音楽をリードしているみたいな会社ですから、わからないものですね……。

そもそも僕は、音楽業界に入って30年になります。30年前何をやっていたかというと、実は京都にいまして、ほとんど浪人状態でした。音楽業界はどういうものかなと思いながら、よく京都大学の西部講堂に、いろいろなコンサートを見にきたりしていました。そんな中、もし音楽業界の会社に入ったら「芸能人に会えるかも……」というような、とても不純な動機で入ったわけです（笑）。

しかし、気がつくと東京にいて、もう30年やっているという感じです。

2.10.2　コンサート ビジネス

2.10.2.1　音楽ビジネス

今、特にどのようなことについて、音楽ビジネスとしてお話しすればいいのかということを考えています。テキストには、エイベックスに入った後の仕事、特にコンサート ビジネスに関して書いてあります。1995年ぐらいというのは、バンドブームだったこともあり、安室さん（奈美恵）は当然まだ有名ではありませんし、世間的にはTRFというグループが登場し、世の中にダンスミュージックというジャンルが、売れる……という期待感すらなかった時代でした。当時の音楽というとバンドが主流でしたから、歌って踊る、しかもダンスだけで商売になるのかという非常に冷たい視線もある中で、エイベックスは一つの形を作っていき、その中心に、当

然小室哲哉がいたことは間違いなく、エイベックスの中で形を作りあげました。したがって、エイベックスがここ 10 年間くらいの音楽をリードしてきたというのは、たしかに言えると思います。ただし今日は、CD をどう売ってきたか、CD はどう流通しているのか、映像ビジネスはどういうものかなどということではなく、純粋に、コンサート ビジネスというものに関して、お話しさせていただけたらと思います。

2.10.2.2　コンサート ビジネスの実情

　まず、コンサートとは、どういうものかというところから入ります。みなさんの身近なことでいうと、学園祭が一番近いものだと思います。学園祭は、ある程度の予算はあるのですが、非常に限られています。その中で、いかに利益を出そうかというようなことで、最近では様々なプロのイベンターよりも、学園祭の実行委員の方が儲かっているというようなことがあります。非常に明確な目的と、経費削減を前提にしてやっています。それこそが、イベントビジネスの基本です。

　ここからは、ビジネスの形式について、実際問題として、どういう形態で行われているのか、皆さんがよく足を運ぶイベントを含めて、どう開催されているのかを、簡単にお話ししたいと思います。コンサートに関してまず言えることは、絶対的な収入の限界があるということです。これは、ホールの中には限られた数の椅子しかなく、この椅子分しかチケットを売れないということです。このことは、極めて当たり前ですが、見失いがちです。収益を増やすために、何をするかというと方法はただ一つ、チケット代を変えていくしかありません。なぜなら、日本の消防規制で、集客人数を制限しているからです。会場の大きさに応じて、何人までしか入れないというルールを作っています。これは何とか臨機応変に変えてほしいところですが、会場面積から計算されたキャパシティには必ず限りがあり、入場者数を勝手に増やして使ってはいけないという規則になっています。これを守らないと、行政から厳しく指導されるという問題が背景にあります。そのため、この規則をどうしても守らなくてはいけないのです。そのために、椅子の数の分しかチケットを売れないので、いくら儲かるのかという計算は、簡単に答えが出ます。

　コンサートを実施するアーティストで、何枚売れるかというのは、学園祭でも同じです。例えば、「今の人気アーティスを呼んだら 1,000 人くらいは集まるか……」、という読みが大事な要素となります。そこで収支予測としては、75 ～ 80%

を一応満杯として試算しておこうというのが慣例的で、下回った時は、リスクが生じますから、興業自体の判断をするという事も大切です。さらにその中、売り上げで全ての経費を出していかなくてはならないというのが大前提です。運営側としては、会場費や、移動費、食費、警備、アルバイト等の人件費（制作し売る側としては、機材費、衣装、リハーサル費……）で、相当費用がかかります。現状で言うと、開催されているコンサートのほとんどが、利益は非常に薄いと思って間違いありません。そのため、業界に入ってコンサートプロモーションの中で、興行として生計していこうというのは非常に楽しいが、難しい部分もあるので、皆さんにはあまりおすすめできません。

　ただ、エンタテインメントというのは、その瞬間その瞬間、感動を買っていただくわけで、限られた時間を切り売りするものです。これは逆に言うと、お客さんをその2時間違う世界に運んでいける、もしくはテレビの中に飛び込んでいただくようなものです。その2時間を、どこまで楽しんでいただけるのか、我々はチケットの価値として貰っていくと考え、その中でいくらが妥当なのか、その判断には全くルールはありません。したがって、皆さんが、この人ならいくら払ってもよいという価値と、僕らがこのアーティストならいくらとれるかという評価が合致しないといけません。しかし、実情は合致できていないことが多いのです。チケットに関する価値観を、良いところでバランスをとるのは難しいのです。

　過去、チケット価格の設定の理由は、アーティストのその時の価値観からきていたもので、収支も大切ではありましたが根拠がなかったのです。

　話をもう一度戻すと、コンサートビジネスは楽しいが、儲かるビジネスではない、わかりやすい計算で利益を出さなくてはならない、ということになります。今の話で言いますと、読みを外すと当然リスクになります。学園祭のように、「これだけ経費がかかるから、そのためにはチケットを何枚売らなくてはならない」ということと同じです。これは単純に読みをきちんとしなくてはならない、そしてそのあくまでも希望的な見解だけを拠り所に、現在のアーティストパワーを超えるキャパシティのコンサートを開催するのは、無理があるということになります。アーティストに応じたキャパシティの設定を、しっかりしていかなくてはならないのです。これはどういうことかというと、例えば、今売れている人気アーティスが京都でコンサートをしたら何人入るか、これはかなり難しい読みになります。こうしたことも一定のマーケティングですから、例えばCDで100万枚売れるとしても、現状で

売り上げの6割のシェアは東京、他がローカル地域です。このシェアで考えると、例えばCDが100万枚売れたアーティストを見たいという人が100万人いれば、そのうちの60万人は東京にいることになります。そして、その他の人数を他の地域で分けるわけなので、京都にはそのうちの何％いるのだろうかという話になります。そのため、京都会館で2,000人規模のコンサートをするというのも、大変だったりします。つまり、名前やCDが売れているから、何処でも売れるというわけではないのです。単純なデータだけで、興行はできません。

　その次の要素として何を考えるべきか、アーティストのキャラクターや、活動歴を理解することが重要です。例えて言うと、CDはそれほど売れていないのに、コンサートのチケットは取りにくいアーティストがいます。一例を挙げると、ファンクラブ組織がしっかりしており、ファンクラブだけでビジネスが成り立っているアーティストです。ファンクラブビジネスが成立しているので、そのなかで集客等の問題を解決すればいいということもあります。ただし、そういうアーティストは、そんなに多くは存在しません。本当に限られたアーティストしかいないのです。人気があっても組織を持っていないところもあります。集客を読むというのは難しいし、人気が下がり始め集客に限りが見えた時に、どう変貌していくかということを考えます。コンサートの規模を増やすのは、いくらでもできます。しかし、減らす時はどうするか、これにはマイナスのイメージがつきまといます。そうした時に、どのようにキャパシティを小さくしていくか、これは非常に難しい問題です。

　他の要素として、CMがあります。つまり、CMやテレビに出ているかどうかが問題です。メディアに、本人たちがどれだけ出ているか、大きな集客のポイントです。すなわち、どれだけ人々の頭の中にイメージが刷り込まれているかが重要です。また最近よくある現象として、人につかず曲につくという傾向が多くなっています。要するに、「こいつの人生かっこいい、だからこの人好きなのだ。」ということではなく、曲だけが耳に入るのです。そうした時、すなわちこの曲が良いとヒットした際に、同じ歌い手が次の曲を出すと、「それ誰？」ということになります。これは、そのアーティストの売れ方の問題であり、曲のセールスが中心となっている時代の象徴です。そのために、コンサートになかなか結びつかない傾向にあります。いわゆる、生き様＝アーティストスタイルというシンプルな構図がなかなか成立しません。

　さらに、地方ではちょっとしたホールでコンサートができるが、東京では全くで

きないというようなこともあります（ローカルアイドルと言われます。）。限られた地域での活動ですから、人となりが人々（全国）に伝わっていないことを意味します。ヒットが1曲あれば、歌い手としてどこまで成長するのかというような問題とは、全く別次元ということがあります。

またそうであっても、いつの時代もアイドルのように、とても動員がよく多くの観客が入るというような盛り上がりを見せている、一過性のアーティストも数多くいます。逆にいうと、ファンが離れるのも速いですから、そこを非常に慎重にやっているのも確かです。昨今のアイドルグループは、CDを売る方法として、イベント性を持たせてきました。問題にもなりましたが、多い人で一人5,000枚CDを買ってくれる人がいます。それで何をするのかと言えば、5,000回握手をするのです。握手券を買っているのか、CDを買っているかよくわからない話ですが、今の傾向としては、CDというものに、買う動機をどう付け、価値を見出すかということに対して、皆が一生懸命戦っているところです。しかし、今のところは、アーティスト自身が稼働して握手会、サイン会などを同時にしていかないと、商品が売れないという時代になってしまったことは否めません。

余談ですが、世界中でCDの売上げが激減している状況です。とうとうアメリカやヨーロッパを超えて、日本が一番CDの売れている国という結果が出ました。ショップすら見かけない状況です。過去、アメリカが一番売れていたのですが、今は日本が1位になってしまいました。そして、その日本すら縮小期にあるのです。たぶん、5年後、10年後には「Compact Disc」はさらに減っていくでしょう。それではどうなっていくかというのは、音楽業界に進まれる生徒のどなたかの力量だと思います（笑）。本当にそのような変革の時代に入っています。

2.10.3　今後のビジネス

これから先、日本は映像、アニメの時代です。特に日本のアニメは、世界的に影響を与えている文化です。この話をコンサートに結びつけると、アニメ系のアーティストで、誰も知らないのに、スタジアムコンサートで、2日間もコンサートを行える声優もいます。これも先ほどの話と同じで、CDはあまり売れていないのに、コンサートは入るという、そうした事実を読み分けないといけないのです。

ここで総括すると、アーティストのキャラクターを理解するということと、活動歴

を知るということが重要です。それからもう一つは、立案する上で、どこが本人のコンサートスタイルとして適切なのかということがポイントになります。ライブハウスがいいのか、それともホールがいいのか、最近では一定の機材が揃っている多機能ホールが増えており、設定しやすくなりました。そういった新しいホールのメリットとしては、椅子の設定が自由でキャパシティの幅があるため、椅子の数しかチケットを売れないのではなく、むしろ逆手に取って、最初から立見の会場として、最大収容人数で消防への届け出を行い、設定しやすくしています。民間の施設であるため費用の交渉もできるので、そうした部分では、最近できた新しい会場に人気が出ているのも事実です。

今、日本で最も集客率が高い催物の上位にあるのが演劇やクラシック音楽、歌舞伎等ではないでしょうか。コンサートは、規模は大きいですが、単発開催が多いので、集客率は比較的低いかもしれません。そういった上位にあるものは、見る側の気持ちを、実によく考えています。観客を、まるで違う別世界に連れて行き、自分をその中のあたかも主人公のように感じさせる瞬間を与えてくれるなど、本当によくできています。そう考えると、新人のアーティストは、恥ずかしい限りです。「もっと真面目にやれよ！」と思ってしまいます（笑）。もっとも費用の掛け方も違うので仕方ないのですが……。お金を頂く舞台なのですから。

ただ、僕が担当してきたアーティストの中には、本当に天才だと思えるような方も多かったです。難しい踊りも一時間程で覚えてしまいますし、エンタテインメントとしても、パフォーマンスと歌に徹するというスタイルをとっています。

僕は、日本でのショーに対する考え方を、もっと変えていかなくてはと思います。今は、演劇やパフォーマンスショーに負けているなと思うばかりで、もっと真剣さやお金のとれる芸をやりたいと常々思っています。

2.10.4　イベントの実態

次に、イベントとしてどのようなものがあるのかについて、簡単に話したいと思います。一つはいわゆる利益主体のもの、次にプロモーションを目的としたもの、そして企業主体のものという三つがあります。とても大きく分けると三つでしょうか。

まず、最初に利益主体のイベントですが、これは目的が利益中心の考え方です。これには、一定の固定ファンがいて、定期的に開催されるパターンと、長年の活動の中

でヒットが出たタイミングで開催するパターン、そして演劇を含めて、固定会場で複数回公演をやるパターンがあります。舞台等は、本当に費用がかかります。そのため、昼と夜公演し、それを10日間連続するみたいなことをやらないと、採算がとれませんのでチケットの売り方が変則的だったりもします。

個人的な意見ですが、僕は人前で演ずるということ自体、とてもおかしな職業だなと思っています（笑）。しかし、それで人の心を感動させることができる、これはすごい能力なのだと何十年も思っています。お客さんが、泣いている顔を見ると、この仕事をやっていてよかったなと感じます。

話を戻すと、利益主体として最近では複合型イベントというものもあります。レコード会社の名前で開催するイベントやサマーイベントなどがその例です。いろいろなアーティストが出ているイベントということです。これは逆に危険性も含んでいます。複合型イベントは、数年前まで下火でした。見たいアーティストはいるけれど、少ししか歌わない、ということが明らかになってしまい、チケットを買わなくなっていた時代でした。しかし、最近また盛り上がってきており、これは若者の文化と同じなのだと思っています。要するに、ほとんどが、コンビニと同じという気がします。そこに行けばヒット曲が聞ける、だからこのイベントに行こう、というような感覚になっているのだと思います。こうした理由で、複合型イベントに、お客さんが入ってきているのも確かです。しかし、読み違えると、お客さんは本当に入りません。テーマや目的がはっきりしていないと、お客さんは集まらないということがあります。

今年は、震災があったため、実は3月11日以降5月の中旬まで、東京エリアのコンサートはほとんど中止になりました。関西では開催していましたが、東京は2カ月ほどすべてのコンサートが中止となりました。しかし、それではいけないだろうということで、とにかく復興や支援で寄付という名前をつければ、なんでもやってよいという風潮があったのも事実です。会場がキャンセルになれば、キャンセル料を取られ、しかも3月11日から10日間ならわかるが、5月になったら一体どうなるのかという話になります。こういう背景もあったのですが、僕は、エンタテインメントと災害は、安易に絡めない方がよいと思っています。

次は、プロモーションを目的としたコンサートやイベントです。これには、一般的にアーティストが新曲を出すタイミングで開催するものと、その他に番組や映画などの企画イベントがあります。以前は、完璧に宣伝予算でライブを開催している時代もありましたが、最近の売り上げから比例して、厳しい状況でもあります。これは、

CDを売るための活動だったり、映画をヒットさせるための活動だったり、もしくは地域活性化のためだったりします。先ほど申し上げたように、本人が稼働しないとCDが売れないという状況なので、実際に本人に稼働してもらう場を提供して、それで人が集まり、商品が売れるという具合に、うまく回ってくれればよいと思います。こうした中で、最も多いのは、アーティストがCDを出すタイミングでの開催です。CDを出すタイミングと、コンサートのタイミングはだいたい同じです。そのため、CDの中にコンサートのチラシを入れたり、コンサートの会場でCDの宣伝をしたりします。これは、海外と同じですが、CDを売るための戦略としてのコンサートという考え方が一般的なので、プロモーションを主体とした方法です。しかし、日本では最近の事情として、テレビのワイドショーで取り上げられないと人々の中で話題にもならないということがあります。最近のテレビワイドショーのネタに関する限り、雑誌や新聞のネタを追いかけている傾向にあります。そのため、我々もテレビのワイドショーと交渉するのではなく、まず先に新聞や雑誌の記事を仕込んでいます。スポーツ新聞でコンサート決定、CD発表などを大きく掲載すると、次のワイドショーでやってくれます。その連動性を図っているという事例です。これだけではありませんが、ネット戦略は現在では必須となっていることもまた事実です。

　最後に、企業主体のコンサートについてお話しします。商品の販売促進活動や催事、新規商品の展示会などですが、みなさんが普段の生活で、一番接しているものではないかと思います。コンサートというと、イメージしにくいと思いますが、例えば、清涼飲料水のシールを集めて応募するというようなことはありませんか。「それを集めて応募して、コンサートに行こう!!」といったように、商品とタイアップしてコンサートを開催するという企画です。これらは大きなくくりで言うと、田舎町の夏祭りみたいなものだと思います。地域のため、企業のために行うということです。さらに、新製品の展示会が一般化したものもあります。したがって、(人が集まる＝楽しむ企画＝音楽の提供) というなかで、どんどん複合化の起きる時代になっています。大きく分けて、これらがだいたいの形だと思います。

2.10.5　日本と欧米におけるビジネス慣習の違い

　ただし、例外として、海外アーティストのコンサートがあります。これを行うのは、至ってシンプルです。日本では、プロダクションやコンサートを作る制作会社、それ

を売る興行プロモーターがいて、コンビニ等のプレイガイドでチケットを売るというように、すべてが出来上がっています。こうしたコンサートは、整備された管理体制の中で行われます。アメリカの場合は、アーティスト自らがすべて契約元なので、周りにいるのは弁護士等で、彼ら自身がそれぞれの業者と契約を結びます。つまり、日本のスタイルとは、全く違います。日本に、コンサートのために来る時は、オファーされた出演料に対して契約書を交わし、様々な要求条件を確認したうえで来日します。したがって、そうした契約にサインして承諾したら、言い換えれば信頼関係と、金額の持ち合わせがあれば、誰でもコンサートができるということも、突拍子もない話ではありません。エンタテインメントビジネスに関していえば幅が広く、契約形態も様々ですが、一般的に「売れた時にアーティストが儲かる」というシステムなので、日本とは基本的に考え方が異なります。

それからもう一つ、チケットに関して、日本とアメリカでは事情が大きく違います。何が違うかというと、チケットを発行できるコンビニが、日本にはたくさんあることです。昔はプレイガイドというものがありましたが、今はEチケット、いわゆるコンピュータ申し込みのシステムができており、昔ほどプレイガイドで発券するということがなくなりました。これに対して、メリット・デメリットを考えてみても、どちらとも言えません。とはいえ、こうしたチケット発券システムが、ビジネスになったのも事実です。

良いビジネスシステムを作った、というのが僕の意見です。仮にEチケットを、電話もしくはコンピュータで申し込むと、コンビニで発券するだけなのに、だいたい7,000円のチケットの場合、7%から10%の手数料を取られます。これは、コンビニに対しての支払手数料です。

欧米では、チケットをコンピュータで発券するというのは一般的ですが、コンビニで売るという文化はありません。アメリカでは、ダフ屋が普通にチケットを売っていますし、新聞広告には、「俺のとこ安いよ。」といった内容の広告が出ているのも興味深いです。

2.10.6 企業との連動

コンサートビジネスに、様々な企業が入り込んできたことにより、企業連動型が進む中で行われるようになったのが、協賛方式です。協賛することで何のメリットが

あるかというと、いわゆるその商品を売りたいターゲットファンを持っているということが挙げられます。テレビスポットは、無作為に放送して、見てくれる人が何％いるかということを、期待したものですが、そうではなく、年齢層と性別、それから生活環境も含めて、だいたい特徴の揃っている人が、一定のアーティストを聞いているというデータがあります。ですからコンサート会場には、絶対的な顧客が居ることになり、商品の顧客がファン層と合致する企業は、アーティストとタイアップします。そうすることによって、SP活動をするということです。コンサートの冠だったり、協賛だったりして、企業（商品）がそのタイトルの上に乗ります。こうすることによって、収支がプラスに改善されたりします。

　そして、CMや雑誌、コンサートといった連動型を含めて、協賛につながっていきます。逆に言うと、企業側にとってもメリットがあります。これは、当然ながらCM会社との連動もとれるということ、さらにイメージが上がる効果が狙えます。その商品のCMを放送することで、アーティストのイメージも良くなり、曲の宣伝にもつながります。

　一方で企業側も、大変なのだと思います。協賛が、なかなかつく時代ではありません。その代わり、「費用はないけれど、応援はします。」ということがよくあります。皆さん、これらのチケットのあり方を理解できたと思いますが、冠というのは、表向きはチケットですが、自由に名前を使ってコンサート自体を、商品名もしくは企業名として宣伝しましょうということです。協賛などは、物品だったり、流通だったり、もしくはお付き合いだったり、そういう部分で協賛しますよということです。額は小さいけれども、助けますよという感じです。

　それでは、後援は何かというと、主催者がお金を払っている場合も多いのです。要するに、新聞社にお金を払うのです。皆さんは、よく主催〜というのを、耳にすると思います。これも、一つのビジネスとして成り立っています。それは何かというと、例えばある媒体に一定金額を支払うと、放送なり新聞なりその媒体が主催するということでコンサートが行われ、媒体側は事業枠として記事、もしくはそれ以上の広告枠をとってくれるということがあります。テレビも同じです。「○○放送主催」というようなことを見る場合があると思いますが、あれも一定の価格を払うと、それを事業枠としてテレビスポットを放送してくれるということです。これを、主催名義と言います。以前、放送局にしか会場を貸さないという時代があって、その名残でもあるのです。最近は、徐々にそのスタイルが変わってきており、そういうことをやめて、もっ

と健全にしていこうということで、誰でも会場をとれるようになってきました。ですから、今では昔のような話にならず、放送局と連動して、放送局は後援に付き、かつ主催に入るということがあります。この3つの中で、一番お金が動くのが冠協賛、次に動くのが協賛、逆にお金がかかるのは後援と考えても間違いではありません。レコード会社などは、比較的後援に入ったりもします。

2.10.7 まとめ

過去、僕が人気アーティストを担当させていただいた時には、「今回のコンサートでは、こんなことをしよう」……などと考えながらやっていました。そういう意味で、健全なコンサートビジネスをやっていくためには、やはりアーティストをしっかり育てていく、そしてもう一つは、エンタテインメントとしてしっかりした形にしてお客さんに見ていただく、こうすることによって、もう一回見たいと思わせることが一番大事なのではないかと思います。

2.10.8 質疑応答

質問：最近ネットでよく見かける「初音ミク」のように、本来アーティストがいない、バーチャルな空間で大いに盛り上がっているものがあります。あのような、今までとは全く違うタイプの空間を売る場合は、新しく仕掛ける人がいるのか、それとも既存の人たちが新しい領域に踏み出して、新しいビジネスを行っているのでしょうか。

石本：いわゆる、アニメ系、ボーカロイド系のことかと思います。あれに関しては、いろいろな議論があって当然だと思います。簡単に説明すると、初音ミクという、CG上のアイドルがいます。彼女が歌を歌うことになって、その絶大なファンがいて、その映像を見てコンサートが盛り上がっているという状況があります。PC上のものが、一つの文化になったということです。これは、我々の中でも、今後進めていこうと思っています。アニメの領域でもありますから、ゲームメーカーなどのチームを含めていろいろな会社が、これに関しては、どうしていけばよいのかという戦略を考えています。何故かと言われれば、あれはた

またま出てしまったものだからです。つまり、計画的にやってきたわけではなく、歌わしてみようか、ということの延長線で生まれてきたものと理解しています。したがって、今後はあのようなスタイルを、計画的にビジネスに繋げていくように、アーティストをつくろうということです。これから先、出てくるゲームの中で、ボーカロイドは増えていきます。仮想アーティストや関連音楽等は、今後もっと活性化してくると思われ、近くアニメからヒット作品が生まれると確信しています。シュールで残酷な作品が売れる傾向になってきましたから、目を背けるような作品が増えるでしょう。

明確な答えになるかどうかわかりませんが、現状は今一部のオタクだけのものであるにもかかわらず、明確にビジネスに繋がるというところまで育ちました。この先は、もっと世界に広がっていくでしょう。

また、ホログラムが数年後には実現します。メーカーなどはそうなった時に、商売の形にしようということで、躍起になっています。その意味で、初音ミクはよりリアリティのある作品に成長し、将来的に仮想アーティストが、何人も出てきてもおかしくないと思います。

質問：安室さんのコンサートには、何回も行ったのですが、全国ツアーや海外のコンサートの中で一番難しいところはなんでしょうか。

石本：日本人アーティストのアジア戦略の中の一つだと思うのですが、これには国との契約や、通関の問題があります。海外のアーティスト、韓国や中国、インドネシア、台湾のアーティストは、日本で商売になります。しかし、日本人アーティストは向こうに行っても、商売になりません。なぜなら、機材の問題、言語の問題、為替の問題などがあり、スムーズなやり取りができないということがあります。

本来ビジネスとして考えるのは、こうしたハードルを越えてからだと思いますが、どんどんグローバル化が進む中、日本のアーティストを、なんとか中国戦略に乗せたいと動いています。現時点で行ったとしても、投資に近い形です。明確な利益があがっているわけではないのです。しかし、向こうでいわゆる地場企業のビジネスを構築させることによって儲けられるということが明確にわかってきたので、現地に会社を作り、ビジネスしようという形に変わってきて

います。ただし、まだまだ日本人がアジアに出て行くのは、ハードルが高いですし、海外のアーティストが日本に入ってくるのは、すごく活動しやすい状況です。とはいえ、韓国、台湾、中国、香港では、日本の一部アイドルがとても人気です。海外の方は、日本人が経済的な理由で動きにくいことを十分に知っています。日本が、どのような文化を持っているかを、よく研究しています。いずれにせよ、まだ海外戦略に難しい壁はあると思います。

質問：今まで見たコンサートの中で、一番好きなものは何でしょうか。

石本：僕自身では、20歳の時に、西部講堂で見たコンサートが一番です。ファンでいられることが一番よかったと思います（笑）。仕事になった途端考えも少し変わった気がします。余談ですが、マイケル・ジャクソンやポール・マッカートニー、ローリング・ストーンズが来ると、僕は見に行って感動していました。あのような外国人タレントが来て大規模なコンサートになると、技術革新が起こります。動く照明や、動く舞台セットなどです。僕は、マイケルが初めて来日して見た時に、すごい舞台だとびっくりしました。しかし、今道具の図面を見ると、こんなものかというような印象です。ポール・マッカートニーが、動く照明を持ってきた時は、とても格好よかったのですけれど、今はライブハウスに普通にあったりします。

ただ、コンサートは機材ではなくて、人の心をどれだけ動かすかが基本です。その意味では、最近良いコンサートが減っているなという気はします。それはあくまでも個人的な意見ですが、やはりたくさんの舞台を見ることも大切なのだと思います。

質問：コンサートは、そもそも儲かるものではないというお話しがあり、なおかつCDの売り上げが下がっているという状況があるなかで、今後アーティストは、どのようなところに主軸を置いて稼いでいくべきでしょうか。また、これからプロダクションやレコード会社としては、どういったアーティストに注力していくべきなのでしょうか。

石本：これから、音楽サイトはますます多様化していくし、変わっていくと思いま

す。どこで儲けるかということに関連して、配信のあり方ももっと変わっていくと思います。また、PC、携帯等による音楽配信の売り上げの約4割は、違法状態にあります。違法ダウンロードに関しては、法的整備をもっと強化していかなくてはいけないというのが、配信ビジネスの中で一番問題となっているところです。これは、まず環境を整えてから、次のステップに進むというのが、大事であることを意味します。配信といっても、ビジネスをどう守っていくかというのが絶対です。もう一つ不可欠なのは、映像です。映像商品が、これから軸になっていくのは間違いありません。最近のCDには、DVDが付いています。映像とのリンクが、重要になってきていると思います。アーティストは、これからどうするべきなのかというと、もっと神秘性を持たせていくべきだと思います。ブログで私生活がどんどん出ていると、誰も見る気がしなくなってしまいます。もっと不思議があってよいのに、あまりにも出し過ぎだと思います。エンタテインメントには、秘密があってよいのです。アイドルは、偶像的にできるものであり、アーティストを演じて生きていくものだと思います。

2.11 ダンス ビジネス論

講義11

武永実花

2.11.1 今日の授業

はじめまして、武永実花です。よろしくお願いします。ダンス業界の講義は、今まで日本国内でなかったと思います。閉ざされた専門的な業界なので、この機会にわかりやすく説明できたらよいと思います。

今日お話しする内容は、まずはダンスのジャンル、次に古代の踊りからどのように進化してきたのかダンスのルーツ、そしてどんな仕事があるのかダンスを使ったビジネス、そのあと私の専門分野であるサルサの歴史、国内、海外のマーケットはどのようになっているのか、さらにサルサのビジネスはどのように発展しているのか、続いて私が経営している株式会社ダンス スタジオ カシーノを例に、細かいビジネスの実態を説明していけたらと思います。そして、最後にダンスビジネスの今後の展望と課題について、3年前に立ち上げたNPO日本サルサ協会の活動を例にして、お話しできたらと思っております。サルサフェスティバル（日本初のサルサダンスの祭典）サルサダンス検定、来年（2012年）から全国の中学校でダンスが必修科目になる、その件を含めてお話ししていけたらと考えております。

2.11.2 ダンスのジャンル

まず、ダンスのジャンルを説明すると、日本舞踊、チアダンス、タップダンス、ヒップホップ、フラメンコ、ベリーダンス、フラダンス、社交ダンス、バレエ、サルサダンス、アルゼンチンタンゴ、ジャズダンス、ポールダンスなどがあります。それぞれ日本でも人気のあるジャンルです。

これらが、古代の祈りをささげるものから、どのような形態で現代のダンスに進化していったのか見てみます。おおまかに、三つに分けると主にヨーロッパ、アメリカ、アフリカになります。もっとわかりやすく言うと、白人文化と黒人文化に分かれるのです。黒人文化の踊りは、アフリカ系の古代の神に祈りをささげる踊りや、豊作を祈る踊りなどです。踊り方でいうと、重心が低いものがアフリカ的な動きになります。

一方、ヨーロッパの白人文化を基とする踊りは、バレエやオペラのように、重心が高くなっています。今日話すのは、この二つが混ざり合ってできたもの、アメリカで発展してきたダンスになります。その中でも、三つの舞踊に分かれます。まずは、貴族たちが踊っていた宮廷舞踊というもの、その中にバレエやオペラも含まれます。次に民衆の舞踊で、貴族のダンスを真似ていったものです。三つ目は民族舞踊で、黒人文化に基づく舞踊はこれに相当し、その国が固有に持っているダンス、例えばアフリカンであったり、場合によってはタイの舞踊であったり、国籍別にあるもので、様々な民族舞踊に分かれています。

2.11.3　ダンス ビジネスの現状

　次に、現在日本国内でどのくらいダンス人口があるのか見てみます。ダンス教室は、ほとんどが個人でやっているもので、企業がやっているものは少ないのです。ですから、統計が出せないのが実情です。ただし、稽古のWEBサイトなどを参考にグラフを作ってみました。会員数は、フィットネスクラブがほとんどになっていますが、今だいたい全国のダンス教室・フィットネスクラブ事業所数は4,076件、全国のダンス・フィットネス利用人口は合計で212,331,997人です。フィットネスクラブでダンスプログラムが導入され、増えてきているのが現状です。ほとんどのジャンルのダンスが、フィットネスクラブでできる状態です。

　さて、ダンスビジネスを考えてみると、ダンスを使ってどんな仕事になり得るのでしょうか。皆さんがよくイメージするのが、歌手の後ろで踊るバックダンサーや、ブロードウェイなどのミュージカルダンサーなどだと思います。しかし、そのほかにバックダンサーの振付師、最近では振付師自身がアーティストとして活躍して出てくることがあります。スタジオ経営、ダンスのインストラクター、そして審査員などだいたいこの六つに分かれています。

2.11.4　サルサダンス

　次は、サルサダンスについてお話しします。サルサダンスの特徴、ルーツというのは、主にカリブ海諸国、すなわちスペイン語圏の国々で生まれたダンスということになります。ブラジルのサンバと違い、男女が一組になって踊るダンスです。音のルーツは、

キューバで一番元になる音が生まれ、その後政治的な動きなどがあり、アメリカとの国交が断絶されてしまい、キューバとマイアミを往来していたキューバ人移民たちが、祖国の音を懐かしみながら、いろいろなラテン文化に由来する音を混ぜ合わせて作った音楽が、現在のサルサ音楽だといわれています。その音楽に合わせて踊るダンスが、サルサダンスです。他のダンスに比べて特徴的なのは、例えばヒップホップやジャスの要素があり、いろいろなダンスの要素や音が混ざっていることです。サルサという名前は、いろいろなものが混ざり合ってできたソースという意味があります。

　サルサダンスの日本における人口は、どのくらいなのでしょうか。サルサダンスをやっている人の特徴として、他のダンスよりも男性の多いことがあります。人口的には、関東地方が一番多いということになります。しかし、地方でも大きい街には必ずサルサクラブやスクールがあり、ここ10年でダンス人口が爆発的に伸びているダンスのジャンルになります。フィットネス協会のプログラムに入ったことにより、増えたとも言われています。サルサダンスの特徴として、普通ダンス業界はほとんどが女性の業界といわれていますが、男女比がほぼ半々である点があります。年代的に見ると、仕事を始めて少し落ち着いてきた年齢層が多く、婚活などのコンテンツとしても、取り上げられています。実際に男女が触れ合って、コミュニケーションをとれるところが人気を生んでいる原因だと思います。もう一つの特徴として、常に異性の前にいるので、緊張感を持ちながら自分磨きができ、スポーツ嫌いな人でもやり続けることができることがあります。最近アクティブシニアといわれる世代がすごく興味をもたれ、60代の方たちが増えています。シニアだけが集まるイベントなどもあります。サルサダンスの楽しみ方の大きな要素は、コミュニケーションを通した友達づくりであり、ダンス合宿や野外イベントなど、いろいろな機会があります。発表会に参加することにより、自分のモチベーションを保ちながら練習していく、プロのショーを見て楽しむ、また全国にあるサルサクラブで踊りを楽しむなど、いろいろです。特に東京の六本木には、日本で最大数のクラブがあります。しばしば、朝まで飲みながら踊って楽しむことが行われています。

2.11.5　サルサ ビジネスの現状

　サルサ ビジネスのマーケットを見て面白い点は、ほとんどのサルサクラブが、夜はクラブとして営業しているけれども、それ以外の時間帯は、ワンドリンク付きのレッ

ンスタジオになっているということです。営業開始前からお客さんがいて、レッスンを受けた後に、クラブとして営業開始しても、そのまま残って練習場として使っています。サルサスタジオの特徴として、ここ5年で一気に増えたことがあります。レンタルスタジオと言われる営業形態が多くなっています。この場合、オーナー自体がインストラクターではないため、インストラクターを雇わなければいけないことになります。そうすると必ず集客しなければいけないことになります。ですから、レンタルスタジオにしてみれば、個々に動いているインストラクターを使い、スタジオのハコさえあれば家賃が払っていけるという状況になっています。最近5年で増えた理由は、リーマンショックにより不動産が過剰状態に陥り、他に使い道がなかったので、スタジオとして転用し始めたからです。

サルサダンスのレッスン価格は、他のジャンルと比べ、ものすごく安い状態です。だいたいワンレッスン2,500円です。レッスン価格に対して家賃が高いうえ、数名以上のチームに対してレッスンすることが主流になっているので、スタジオの面積が必要となります。レッスン収入以外の計算が立ちにくいので、どうしてもレンタルスタジオがメインになってきています。

海外でのサルサを見てみると、サルサコングレスやフェスティバルなどいろいろなイベントがあります。各国で毎月のように国際的なイベントがあり、誰が行っても参加できる状態です。アメリカ各州、ヨーロッパ、南米で盛んでしたが、最近はアジアでも人気が出ています。コングレスとは、サルサダンスに特化したイベントのことを言います。一方、フェスティバルというのは、各国の政府に属する観光局が支援し、観光客を誘致するための一つのコンテンツとして、サルサを使っているという特徴があります。残念ながらこうした仕組みは、日本ではまだできていません。フェスティバルは、サルサだけでなく、ラテンの音楽全般を使ったお祭りを意味します。こうしたイベントでは、夕方までワークショップで各ジャンルのレッスンを受け、一度着替えて夜はプロやアマのダンスショーを観て、合間に設定されたDJタイムの時に、自由に踊るソーシャルダンスを、朝まで楽しんでいます。海外では、だいたい一つのリゾート地を貸切り、週末に主なイベントを行う形が主流です。

2.11.6　ダンス スタジオの経営

次に、私のやっている株式会社ダンス スタジオ カシーノを例に、ダンスビジネス

を話したいと思います。まず、部門別に見ていくと会社本体があり、スタジオ部門があります。スタジオ部門では、スタジオでのダンスレッスンの企画運営と、DVD・CDなど教材の製作販売、インストラクターの養成や、その他にスタジオをやってみたい人に対するコンサルティングなどが主な仕事です。

イベント部門は、イベントの企画・運営、インストラクター、ダンサーのいろいろな企業が主催するイベントへの派遣、自治体などのイベントへの派遣、所属するダンサーのマネジメントなどを行っています。

ファッション部門は、実は一番重要で、まずレッスンウェア、さらにクラブに遊びに行く時やソーシャルに出る時に着られる、汗をかいてもすぐに乾く、どんなに踊っても服が破れない、自分の技術よりもうまく見えるような、パーティウェアの販売、そして発表会など舞台に立つ時に着るダンスコスチューム、またダンスシューズの販売を行っています。

大きくいうと、この三つの部門が柱になって、それぞれの専門のスタッフを置いて運営しています。DVD・CDの教材は、何処にでもあるものだと思いますが、実はエイベックス・エンタテインメントから出していただいており、サルサに関する限り、DVD・CDの教材として、日本で初めて作らせていただいたものです。20代、30代の方々が一番知っているレコード会社から出すことができたことで、軌道に乗せられたということがあります。いままで、ラテン音楽のCDはたくさんありましたが、ワールドミュージックのジャンルに入るため、サルサなどをやっていない人の目にはあまり触れなかったり、探しにくかったりしたということがあります。私どもが制作した生徒さん向けの教材では、最初はなかなか出だしの音が取れない初心者の方のために、カウンティングCDというものを日本で初めて作って、カウントが取れるようにリードし、2枚目のCDになると、ゆっくりした曲だけを集めてダンスに慣れ、その後中級、上級になったら早めの、クラブでかかっているような曲でも踊れるようになることを目的に、最終的に3枚組みセットになっています。ダンサーが、生徒さんのために作った教材なので、教材とレッスンをパッケージにして販売しています。

スタジオ部門で最も大切な仕事は、ダンスレッスンのプログラミングです。このプログラミングにより、参加する生徒数がかなり変わるというのが現状で、夜の7時から10時までが一番の集客時間になります。したがって、そこに何を入れるかによって、集まる生徒数が変わってきます。土日に、人気のあるレッスンを入れています。常に生徒さんの声を取り入れながら、プログラミングしていくことが重要です。その後、

インストラクター養成コースがあり、生徒さんにそのままインストラクターとして働いてもらうのが、一番収益性が高くなります。まず生徒として入校すると、ビギナーワンという入門者クラスから始め、その後6段階を踏んで上に上がっていきます。それらを全て終了すると、インストラクター養成コースを受けることができるようになります。インストラクター養成コースでは、教えるために必要な指導力を習うクラスと、ダンサーとしてのスキルや力量を磨くクラスの2種類があり、それぞれに対して試験があります。インストラクターになれるまでおよそ3年かかり、このスクールに通ってもらって卒業させるというのが、収益性の高い事業となっています。サルサクラブに行って、踊れる程度のレベルを目指している生徒は、だいたい半年で卒業します。そのために、サルサビジネスは、高収益を望めず、誰も真剣に参入してこなかったという経緯があります。今までは、レベル別になっているクラスがなかったので、新たに私どもが始めたこのシステムは、一般の方にとって時間はかかりますが、モチベーションを保ちやすいと好感をいただいています。クラス別にすることにより、だいたい2年間を目標に、プログラムを組んでいます。レベル別のクラスと、レッスンチケットと、教材のDVD・CDに加え、時々イベントのキャンペーンがあり、その入場チケットをパッケージ化して売っています。このやり方で、現在会員数が5,000名になりました。生徒数は、バレエやジャズダンスに比べるとずっと少ないですが、この5年間ぐらいで急激に伸びたのは、パッケージ化したことにより、一般の人にわかりやすくなったからだと思います。

2.11.7 サルサイベントの開催

日本最大の野外サルサイベント「大手町Romantico」というのがあり、4月から10月まで、毎月のように開催されています。このなかで、4月、7月、10月は、産経新聞社の入居する産経ビルが主催し、無料イベントになっています。内容は、初めての人でもできる初心者レッスンや、プロやアマチュアのパフォーマンス、外国人や日本人のDJが行うDJタイムなどです。参加人数は、毎回約1,000人規模のイベントです。このイベントを始めるきっかけとなったのは、大手町はビジネス街であるため、金曜の夜から土日は人がいなくなる場所であったのを、金曜の夜や土曜にイベントを開催し、街の活性化につなげようとしたことです。今年（2011年）で6年目になりますが、イベントのある時には、ビルに入居しているテナントの売り上げが、普段の3倍にな

るほどの動員力です。こうして、週末にも人が増え、街の活性化につながりました。

　続いて、私どもが主催する発表会についてお話しします。これは、習っている生徒さんが、プロと同じステージを一日体験できるように、すなわちあこがれていたプロのパフォーマンスを、擬似体験できることを目標に、プロと同じ音響やステージで実施します。年に2回行い、出演者数は約150人、来場者数は約1,000人になっています。生徒さんが、友達を招待する際のチケットに投票権がついており、パフォーマンスする各チームやペアのなかで、最も良い演技に対して投票していただくという、擬似チャンピオンシップのような仕組みにしてあります。そして1位から3位までの入賞者には、スポンサー企業からの賞品やチケットがもらえるゲーム感覚の発表会にしてあります。年2回、2月末と8月末に発表会を行います。2月と8月はビジネスがスローになる期間でここに発表会をもってくることで、そこまで生徒さんを引きつけることができるので、この時期に実施しています。こうして、ビジネスがスローになっているときの収入が確保でき、また生徒さんのモチベーションを高め、さらにインストラクターのボーナスも提供できることになります。インストラクターは、だいたい個人事業で業務委託契約を結んでいるので、この発表会が自分たちのボーナスになるわけです。自分がより多くの生徒を出場させれば、その分ボーナスが増えるという仕組みになっています。

　イベント部門のビジネスで、ダンサー派遣というのがあります。今までは、外資系企業への派遣が多かったという事情があります。クリスマスパーティーや、サマーパーティーなどに派遣するのが主だったのですが、サルサイベントを行うと、いろいろな世代の人が集まることがわかり、さらにアマチュアダンサーは、自分の友達や知り合いなどを呼ぶので、より多くの人が集まるようになります。他のダンスに比べ、男性の比率が高いので、周りの商業施設では、女性物だけでなく、男性物や飲食店などの売り上げも伸びるようになります。こうした実績から、毎年いろいろな企業から、お声をかけていただいています。さらに、企業のプロモーションイベントにおけるダンサー派遣もあります。この時には、アマチュア抜きとし、プロダンサーだけの30分間のショー（口絵の写真参照）を、一日2回開催というような形で行います。この場合にも、商業施設の中にあるいろいろなテナントに、お客さんが入ったとすごく好評でした。

2.11.8　ダンス ファッション ビジネス

　ファッション部門のビジネスでは、イベントなどで使用するサルサの衣装を提供しています。「パーフェクトライン」というのが、私どもで持っているブランドです。サルサ衣装に特化してビジネスを始めたのは、日本で初めての試みでした。特徴として、デザイナーなど、全ての関係者をダンサー経験者で編成しているという点があります。踊りの衣装は、踊っている時と立っているだけの時では、見え方が違うというような特性があります。それで、製作者が、まず自分で着用して踊り、きれいに見えたら納品するというように、今までのダンサーとしての経験を活かしながら、よりきれいに、より安く提供することを主なコンセプトに置き、衣装を作っています。男性の衣装も同様で、日本人の男性は、一般的に胸筋がないので、胸に綿みたいなパットを入れ、強そうな外国人男性の体型になるように、少し補強しながら作ったりします。

　こうした衣装の価格は、一着およそ10万円程度から始まります。普通のダンス衣装屋で作ると、35万円以上するものを、製作者がダンサーであったという経験を活かし、削れる部分を削り、コストを半分程度に抑えています。取り分の少ないスタジオビジネスにおいて、この衣装販売が利益でいうと最も要のビジネスになるといえます。他にも欠かせないビジネスとして、ダンスシューズ販売があります。ダンスシューズは関税が高く、在庫を抱えるとリスクが大きくなるので、他社さんはほとんど手を出していません。私どもも、あまり手を出せないというのが現状です。

2.11.9　ダンサーのマネジメントとコンサルティング

　ダンサーのマネジメント、そしてコンサルティングは、私どもの会社で一番楽しい仕事です。利益はあまり出ませんが、いつも楽しく感ずるのは、生徒さんやダンサーが嬉しそうにしているのを見て元気がもらえ、その場でコミュニケーションをとることにより、自分の行ったことへの反応がすぐにわかる点です。東日本大震災の時に、東京も大変でした。しかし、ダンスをやっていて良かったと思うのは、あのような地震の当日でも、生徒さんがスタジオに来てくれたことです。彼らは踊りたいから来たのではなく、不安な時に気持ちの拠り所を求めて来たのです。こうした非常時に、ビジネスの本質である人との関わりを強く感ずることができ、誰かの心を支えられる仕事を持っていて、本当によかったと思いました。サルサダンスをやっている人は、ビ

ジネス面でも頑張っている人が多く、その人たちがいろいろな人の輪をさらに繋いでくれます。私どものビジネスは、こうした人によって支えられており、とてもありがたいと感じました。

2.11.10 NPO法人 日本サルサ協会

　最後にNPO法人 日本サルサ協会について、お話ししたいと思います。どれほどスクールビジネスが成功したとしても、子どもたちにサルサを広め、浅草サンバカーニバルのような町興しの一大イベントとして普及させたりするのは、会社だけでは難しい点があります。そのように考え、日本サルサ協会を3年前(2008年)に設立しました。これからの課題という意味で、子どもたちの教育の中に入っていきたい、公共の町興しなどにサルサを使ってほしい、観光客を集客できるフェスティバルをやっていきたいと思いました。その時に、ダンス教員資格がないことで、副業として踊らざるを得ないダンサーが増え、プロとして生きられないという目の前の問題があります。そうした問題点を解決し、きちんとしたシステムを整備していきましょうということで、プロの資格を作り、日本サルサ検定を整備しました。将来的な目標としては、通信講座でも取り上げられるようなものにしていきたいと思っています。

　サルサ協会では、日本において国際的なダンス大会に対応するイベントがなかったので、ジャパンサルサフェスティバルを始めました。その中に、ジャパンカップがあります。これはチャンピオンシップで、普通の発表会とは異なり、世界的認知度の高いプロのダンサーが、出場者を審査するチャンピオンシップの形態をとっています。つまり、自分の感性や好みでは決められないジャッジの方式に基づき、テクニック重視の大会になっています。現在、アジア各国の主催者同士で話し合い、アジアパシフィックチャンピオンシップというのができたところです。日本でチャンピオンになったダンサーは、日本代表としてこの大会に出場できることになります。これにより、ダンサーのモチベーションを上げ、さらに子どもたちに本物のダンスを見てもらい、将来を担うプロダンサーの育成につなげていきたいと考えています。

　大学でも、サルササークルができ始めています。この間までは、幼稚園の生徒や小学生が多くサルサを踊っているのに、中学、高校ではその機会がなく、間があいてしまうため、近い将来の形を描きにくい状態でした。この問題をどう解決しようか考えている時、2012年4月に中高生の必修科目としてダンスの授業が盛り込まれること

になりました。学校で履修されるべきダンスは、「創作ダンス」、「フォークダンス」、「現代的なリズムのダンス」の3種類の中から選択することになっています。サルサは、いま試験的に取り上げられているので、これからが楽しみです。ジャパンカップの中にも、子どもたちや学生の部門を作り、年齢のピラミッドをうまく作ることができればよいと思っています。

2.11.11 質疑応答

質問：話を聞く限り、クラブやワンドリンクなど、サルサは大人のダンスだと思いますが、義務教育の中に入れても大丈夫なのでしょうか。親の立場として、心配ですがどうですか。

武永：現状では、私が親の立場でも心配です。しかし、夜のダンスだけでは発展しないので、サルサ協会を作った大きな目的も、このイメージを取り払うことにあり、それをどう進めていくかが課題です。まだまだ発展途上なので、ビジネスチャンスもすごくあるジャンルです。フラメンコもタンゴも、もともと夜のダンスでした。目指すところは夜のダンスから、芸術のダンスにすることです。

質問：6段階でステップアップして生徒のモチベーションを高めるのはわかりますが、さらに上を目指すためには、憧れの存在みたいなものが必要だと思います。そのための方策は、何かありますか。また、イベントはどのくらいの期間を準備に使うのでしょうか。そのプロセスは、どんなものなのでしょうか。

武永：写真でお見せしたパフォーマンスが、憧れを誘発するステージになると思います。プロダンサーのステージが、最終目標です。サルサダンスは、男性主導で男性がステップを学んでそれを女性に、言葉を使わないで伝えるダンスです。したがって、男性は自分の男性的部分を活かせます。また、女性にとっては、本来こうありたいという女性の気持ちがすごく活かせるダンスで、生来持つ本能的部分が快感に変わっていくダンスです。それを、お金をあまりかけないでも実現できるので、自分の夢を近くに感じるのではないかと思います。生徒さんが、教室のイベントなど、自分の近くで目標を見つけてきます。レベルの低

い生徒が、高い生徒とペアを組むことにより、うまくリードしてもらったりします。さらに、客同士でお互いを高め合うように仕向けるとうまくいきます。イベントで、一番困るのが当日や前日に行いたいと言われる時です。プロセス的には、客先でプレゼンし、一緒に考えてというのは、ほぼ皆無です。力をかけた大きなイベントの時は、2カ月でミーティングを2回ぐらい行い、イメージの映像を見せて話をまとめます。あるいは、その前に行われる別のイベントに招待し、ダンサーを実際に目で見て選択してもらいます。マネジメントに関わる人数は、多くて3人、普通は1人か2人で担当します。

2.12 講義12　スポーツ ビジネス論1
木内貴史

2.12.1　日本におけるバスケットボールの歴史

　バスケットボールは、みなさんご存知ですか。もちろん、プレイされていらっしゃった方もいるかと思います。先ほどのビデオは、昨年（2010年）、日本バスケットボール協会が、創立80周年を迎えた際に作った映像です。ほんの少しでも理解の助けになればと思い、本日お持ちしました。

　実は、京都は、バスケットボールとものすごく縁が深いところなのです。近代スポーツのバスケットボールと京都が、つながっているとは想像しにくいかと思いますが、その点について紹介します。日本にバスケットボールが入ってきたのが、明治42年です。バスケットボールは、明治24年にアメリカで生まれました。ですから、アメリカですごく発達しているわけですが、日本も結構早い時期に入りました。しかし当初はあまり普及しなかったのです。本格的に日本で普及したのは、ブラウンというYMCAのスポーツ専門の主事の方が神戸にいらしたので、大阪・京都のYMCAを中心に広めていきました。その中で、京都のYMCAが一番力を入れていました。だから京都を中心にどんどんバスケットボールが広まっていったのです。実は大正6年に、東京の芝浦で国際大会がありました。極東オリンピック大会と呼ばれているものです。日本と中国、フィリピンが中心になっていたのですが、日本代表が京都YMCAチームだったわけです。日本代表チームの最初の先輩は、京都のYMCAだったのです。こうして、京都YMCAが、日本代表として初めて国際大会に出場しました。また、先ほどのビデオにありましたが、バスケットボールがはじめてオリンピックに採用されたのが、昭和11年、1936年で、これはベルリンオリンピックに当たります。ヒトラーが、力を発揮していた時代です。その時に、日本も参加しました。参加したチームの指導者・ヘッドコーチが、実は京都大学のOBの方なのです。私たちの大先輩で、日本バスケットボール協会の会長もされた三橋さんです。それから、中心選手の松井さんという方は、京都大学の学生でした。そういう歴史の中で、東京大学と京都大学が当時のカレッジのバスケットボールをリードし、大きな力を発揮していました。京都大学は私たちにとって、ある種のルーツだと言う方もいらっしゃいます。関

わりの深い土地、大学であると言えます。

2.12.2 エンタテインメントとしてのスポーツ

　今日の講義のタイトルは、エンタテインメントということです。この話を聞いた時に、日本のバスケットボール界にとって、とても関わりの深いテーマであると思いました。それは、日本のバスケットボールを、サッカーのような大きな発信力のあるスポーツに育てていくにはどうしたらよいか、という課題があるからです。今バスケットボール界は、包括的なエンタテインメント力を高めて、日本でどうメジャーにもっていくかについて、日々取り組んでおります。ですので、皆さんとスポーツエンタテインメントについて、勉強できるかなとも思い、この度の講義に参加させていただくことにいたしました。

　スポーツはたくさんありますが、競技スポーツにおけるエンタテインメントを語るなら、バスケットボールそのものが、エンタテインメントといえるのではないかと私は思います。皆さんもNBAを見たことがあるかと思います。競技以外にも、休憩中など、多くのファンを楽しませる様々な工夫を行っています。チアガールが素晴らしいパフォーマンスをして、多くのファンに見てもらい、ゲームを盛り上げている、という要素もあります。しかし、NBAがあれほどまでに、全世界の人たちに愛されているのは、バスケットボールのコンテンツそのものが最高のものを提供している、ということに他ならないと思います。ですから、スポーツのエンタテインメント力とは、スポーツのもつ、一つ一つのコンテンツ、質、そういうものこそがまさしくエンタテインメントではないかと思います。競技スポーツの持つコンテンツを、しっかり高めていくことが、次につながるのではないかと思います。

　先日、みなさんも直接、もしくはテレビなどを通じて見られたと思いますが、なでしこジャパンは素晴らしかったと思います。日本の皆さんに感動を与え、勇気、力も与えてくれました。しかし、彼女たちのパワー、パフォーマンスは、大変長い間の努力を積み重ねた結果得られたものだと思います。スポーツのすごいところは、積み重ねたものが、いつか、結果として現れるという点です。そこに、スポーツの良さがあるのではないかと私は思います。それが、エンタテインメントのもつ力として、皆さんに伝わっていくのだと思います。

2.12.3　スポーツの特徴と本質

　私は、みなさんの先輩だと思いますので、私の話をしますが、私が大学4年生の時、昭和30年代に私の大学の塾長をされていた、小泉信三さんという方がいらっしゃいました。教育学者、経済学者として、とても有名な方です。この方が、スポーツの特性について講演をされました。スポーツには三つ宝がある、とおっしゃっていました。第一に、フェアな心を学ばせてくれる、フェアプレイの精神です。第二に、スポーツを通じて素晴らしい友達を得ること、そして三つ目に、不可能を可能にする体験ができるということです。

　私たちバスケットボール協会は、ミニバスケットボールを楽しむ子どもたちから、学生、社会人まで対象にしています。子どもたちが、はじめてミニバスケットボールを体験した時には、リングの高さも低く、ボールも小さいのですが、最初はリングにも届かないのです。ボールをつきながら、周りを見ることもできません。けれど、少しずつやっていくと、間違いなく、リングにボールが届くようになり、前を見てドリブルができるようになります。特に小さな子どもたちにとっては、できないことが、繰り返し、繰り返し練習することでできるようになることを、最もわかりやすく経験することができる機会、それがスポーツなのではないかと思います。「繰り返しトレーニングをすることで、できなかったことができるようになる。」それが、スポーツの優れている点だと思います。皆さんもよく聞くと思いますが、「努力は嘘をつかない。」がスポーツの中にはあると思います。積み重ねが何かに活きるという点を、スポーツの良さとして挙げることができると思います。

　また、スポーツの良さとして、筋書きのないドラマという点を挙げることができると思います。エンディングが誰にもわからない、そこが良い点です。実は、東京オリンピックの時、みなさんが生まれる前かと思いますが、私たち日本チームの目標は、ベスト8に入ることでした。16チーム中でベスト8に入ることは、たいしたことではないと思われるかもしれません。しかし、その前のローマオリンピックでは全部負けて、16チーム中15位でした。16位のチームが、途中で本国に帰ってしまい、最下位になっています。日本チームは、大変な挫折感を感じて帰ってきました。日本代表の、当時の平均身長は179センチでした。私は183センチで少し大きかった方です。一番大きい選手は、195センチでした。優勝したアメリカは、平均身長が197センチでした。日本の一番大きな選手より大きかったのです。そういう、フィジカル面での大きな差

がありました。それをどう克服するかが最大の目標でした。

　日本は、東京オリンピックで、8位を目標にしたのですが、結果は10位でした。8位をかけたメキシコ戦でのことです。空中にボールがある時にブザーがなると、そのボールは有効になるという、ブザービーターというのがあります。メキシコ戦のとき、前半同点で、あと残り2秒となり相手ボールでした。スローイングの直後、相手が後ろ向きに投げたボールが空中にある途中でブザーがなり、そのままボールがリングに入ってしまったのです。結局その2点が最後まで尾を引き、試合に負けてしまいました。これは、まさしく筋書きのないドラマだと感じました。メキシコは、逆にそれでベスト8に入りました。まさしく、スポーツは最後の最後まで結果がわからない、というドラマティックなことが、素晴らしさであり、エンタテインメントになっているのでは、というふうに思います。ただ、実は周りの人たちに感動を与えるだけではなく、取り組んでいる人たちも素晴らしい体験をする、ということも言えると思います。参加している人たちが、かけがえのない経験ができる、これも大きな魅力ではないでしょうか。スポーツとしてのエンタテインメントは、繰り返しですが、スポーツの持っているコンテンツこそが、スポーツエンタテインメントとしての本質ではないかなと思います。

2.12.4　世界、および日本におけるバスケットボールの現状

　バスケットボールの歴史について、すこし触れます。世界ではメジャースポーツです。世界と日本とでは、大きなギャップがあります。サッカーにFIFAというのがありますが、バスケットボールにもFIBAという国際連盟があります。バスケットボールの参加国は何カ国あるかというと、213カ国です。これは、競技団体において、世界最大の参加国数です。サッカーは208カ国なのです。国連（国際連合）加盟国も193カ国だったかと思います。バスケットボール連盟の加盟国は、それ以上なのです。バスケットボールは、アメリカ、アジア、ヨーロッパ、南米、オセアニア……世界各国において、メジャースポーツとして、素晴らしい基盤をもったスポーツになっています。日本の競技人口は、約60万人です。サッカーとバスケットボールは、最大級の競技人口だと思います。

　それで、バスケットボールクラブ、学校、社会人など様々な規模があるのですが、露出度がかなり少なく、メディアの扱いも小さいのが悩みです。素晴らしいスポーツ

なので、なんとか発信力を高めて、日本における最大のスポーツにしようと取り組んでいるところです。やはり、スポーツの一番大きな発信力の場は、オリンピックです。したがって、バスケットボールのエンタテインメント力を強めて、日本のスポーツ界の中でのしあがっていくには、アジアの中で少なくとも覇を争えるような力をつける必要があると感じています。もちろん、それだけで十分というわけではありませんが。

　日本男子は 30 数年前のモントリオールオリンピック以来、オリンピックに出場できていません。しかし、女子はかなり頑張っており、近年、男子より力をつけております。アテネ大会に、出ています。アトランタも出ており、活躍しております。チームスポーツにおいては、全般的に世界の中で力があるのは、女子の方なのですが、発信力をつけるために男女揃って、オリンピックに出ることを目標にしています。アジア 44 カ国中 1 カ国しか出場できないのですが、中国、韓国、台北も強いし、西アジアも最近強くなってきています。アジアでトップになってオリンピックに出ることは、非常にハードですが、なんとかそこを乗り越えて発信力を高めるために、一生懸命取り組んでいます。心強いのは 60 万～ 70 万という競技人口は、日本のスポーツで最大級ということです。小学校、中学校、高校、大学と、多くのファンに支えられているのが強みです。インドアスポーツとして、バスケットボールを強めていかなければいけないと感じています。

2.12.5　学校教育とスポーツ

　学校教育との関わりについて触れます。実は今、曲がり角にきています。どういうことかと言うと、全てのスポーツが直面している問題なのですが、日本のスポーツは、明治末から始まりましたが、初めて学校体育を提唱したのは、柔道の嘉納治五郎さんという方です。この方が、日本にスポーツを導入するきっかけをつくった人です。その視点は、「日本という国をより強い国にするためには、強い国民がいなければならず、ひとりひとりが強い国民になるには、スポーツ・体育で体を鍛え抜いた国民がいなければいけない、そのためには、そういう団体やそれを教授する先生がいて、体育に取り組むべきである。」という趣意書を時の政府に出し、そこから日本のスポーツが始まったのです。ですから根本的なスタートにおいて、楽しみ・娯楽とは違う視点から、日本のスポーツは始まったのです。学校教育と深く結びついていたわけです。その代わり、日本ほど、学校教育の中で体育を取り上げている国はないと思います。あらゆ

るスポーツを、学校教育の中に取り入れています。このような背景があって、戦前戦後の日本のスポーツを支えてきたのは、日本の学校体育でした。これが、日本スポーツにおける大きな両輪の一つでした。それで、もう一つは何かというと、これは戦後の企業スポーツです。昭和30年代〜40年代の製造業を中心とした企業が海外展開を進め、大きな力でぐんぐん伸びていた時に、ある意味で、「コーポレート・ガバナンス、企業としてのコンセンサス、企業の力を蓄えるために、企業がスポーツを奨励するのはよいことだ。」ということで、企業が大学、高等学校から積極的にスポーツの得意な学生を引き受けてくれました。これがなかったら、日本の戦後スポーツはなかったと思います。この学校体育と企業スポーツの二つが、日本のスポーツ発展の原点だったと思います。

しかし、これが現在非常に大きな曲がり角に直面しています。まず学校体育についてですが、生徒がいなくなってしまいました。私が中学3年生の時は、一学年で14クラスありました。今は1、2クラス程度です。少子化の影響です。そうなると、サッカー・バスケットボール・バレーボールなどのチームスポーツは、複数のチームがないと成り立たないのですが、そうした複数のチームができない、という現象がいたるところで起きてきます。やりたいけれど、学校に指導者も仲間もいないというような、様々な苦情が出ています。生徒数が少ないので、この学校は野球だけ、この学校はサッカーだけというようなケースが増えてきました。生徒と共に、先生も少なくなっているため、剣道の先生がバスケットボールを教えたりするなどのミスマッチが起こり始めています。皆さんもご存知の通り、学校教育の組織として、中体連、高体連などがありますが、その構成は学校単位です。ですから学校として、チームが作れない学校は、大会に出場できないのです。最近、ようやく複数の学校で連合を組んで、チームを編成することも可能になってきました。しかし、現在でも原則は学校単位です。少子化に伴う、学校体育の役割が揺らいでいます。日本スポーツの基本であり、大きな役割を果たしてくれた、学校体育が大きな曲がり角に直面しています。

2.12.6　企業スポーツ

もう一つが、企業スポーツです。私は、大学卒業後、昭和30年代後半ですが、大阪の鉄鋼会社に就職しました。日本有数の大きな会社で、社員たちの福利厚生の意味や、コーポレート・ガバナンス、という意味合いから、野球・バレー・バスケットボー

ルなど、様々なスポーツをサポートしてくれました。私が大学を卒業して直ぐに東京オリンピックがありましたので、そういう企業でないと、自分の能力を維持できないと思い、この企業に入りました。入社後も、まったく仕事をせずに365日、バスケットボールを続けました。その間、会社はきちっと給与を払ってくれました。しかし、失うものもありました。約2年間、スポーツに関係ない仲間は、ビジネスマンとしてぐんぐん伸びていきます。私はオリンピックに出るという目標はありましたが、ビジネスマンとしては、ハンディキャップ、ビハインドがありました。会社は、そういう面で大きなサポートをしてくれました。しかし、その企業は、現在すべてのスポーツを廃止いたしました。それは、リーマンショックなどもあり、皆さんも理解できるかと思いますが、厳しい経済環境の中で、国際競争力を蓄えなければならないからです。グローバル化した企業間の競争の中で、旧来のシステムでスポーツ活動を維持できないということです。あらゆる企業で、こういうことが起きています。日本最大の航空会社がありますが、全日本で優勝した企業にもかかわらず、今年、とうとうバスケットボール部が廃部になり、解散しました。メンバーの半分は、北陸の企業チームに継承され、仕事をしながら、活動を続けています。しかし、半分はリタイヤしました。企業スポーツの難しさが、これからの大きな問題になっています。つまり、トップアスリートをどういう形で維持していくのかという問題です。世界で戦える日本スポーツのあり方について、両輪であった学校と企業スポーツが、曲がり角にきており、これをどう解決していくのかが、大きな命題になってきているのではないかと思います。

2.12.7　スポーツ基本法の成立と施行

　実はこのような背景の中で、今年（2011年）スポーツ基本法という新しい法律ができました。今までのスポーツに対する拠り所の法律は、スポーツ振興法でした。東京オリンピックの直前にできた法律です。スポーツ振興法とは、東京オリンピックがあるということで、全国的にスポーツに関連する施設を建てよう、また、スポーツを通じて健康になろう、という趣旨だったと記憶しております。今年8月にできたスポーツ基本法は、画期的な考えをもった法律です。
　第一に、スポーツを国家戦略にしよう、という大きな目標をもっていることです。これは大きな変革です。もっと早く踏み込んでほしかったのですが、アジア各国、世界各国で同様の取り組みをしています。日本でも、ようやく戦略にしていこうと考え

るようになりました。これは、世界的な水準をもった競技スポーツをつくっていこう、という目的を含めた戦略です。

　第二に、全ての国民が、自分のライフステージにあった形でスポーツを楽しみ、触れ合おうということを謳っています。こういうスポーツ基本法が6月に成立し、8月に施行されています。スポーツ界にとって、大きな前進だと思います。今後国がスポーツに取り組むにあたり、大きな柱になると思います。これが染みわたる過程で、日本がどういう国に変わっていくかがすごく楽しみです。

2.12.8　スポーツの社会貢献

　実はここに来る時に、新幹線で新聞を開いたところ、東日本大震災で被害に遭われた人達を励まそうと、IOC、JOCが力をあわせて、内外のオリンピック選手を現地に派遣するという企画の記事が目に入りました。とても素晴らしいことで、被災地の皆さんに大きな力、勇気、喜びを与えています。日本国民が、このようなスポーツのありようをもっと支え、推進するべきではないかと思い、スポーツ関係者にとってたいへん力強い報道でした。私たちスポーツ関係者も、その役割を自覚しなければいけません。エンタテインメントそのものの喜びだけではなく、社会を支えていく役割もあるのだということを、認識することも大事だと報道を見て思いました。スポーツが、文化の中でどのように位置づけられるべきなのかは、法律が変わったから変わるわけではありません。一人一人が考え、受け止め、日本の様々な場所で発揮していくことがこれから求められていくかと思います。

2.12.9　日本のプロバスケットボール

　現在、日本のバスケットボール界に、サッカーのJリーグに負けない素晴らしいトップリーグを作ろうという話をしています。まだ出来上がっていませんが、2013年あるいは14年になんとか新しいトップリーグ、日本のバスケットボール界を牽引していくようなものを作っていこうと検討中です。それは、今までとどう違うのでしょうか。皆さんは、bjリーグをご存知だと思います。これはプロとして、専門にバスケットボールをやっている人たちです。彼らに、日本バスケットボール協会の仲間に入ってもらいました。日本のバスケットボール協会のトップリーグは、これまでは企業が

中心でした。しかし、事業性や運営面に重きを置いて、新しいバスケットボールのスポーツビジネスとして、バスケットボールのトップリーグが十分に活かされるようなリーグ組織を作ろうと努力しています。一番重要な柱は、バスケットボールのチーム自身、そして選手、メディア、スポンサー、自治体、こういう全てのステークホルダーが、支えてくれるようなチームを作ることです。企業だけが支えるのではなくて、様々なステークホルダーが支えるようなバスケットボールチームというものを作ろうとしています。そこが、原点になると思われます。すでに、bj リーグがそれに近い形で運営されています。

2.12.10　プロ事業化時に直面する課題

　学校で使ってきた体育館には、観客席はほとんどありません。お客様が見て楽しむような工夫は、ほとんどされていなかったのです。自治体の取り組みで、3,000、5,000、1万人が入るような体育館がやっとでき始めました。けれども、各競技で取り合いになってしまいます。バスケットボール専門のアリーナは、なかなか作れません。それから、今後事業として成立するかどうかは、世界で通用する競技かどうかが重要になってきます。我々の時代は、まだこれほどスポーツがグローバル化していない時代でしたので、純粋に楽しむことができました。しかし、今は、それぞれの地域の皆さんが、テレビで NBA を見られるし、オリンピックがリアルタイムで放映されます。日本チームが、その競技で世界を舞台に戦えるのか、が大きな物差しになります。したがって、競技力の向上が、重要なポイントになります。中国、韓国と対等、それ以上に戦えるチームにならなければいけません。企業の支援も大事です。企業の応援なしでは、成立しません。メディアの理解も重要です。そのような総合的なエンタテインメントの成立要件を満たして、メジャースポーツになりたいと考えています。「第一に競技力、二番目に事業が継続できるかどうか、そして三番目は環境を整備できているかどうか。」そのような視点から、新しいビジネスモデル、事業として成り立つありようを模索しています。これは少し時間がかかるかもしれませんが、世界で対等に戦えるメジャースポーツに、築きあげていきたいと考えています。

2.12.11　世界における日本バスケットボールの地位

　バスケットボール競技の魅力は、既にお伝えしたとおりです。今、日本人も大きくなりましたが、2m〜2m10cm位の身長を持つ人たちが世界中にいます。日本人は体格的にどうしても不利ですが、そういう選手が、早く動き、飛び回り、スピーディに展開していくのが、大きな魅力になるはずです。近代的なスポーツの中では、最も迫力のあるスポーツだと思います。ますます大型化が進んでいるので、どうやってそれに追いつけるかが重要です。先日、アンダー16の国際大会がありました。アンダー16の次はアンダー18になります。世界で5つのゾーンでベスト2になったチームが、アンダー17で世界大会に参加します。これはサッカーも同様です。これは、日本が大変難しいところです。日本でアンダー16といえば、高校1年生と中学3年生でチームを作るようなことになります。そうすると、組織が二つに分かれます。ですから日本だと、アンダー16との整合性をとるためにどうするか、各スポーツ団体が調整をしています。サッカーでは工夫をしていますが、バスケットボールでは、まだそこまで取り組みが進んでいません。高校1年生を集め、中学3年生の優秀な選手も集めるのですが、指導方針などが違ったりします。スケジューリングが難しく、レギュレーションも違ったりして、結構大変です。

　3週間ほど前に、ベトナムでアンダー16がありました。日本は、3位でした。中国が1位で、韓国が2位です。中国のセンターの選手は、2m15cmだそうです。16歳でそれだけの選手がいて、たぶん韓国にもいると思います。どう日本が対抗していくか、という宿題もありますが、まず3位になることができたので、光明はさしていると言えます。バスケットボールは強さにおいて、日本にまだチャンスがあり、メジャースポーツになる可能性を持っていると思います。

2.12.12　プロ選手としての自覚

　日本が、競技としてのバスケットボールもそうですが、競技力を高め世界で戦えるレベルになるために、スポーツ基本法で、プロフェッショナルの心構えについて謳っています。いままで、日本のスポーツという概念の中には、プロという概念は実のところありませんでした。しかし、今度の基本法では、選手のありようをきっちり謳っています。これからスポーツに特化した形で、ファンを含め全てのステークホルダー

の期待に応えるためには、働きながら、ということは難しいのです。今後は、ある一定の期間、徹底的に踏み込んでスポーツに取り組む環境がないと、世界で戦うのは困難だと思います。プロフェッショナルの心構えについて、世界で戦えるためには、そういう環境の中で、それぞれの競技のコンテンツを高めることが大事だと思います。

　私が住んでいる静岡で、ある自動車メーカーのラグビーチームのことなのですが、珍しい話ですが、「去年までは、プロの選手を雇ってチームをつくっていたのですが、今年の契約更新で、プロはいらない、アマチュアだけにしましょう、社員としてスポーツをするなら大丈夫です。」という話になりました。今私が話したこととは、まったく逆の方向に動いている事例です。これが今後どうなるか、少し時間の経過を見ないとわからないと思います。この企業の競技力がどうなっていくのか、社員の方と同じ条件で仕事をしながら、余った時間でスポーツに取り組むということですが、そういう環境で世界に通用するアスリートが育つのかは、経過を見なければわかりません。しかし、基本は突き進んで集中できる環境整備が、大事になってきます。世界で戦える環境にするために、必要だと思います。スポーツ基本法でも謳われていますし、学校体育、企業競技の狭間の中で、実際にどうなるかはわかりませんが、そういう状況だと認識しています。

2.12.13　まとめ

　私は、スポーツ全般に関わっているわけではなく、バスケットボールだけにしか関係していませんが、バスケットボールを通して、日本の様々な文化の中に入り込んで、社会の中にスポーツが貢献できる分野は、たいへん大きいと感じています。先日の大震災のような出来事にも、積極的に関わっていくのが大切だと思います。社会的にスポーツ人が果たすべき役割を、私たちが認識するようになり、社会もスポーツの重要性を理解するようになったということで、このような話をさせていただきました。
　オリンピック種目は28競技あって、細かい種目まで入れると、300ほどになります。ロンドンでは、そのうちソフトボールと野球の、2つがなくなりました。そして、リオデジャネイロでは、また2つ復活します。7人制のラグビーとゴルフです。幅広いスポーツがありますが、それぞれスポーツに共通するエンタテインメントは、普遍なものだと思います。ぜひこれからも、スポーツに触れ、参加し、楽しんでいただき、更にその中で特別にバスケットボールを愛していただきたいなと思います。どうもあ

りがとうございました。

2.12.14　質疑応答

質問：お話しありがとうございます。経営管理の学生です。第一に、スポーツ基本法が成立したことで変わっていくことは何ですか。第二に、リーグ成立に向けた戦略をお聞かせください。

木内：スポーツ基本法に関しては、まず、スポーツについて戦略という言葉を使ったのが初めてです。スポーツにおける戦略とは何かというと、世界で戦えるスポーツをつくっていこうということです。単に楽しい、触れ合う、というわけではなく、世界で戦えるスポーツを育てていこうということです。もっとわかりやすく言えば、金メダル0個でいいのでしょうか。あんなに国民の期待がかかっているのだから、どうしたらとれるか、その戦略を総合的に考える必要があるということです。

次に、もっとスポーツに触れてほしいということがあります。まだまだ日本人は、スポーツに触れる時間が短いのです。「スポーツに一定の時間触れて、見てほしい、応援してほしい。」、こういうことを基本法の中で訴えています。これは、今まではなかったことです。書くだけではもちろん変わらないので、一人一人の意識が変わることで、日本人の健康にいい影響を与えられるし、スポーツ振興にも役立つと思います。

これから発足する新たなトップリーグについては、日本のバスケットボール界を見据えた理念のもと、全ての力を結集して準備を整え、スタートすることと思います。そのためには、今まで別組織、別運営であったbjリーグも、もう一度バスケットボール協会の中に招き入れ、一緒に新しいトップリーグを作ろう、という作業に入っています。別々にやるよりも、一緒になってやったほうがいいわけです。バスケットボールファンの方々も心配してくださって、「なぜ二つあるのですか」と言われることも多かったのです。それで、いろいろな批判もありましたが、一緒になると決断しました。それで、私が専務理事だった時に一緒になる、と合意しました。まだ具体的に一緒になってはいませんが、地域に根ざして、全てのステークホルダーと共にあるトップリーグ作りへ、邁

進することになるはずです。

質問：韓国や中国が強い理由はなんですか。どのような戦略をとっているのでしょうか。

木内：中国は素晴らしいプロリーグをもっています。また、フィジカル的に欧米に近い体格の選手がいます。韓国も、ものすごく盛んです。サッカーと並んですごく基盤が強いのです。日本は、まだそこまでいっていません。日本もかつて、私が現役最後の時は、アジアでチャンピオンになりました。それ以後は、そこまで勝ったことがないので、頑張らなければいけません。ただ、アンダー16では3位になっており、希望はあります。そのためには、トップリーグを育てることも重要だと思います。

質問：スポーツをビジネスとして見た時に、いかにして観客を呼び寄せるか、バスケットボールを見に行こうと思わせ、グッズも買わせるための取り組みが重要かと思います。昔はNBAが日本に来たこともありました。そのように、多角的にバスケットボールに触れ合う機会を増やすことが重要だと思います。どのようにして、エンタテインメントとしてゲームを見に行くという文化をつくるのか、どういう取り組みをしているのかを、教えてください。

木内：魅力をどのように発信するかは、とても重要です。一般のファンの方は、日本のバスケットボールは世界で戦えるレベルなのか、というのをまず考えるのではありませんか。競技力以外のエンタテインメント性も重要ですが、まず強くなることが、より重要かと考えています。多角的な取り組みとしては、3オン3が世界で広まっています。それを取り込む意味で、3オン3全国大会をバスケットボール協会で始め、今年2回やりました。3オン3というのは、簡単にやれるし、すべてのカテゴリーを含めて、見せることもでき、低コストで実施可能です。幅広くファンを獲得する意味と、競技力向上に貢献できる取り組みとしてやっています。

質問：経営管理1年の学生です。競技人口が減っている上に、少子化があるので増や

すのは大変かと思いますが、競技人生を長くするのも重要かと思います。コミュニケーションツールとしてのスポーツも大切かと思います。なんとかその点も開拓してほしいと考えています。

木内：年齢的に縦の広がりも、非常に重要です。ただし、時間あたりで最も激しいスポーツの一つと言われているバスケットボールですので、歳をとると、若い人と一緒にプレイするのは、どうしてもたいへんになってきます。シニアの方の楽しみ方は難しいのですが、シニアチームもでき始めています。ルールを変えて、穏やかなスポーツとして取り組むことができるようにしたいと考えています。

2.13 スポーツ ビジネス論 2

講義 13

山谷拓志

2.13.1 はじめに

皆さん、こんにちは。日本バスケットボール協会新リーグ運営本部に所属している山谷と申します。実は現在（2012年10月）、2つ肩書がございます。バスケットボール協会で、リーグ運営の責任者を務めておりますが、同時に栃木の宇都宮を本拠とするプロバスケットボールチームの代表者を、6年間務めております。したがって、コンテンツホルダーとして、経営者の立場で仕事をしてきたのですが、チームというのは1チームでは商売が成り立ちません。スポーツは、プラットフォームとなるリーグの価値を高めないといけないということで、この5月（2012年）から社長の立場を降りました。取締役を務めてはいるものの、軸足はバスケットボール協会に移しているという立場でございます。

今日は、エンタテインメント・ビジネス・マネジメントという講義のなかで、こういったお時間をいただいたのですが、実は私自身は、非常に嬉しく思っております。スポーツというものが、エンタテインメントという文脈のなかで扱われるというのは、非常に光栄であるというか、ありがたいと考えております。

2.13.2 観るスポーツの価値創造

近年、スポーツをビジネスとして見ようという学問の一つとして、スポーツマネジメントやスポーツマーケティング、スポーツビジネスという言葉で、比較的多くの大学で講義が開設されております。実は先週も、立命館大学の南草津キャンパスで、スポーツビジネス講座のなかで、お話をしてきました。スポーツの学問は、体育経営学などから派生しており、そこからスポーツマネジメントという言葉に変わってきているという流れがあるので、どうしても社会体育とか、筑波大学さんが強い分野ではあります。今回のように、スポーツというカテゴリーではなくてエンタテインメントビジネスという分野の中に、スポーツを取り扱っていただくことは、非常にありがたいと思っております。

今日の講義におきましては、私自身がつけたタイトルとして、「観るスポーツの価値創造」ということにさせていただきます。どうしても、日本のスポーツというものは、「する」という捉え方をしてきた側面が、多くありました。特に行政の政策では、「スポーツをする」という観点から施設を作り、国体を開催し、税金を投入し、教育という観点で行ってきたわけです。それが、古くはプロ野球、昨今ではＪリーグのサッカーといったところで、スポーツは「観る」もの、「楽しむ」もの、という文化がようやく日本にも定着しつつあるのかなと思っています。日本のなかでも、スポーツを「観る」という観点から産業として、エンタテインメントビジネスとして、成長させなければいけないだろうという、私自身の強い思いがあります。したがって、こういった機会をいただき、自分の頭も整理することができ、たいへん嬉しく思います。

　本来、スポーツエンタテインメントという話でいけば、「アメリカのプロバスケットボールであるNBAで、マイケル・ジョーダンが何百億円稼いだ」みたいな話や、「ヨーロッパのサッカーでプレミアリーグやリーガ・エスパニョーラが何千億円という規模のビジネスである」というような話をするのが王道だと思うのですが、私自身がバスケットボールとか、アメリカでは野球を遥かに凌ぐ人気スポーツであるにもかかわらず、日本の中では残念ながらマイナーだと言われているアメフット（アメリカンフットボール）に関わってきたという立場であるので、自分の持論としては、日本という小さな国土の中で、野球・サッカーではない競技、例えばバレーボールとかバスケットボール、個人競技でいえばダンスやゴルフ、フィギュアスケートなどいろいろありますが、もっと「観る」、すなわちプロという仕組みでスポーツを運営していくことができるのではないかと考えております。ただ、野球やサッカーみたいに、ビッグマネーが動く世界ではなく、スモールプロスポーツビジネスです。実は、私がやっていたバスケットボールチームの年間の売り上げ規模は、だいたい５億円くらいです。それで、日本一の称号をとったのです。これは、ポジティブに言えば非常にリーズナブルで、地方都市でも安価に球団運営が可能であるということになります。しかし、逆の面を見ると、それ以上にならないとも言えますので、非常にもどかしいところでもあります。このように、各地方の活性化が進まず、ますます疲弊しているような状況にある中で、エンタテインメント コンテンツである小さなサイズのプロスポーツというものが、野球などのように多大な資金がないと成立しないというのではなく、地方都市でもエンタテインメントとして確立できるのではないかというふうに思っております。今日の授業では、前半は「観る」スポーツという観点からお話をさせてい

ただき、後半は私が栃木でやってきた「プロバスケットボール」なるものが、どんなことをしているのかという具体的な事例をお見せして、その可能性について感じていただきたいと思っております。

2.13.3　私のスポーツ歴とビジネス歴

　さて、ここで簡単に、自己紹介させていただきます。先ほど、アメフトの選手だったという紹介をしていただきましたが、私は東京生まれで、高校、大学を慶應で過ごし、社会人となってからは、リクルートという会社に勤めておりました。そして、実業団スポーツという、正社員で営業職に就きながら週末練習するというスタイルで、アメフトをずっと続けてきました。実は京大さんとも対戦したことがあり、その時は勝たしていただいたのですが、何度か日本選手権で優勝いたしました。しかし、私自身が、30歳の時に転機がありました。当時会社の業績が非常に悪く、景気も良くなかったので、そのアメフトチームが、廃部になりました。実は、その年1999年というのは、日本の企業スポーツの休部・廃部が一番多かった年なのです。例えば、イトーヨーカドーのバレーボールチームとか、いろいろな名門チームが廃部となったというような時期で、私もライスボウルに勝った数日後に、「チームへの支援をやめる」と会社から廃部を宣告されたという、一大事件が起きました。それで、30歳の時に、スポーツというものは、それだけ応援してもらいファンもいるのに、会社の一声でなくなってしまうものなのかという、非常に寂しい気持ちになりました。ただ、私自身は、スポーツに育てられたと思っていましたから、そんなスポーツが、本来は価値があるのに、会社の一声で終わってしまうようなことは、どうにかならないものかと、強く感じたのです。

　それで、2000年にリクルートを退職して、そのアメフトチームの独立化にむけて新たなスポンサーを探すべく経営に携わることになりました。その仕事に3年携わりなんとかオービックというメインスポンサーがみつかったところで役目を終えたということでその仕事を辞し、その後は浪人期間が少しありましたが、スポーツをもっと価値のあるもの、特に今回のテーマでもある「観る」ものとして、価値あるものに育てていかないとまずいと考え、「リンクアンドモチベーション」という、私のリクルート時代の上司が創業した企業の中で、机一つのベンチャー事業として、スポーツビジネスのコンサルティングをやらせていただくことになりました。「リンクアンド

モチベーション」は、今はもう東証一部上場しております。そこで、プロ野球の球団や、Jリーグのクラブに対して、例えば、集客をどうするかなどのコンサルティングをやっていました。そうしましたら、2006年の秋口に、いきなり電話がかかってきて、「栃木の者ですが、実はプロバスケチームを作ろうと思っています。2万人の署名が集まりました。」「お金はあるのですか？」「ないです。」という問い合わせがあり、私はコンサルの仕事に関係あるのかどうかわからないけれども、とにかく会ってみようということで、初めて宇都宮に行ったのです。そして、話をしたところ、「山谷さん、実は社長をやってほしいのですが。」と言われました。当時36歳で、社長の経験もないし、当然栃木の生まれでも育ちでもないし、バスケをやったことさえありません。それなのに、そんなことを言われました。それで、私は逆に、「めったにない機会だ」と思ってしまったのです。そういう何か感覚的なもので、ピンときたらやってしまうたちなので、「やりましょう」と言い、2007年に球団を立ち上げました。集まった資本金は、最初は400万でした。机3つを用意し、共同トイレしかない、6畳一間のみすぼらしいアポートで、3人で始めました。この時、母体となるチームがないですから、選手は0人でした。監督もコーチもいない、社員もいないという状況のなかで、「どうしようか」、これこそ本当のベンチャーです。最初は、こんなふうな始まりでした。

2.13.4 プロバスケットボールチームの立ち上げ

それにもかかわらず、最初に目標として、勝てるチームをつくることを掲げました。そんな状況でも「5年以内に日本一になります」と公言して、いろいろな地元の企業や、行政に支援のお願いに行きました。しかし、それはもうダメと言われるに決まっています。「この人は、一体何を言っているのだ？ よく知らない人に金など出せるか。」という具合に、最初は相当大変でした。けれども、ビジョンは掲げてみるもので、100人くらいの方と話をしていると、1人くらいは共感してくれるのです。「面白い。それでは、一口出そうか」という人が、出現率としては低いのですが、出てきて、ようやく始められたのです。最初は日本リーグの二部リーグから始めて、2年目に一部リーグに上がり、3年目に日本一になってしまいました。これは少し出来過ぎで、恐ろしいくらいに感じ、僕の人生の運を、使い果たしたのではないかと思うくらいうまくいきました。ただし、その分だけ今は苦戦しています。また後で、チームについては、お話ししたいと思います。こんなふうにチームを運営していたら、リーグ

の方から、「バスケ界を変えてくれないか。」という機会をいただき、今の活動を行っています。したがって、栃木生まれでもなく、バスケも競技者としてはやったことない者が、現在バスケを熱く語っている、そんな状況なのです。

2.13.5 スポーツ ビジネスの現状

それでは、本題の方に移ってまいります。先ほど申し上げましたように、スポーツというのは、学校体育では、元々「する」もの、というところから始まっています。日本は、富国強兵の目的で体育が適用され、その後に戦争を経ているということが特殊だと思います。片やヨーロッパやアメリカでは、地域のクラブで、皆がお金を出し合ってスポーツをする環境をつくるとか、もしくはアメリカのように、元々エンタテインメントとして、見せ物としてやっていくという考え方が、ここ 100 ～ 200 年の間に定着してきているわけです。日本では、戦後何もない状況から、まずはスポーツなどではなく経済の復興だ、というところから始まったので、どうしてもスポーツを、産業として、エンタテインメントとして捉えるという見方が、なかなかできなかったという実状があります。むしろ、学校の体育教育の一環と見なし、企業がスポーツに力を入れても、それは社員の士気高揚としての福利厚生の一部であり、工場のメンバーが選手をやり、工場対工場で楽しむというのが、これまでの企業におけるスポーツ文化でした。

ここで、スポーツビジネス、すなわちスポーツに関わる産業というものには、どんなものがあるのか、全体像を捉えておきたいと思います。まずは「する」スポーツですが、当然古くから学校の体育教育のなかでやってきた部分です。市場は、かなり拡大しています。皆さんのなかにも、フィットネスクラブに入っている方もいらっしゃるでしょうし、ゴルフをやる方は、クラブを買ったり、ジョギングが趣味の方は、シューズを買ったりというように、スポーツを「する」という部分において、周辺産業がかなり拡大しています。スポーツをするわけですから、大きく分けると「する」ことに関する施設や器具などのハード分野と、指導などのノウハウといったソフト分野です。そうした意味で、施設を提供するフィットネスクラブや体育館はハード分野の中に入ります。さらに、スポーツ用品を作るナイキやアディダス、アシックスというメーカー、そして、流通させるゼビオとか、スポーツデポなどもハード分野に入るでしょう。スポーツを習いに行く時に必要な、インストラクターや、コンサルティングや医療トレー

ニングなど、ノウハウを確立するといったソフト分野も当然発達していきます。したがって、スポーツを「する」という部分において、こうした産業は、すでに大きな市場が確立されています。

一方、「観る」スポーツに関しては、よくスペクテイタースポーツと言って、観客を楽しませるスポーツという意味合いの言葉を使ったりしますが、わかりやすく言えば、プロスポーツや、観てもらう側の立場からすると、コンテンツホルダーということになります。タレント事務所とか、レコードのレーベル会社とか、そういう業態に近いイメージです。さらに言うと、権利を持っているという立場です。スポーツビジネスというのは、わかりやすくいうと権利ビジネスなのです。権利というものをいかに換金化するか、というビジネスなのです。そこで、どんな権利があるかというと、まずは試合を観ていただく権利です。これは、すなわちチケットです。そして、その試合を放映する権利、これはテレビ局が買う放映権です。そして、その試合会場に、看板を設置するスポンサーの権利があります。看板自体は、ベニヤ板で安いのですが、そこの権利が高いのです。このように、「観てもらう」というなかで発生する、様々な権利を売るという商売です。

それで、どんなプレーヤーが存在するかというと、まずは選手です。実は、プロスポーツにおいて、選手は個人事業主なので、雇用ではなく商取引に相当します。これに関しては、それだけで授業が終わってしまうくらいの内容で、アメリカの中では、選手は労働者なのかビジネスをやっている事業主なのかという難しい議論があり、労働者として見ればストライキの権利があるのです。しかしながら、事業者として見ると、独占禁止法にあたるのです。アメリカでは面白いことに、選手自身の商売を協会やリーグに牛耳られている、という訴訟が多発しています。片や労働者としての権利を主張して、ストライキをします。この辺は矛盾しているのですが、法的な判断は、それぞれの裁判所の解釈によって、その都度かなり変わります。ヨーロッパでは、選手は労働者であるという考え方が比較的定着しているのですが、アメリカの中ではけっこう揺れています。労働者としてストライキ権を認めれば、独占禁止法違反は適用されません。選手の立場からすると、自分の行きたいチームと契約できないというのは、言い換えれば事業者として自分の商売ができないわけですから、自分の商売の権益を侵されているという考え方になります。そのため、選手もそういう意味では契約関係として、取引をしているということになります。それで、そこに介在するのが、選手の代わりになって交渉をするエージェント、代理人です。

チケットや広告は、権利を持つ者が販売するわけですが、当然自分たちで全ての権利を売ることができなければ、そこに介在する代理店が存在します。例えば、チケットぴあであったり、電通であったりします。グッズもそうです。自分で作っているチームもありますが、在庫リスクがあるので、うちのロゴマークを使い、好きにグッズを作ってください、というように、基本的にはライセンスを売ります。そして、グッズの売り上げの何％かをもらいます。こうして、在庫のリスクをなくせます。さらに、付随するアウトソーシングビジネスがあります。シミズオクトなどの会社が有名ですが、興業の運営、例えば警備員を手配したり、清掃したりする仕事を請け負います。また、ファンクラブなどの運営を、アウトソーシングしているケースは比較的多いです。このように、派生する産業が登場してきたなかで、両方に付随するものとして、マスコミやメディアは、当然両方に関わってくる部分になります。現在、ITやネット、特に旅行に関しては、スポーツツーリズムという言葉が、広く使われています。例えばマラソン大会を見ると、ホノルルマラソンに、多くの日本人が参加します。マラソン大会は各地で開催されますが、その地域に与える経済効果が大きいのです。こうしたマラソン大会を、イベント業者が運営したり管理したりするわけです。こんなふうにして、スポーツから、様々な産業が派生しています。しかし、先ほどから申し上げているように、「する」スポーツに関しては、確立した経済市場があるのですが、観るスポーツにおいては、野球、サッカー以外ではなかなかうまくいきません。バスケの放映権は売れるのかと言われると、非常に厳しい現実があり、まだビジネスとして

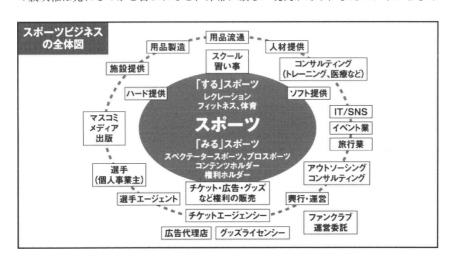

脆弱であると言わざるを得ない状況にあると思います。

2.13.6　スポーツ ビジネスのマーケット規模

　次に、スポーツ産業の市場規模ですが、少し古い 2007 年頃の数字で、どこまでエンタテインメントの分野に含むか、線引きの難しい点がありますが、とりあえず見つけた資料では、日本では 7.5 兆円というデータがありました。ただし、これにギャンブルは含まれていません。競馬や競輪が、スポーツなのかという議論もあります。しかし、そこが入ると、相当な金額にはなると思います。アメリカは、23 兆円という数字が出てきました。これは、自動車や電機のような、基幹産業の経済規模を上回る規模です。そういう意味では、アメリカにおいて、スポーツ ビジネスというものが、かなり市場拡大していると思います。詳しい数字ではないのですが、4 割程度が「観る」スポーツに関わる産業であろうと言われています。おそらく日本の 7.5 兆円というのは、ほとんどが「する」スポーツにおける市場ではないかと思います。

　それでは、「観る」という観点で、スポーツがどう発展してきたかを考えてみます。古くは、スポーツという言葉ではなかったかもしれませんが、争い事を「観る」ということになると、ローマには今でいうスタジアムが、紀元前からありました。したがって、人間の本能的欲求として、おそらくそういう人の身体活動、つまり争い事を観て楽しむ、喜ぶというような感覚はあったのだろうと思います。これはエンタテインメント的な観点でまた異なる分野の話になると思います。スポーツも、古くから、「観る」という文化はあったということです。そして、アメリカで、1800 年代になると、1858 年に初めて野球の興行が行われました。ただ最初は、1500 人くらいしか野球人口はいなかったようです。1870 年には、イギリスでサッカーの興行が行われました。イギリスは階級社会の面があったので、サッカーは労働者階級の楽しみという始まり方でした。上流階級の人たちは、クリケットです。サッカーは労働者の楽しみで、町のサッカークラブの応援をするという、そういうところから始まったと言われています。

2.13.7　スポーツ ビジネスの転機

　日本でプロ野球が誕生したのは、それから遅れること半世紀、1921 年です。日本

のいわゆる職業野球が始まりました。こうした単体の競技がありますが、何と言ってもオリンピックが重要です。オリンピックのビジネス化に関する本はたくさん出ているので、読んでいただければと思います。オリンピックは、元々オリンピック精神に基づいて始まったものですが、どうやらこれを、いろいろな目的で使えるぞということに皆が気づき始めたのが、ドイツのナチス時代です。国威発揚の場としてベルリンオリンピックを開催して、とにかく愛国心を煽るということに、オリンピックは使われてしまいました。したがって、そのあたりからそれぞれの国がうまく使おうと、オリンピックに注目し始めたわけです。日本も、昭和39年に、初回東京オリンピックを開催しました。しかし、当時の日本におけるオリンピックは、実は「観る」スポーツというよりは、インフラ整備という文脈の方が強かったと思います。オリンピックを契機に、スタジアムを作るなど、国体も同じ発想です。だいたいどの町に行っても、国体道路があります。これは、国体が来た時に税金をつぎ込んで道を整備したものなので、国体道路という名前なのです。しかし、オリンピックといえども、モスクワオリンピックまでは赤字垂れ流しが普通で、招致したのはよいけれど、これはたまらないと、どちらかというと、オリンピックは急激に経済が発展している国以外はやれないという雰囲気がありました。

　それが変化した転機は、ロスオリンピックです。僕の年齢ですと、ロスオリンピックの時に、イーグルのキャラクターが出てきて、あの頃から盛んに五輪マーク入りのピンバッチや、キーホルダーが、コカコーラとタイアップしてついてくるみたいなことがありました。そのあたりが、実はオリンピックの商業化元年と言われています。いわゆる、権利を切り売りするという発想が、生まれてきたのです。それまでは、権利という発想はありませんでした。したがって、スタジアムを作ったり、いろいろな選手を呼んだり、選手村を作ったりしても、収入がないから、当然赤字でした。そこで、ロスオリンピックから、放映する権利やスポンサーの権利を売ることになりました。今でも、4年に1回権利更新があって、業種ごとに1社独占で権利が売られます。例えば、家電メーカーのパナソニックが五輪のスポンサーになると、4年間他の家電メーカーは、一切排除されます。こうした仕組みが功を奏して、権利の値段が高騰しています。今でも、オリンピックに関して、毎回テレビの放映やスポンサーの権利に対する価格が上昇しているという状況です。こういう話だけでも、だいぶ時間のかかる題材です。スポーツを観る、もしくは観せるものとしての歴史は、こうした流れで、現在に至っているのです。

2.13.8 エンタテインメントとしてのスポーツ

　次に、「観る」スポーツとは何か、という問いについて考えます。エンタテインメントに共通することですが、必ずしも人間が生きていくのに必要なものではありません。プロ野球がなかったら、人間は滅亡してしまうとか、サッカーが観られなかったら餓死します、などと言う人はいません。ですから、エンタテインメントは、そもそも衣食住には関係ない話です。ただし、人間ですから喜びや楽しみ、夢、感動が必要なので、エンタテインメントが必要、というのがこの授業の趣旨かと思います。これはスポーツも同様で、必要ないのだけれど、だからこそどんな価値があるのかをしっかり見いだしていかないと、日本のスポーツのように、景気が悪くなると休廃部が続くとか、税金がなければスポーツが廃れてしまうというようになってしまうわけです。したがって、私自身バスケットという競技の中で、コンテンツホルダー側に立つ立場として、生きていくためにバスケが必要です、などとは言いません。しかし、バスケがあなたの生活を充実させます、バスケがあなたの余暇を楽しませます、という価値を能動的に生み出していかないといけないと思います。

　「観るスポーツ」は、言い換えると、エンタテインメント コンテンツになるわけです。しかし、スポーツエンタテインメントという言葉が一人歩きすると、イメージとして上がりやすいのは、例えばオリンピックの場合なら、開会式になってしまいます。派手な花火をどんどん打ち上げ、ベッカムが来る、他の有名タレントが来るとなり、派手なショーパフォーマンスをすることが思い浮かびます。これこそスポーツエンタテインメントというイメージがあるので、スポーツエンタテインメントは、こうした音楽や芸術などと融合させたものなのだというイメージを持たれることが多く見られます。アメリカであれば、バスケもそうですが、派手な演出、暗転してスポットライトを当てて、音楽をガンガンかけて、ということになります。これがスポーツエンタテインメントだ、という見方をされますが、僕自身の考えは若干違っており、それはスポーツエンタテインメントという観点からすると、本質ではないだろうと思います。要するに、それらはスポーツに付随する演出、味付けであって、メインディッシュではないはずなのです。ですから、スポーツを観て楽しむものとして捉えるなら、価値の根源は何かというと、音楽や派手な演出、あるいはタレントではなく、スポーツという「筋書きがないドラマ」が主役です。どちらが勝つか負けるかわからない、どの選手からどのようなすごいプレーが出るかわからない、もっと言えば、1点とっては

とられる争い事、これがスポーツの本質です。要するに試合、これがコアバリューなのだと思います。したがって、試合を派手にしたいとか、タレントが来るとかは、あくまでも味付けなのです。スポーツエンタテインメントにおける根源的価値を考えると、基本は争い事なので、一説によると、争うことによってフラストレーションの解消になっているという見方があります。したがって、ヨーロッパでは、サッカーによって国対国の争いをすることで、ナショナリズム的なエネルギーが発散され、最近戦争が行われなくなったという見方もあるくらいです。

2.13.9 スポーツという商品の特性

　ここでもう一度、本質的な話に戻ります。スポーツという商品のコアバリューは、いわゆる音楽や演劇、芸能、芸術などのエンタテインメントと、全く違う点が一つあります。それは何かというと、品質保証ができないことです。みなさんが、劇団四季のミュージカルを観に行く時、チケットを買ったら、いつ行っても同じストーリーを観ることができます。映画もそうです。観に行っても、DVDを買っても、同じストーリーを同じ品質で観ることができます。ある時、突然ストーリーが変わるなどということはないわけです。しかし、スポーツでは、チケットを売り、スポンサーに権利を買っていただく時に、「うちのチームは必ず勝ちます」とか、「必ずこの有名選手が活躍します」とは言えません。逆に、「今日負けたから、契約違反だ」とも言われません。要するに、試合は生き物ですから、品質管理が難しいのです。そのため、たとえ良い選手に何億円投資して獲得しても、怪我で1年棒に振る可能性もあるというように、品質のリスクが高いコンテンツだと言えます。したがって、先ほどから話している、音楽やショーの演出などは、こうしたリスクを補う担保の一つとも考えられます。勝ち負けのコントロールができない分、ビジネスとしてはリスクを回避するべく勝っても負けても楽しませることが必要になります。お客さんからすると、勝てば文句はないかもしれません。しかし、負けても楽しかったとか、家族で来てよかったとか、今日はイチローが出なかったけれど、この球場に来て美味しいものを食べてよかった、と思われるようにしなくては、サービス業としては、勝ったら非常に儲かるけれど、負けたら大赤字というリスクの大きい商売になってしまうわけです。ですから、この品質保証ができないという最大のリスクをヘッジするために付随した演出をするという解釈をしています。要するにメインディッシュは、あくまでフィールド内やコート

内の試合です。

2.13.10　スポーツの本質

　最近日本でも、バスケのプロチームが多くできています。しかし、勘違いしている方たちがいて、「弱くてもいいから、地元の選手だけ多く集めて、そうすれば応援されるし、その分、派手な演出をしたり、タレントを呼んで、ハーフタイムにイベント開催したりとか、そちらにお金をかけます」という言い方をされます。経営的に、それがうまくいっていれば、間違いではないと言えるかもしれません。しかし、僕はある意味で、真のスポーツエンタテインメントとしては、少し違うのではないかと思います。まずは、コンテンツのコアバリューである、勝つ可能性や魅力度が高いチームであることが重要です。ただビジネス的に見ると、どんなに最下位でもお客さんの入る阪神タイガースというのは、すごいと思えるわけです。勝っても負けても愛されるというのが、ビジネスとしては、経営的に見てある意味すごいということになります。

　プロレスは果たしてスポーツなのかエンタテインメントなのか、という議論があります。プロレスは、筋書きのないドラマとは、たぶん言えないと思います。したがって、そういう意味では、仮に筋書きがあるとすれば、それはスポーツエンタテインメントではないわけです。スポーツを題材とした演劇、すなわちエンタテインメントスポーツと言えるかもしれません。

　スポーツを観たいという、コンテンツのバリューが上がり、人が増えると、当然人が集まった集合体としての「媒体」が価値を持ってきます。すなわち、そこに広告を出すことが行われ、新聞とか雑誌と同じような意味を持つようになります。要するに、媒体である新聞、雑誌では、読者が増えれば当然広告価値が上がるわけです。それと同じ構造で、人が増えれば広告を出したり、テレビで放映したりという価値が上がるということです。

2.13.11　日本と海外で異なるスポーツ施設の考え方

　もう一つは、観る人が増えると、観る施設も本来変わっていくべきなのですが、日本ではなかなかそうならず、これが一番遅れている部分だと思います。アメリカやヨーロッパへ行くと、スタンドの角度が非常によく考えられており、フィールド・ピッチ

が見やすい設計になっています。また、VIP席という個室がついていて、飲み食いしながら観戦できるような席もあったりします。さらに、入り口からの動線とか、駐車場の数とか、そういうものが、観る人の観点で設計されています。しかし、日本の場合は、町の体育館やスタジアムも、残念ながら「する」スポーツの観点で施設を作ってしまいます。「体育館」など、まさにその典型です。スタンドよりもコート面数を多くしてしまうわけです。これは、アリーナではなく、「体育の館」です。ですから、観る人の観点で作られた施設というのが、非常に少ないことになります。

　また、海外では、「運動場」ではなく、スタジアムと言います。しかし、日本では「運動場」という呼び方をします。「観る」のではなく、「運動する場」であり、そのための競技場や野球場であるわけです。それにもかかわらず、そうした日本の施設で、最近はオリンピックやワールドカップを開催するから問題が起こります。「観る」という観点からは、甚だかけ離れた設計で建てるため、完成したら死角だらけのスタジアムになってしまいます。ある角度の席に座ると、観ることができないとか、本来あり得ないはずのことが起こります。日本の場合は、こうした施設を税金で作るため、設計を有名建築家に頼んだりします。屋根はウェーブにして、派手で綺麗な、見た目は立派になりますが、後で大問題が起こったりします。ワールドカップの会場となった埼玉のスタジアムなども、有名な建築家の設計ですが、完成してから何が起きたかというと、芝生、つまりピッチにあまり日光が当たらないということがわかりました。何故設計時に、そんなことくらい知らなかったのかということになります。ピッチというものは、本来見せ物を行うためのステージです。したがって、観るために、一番良いコンディションにしなくてはいけません。ですから、ヨーロッパのスタジアムを

観るという視点で建設されたゼビオアリーナ（宮城県仙台市）

どのように設計するかというと、必ず日の出、日の入りがどの角度か事前に調べます。日が出てくる角度と、日の入りの角度のスタンドは、作りません。要するに、できるだけ長い時間、芝生に日光が当たるようにするのです。芝生の育成で、もう一つ重要なのは風通しです。したがって、スタンドの向きは、風の流れにうまく合わせ、ピッチに風が通るようにします。けれども、神戸にあるスタジアムは、完成してみたら、全く風通しのないことがわかりました。ですから、後からスタンドに穴を空けています。最初から、十分考えておくべきでした。こうした、ピッチに重きを置き、芝生の青さや、選手のプレーのし易さに重きを置くという発想は、「観る」という観点からでないと出てこないのです。最初から、設計とかデザインという話になってしまうと、本末転倒な施設ができてしまいます。

2.13.12 商品価値としての戦力均衡

「観る」スポーツということに関して言えば、野球における阪神ファンの応援は、エンタテインメントそのものだと思います。ワールドカップやフィギュアスケート、NBAも、いわゆるスポーツをエンタテインメントとして象徴するようなシーンというのが、多々あります。ただし、やはり大事なことは、スポーツが持つ本質です。スポーツそのものの商品価値、争い事としてのクオリティを上げ、そのために選手の能力を高めることです。試合で、何が一番面白いのかというと、もちろん選手のプレーもありますが、何よりも接戦です。要するに、予定調和は、スポーツの価値をなさないわけです。最初から、100対0の試合というのは、興味も湧きません。したがって、アメリカのスポーツリーグで、戦力均衡にこだわる理由は、実はそこにあるのです。ビジネスという観点で見た場合、わかりやすく言えば、どのチームにも優勝機会があるようにしたいわけです。チームの立場としては、逆です。自分のチームだけ強ければよいと思っています。そうすると、巨人軍的な発想になってしまいます。アメリカでは、ビジネスという観点が発達していますから、どのチームにも優勝できるチャンスを与えようとします。したがって、ドラフトもくじ引きではなく、弱いチームに優先順位が与えられ、選手を指名できるという、非常に理にかなった仕組みになっています。このように、本来スポーツの価値というのは、その試合にあり、試合のクオリティ、最高に面白い試合を観ることができる、という状況をつくるのが、最初であると思っています。

2.13.13 日本のプロスポーツ
2.13.13.1 野球

　日本のプロスポーツについてお話しすると、最も代表的なプロスポーツは、何と言ってもプロ野球だと思います。元々は、職業野球と呼ばれましたが、発展の経緯を見ると、完全に広告価値としての意味付けでした。一方、アメリカの野球がどうなっているかというと、日本のプロ野球ではチーム名に企業名が入っていますが、アメリカのメジャーリーグベースボールでは、ユニフォームやチーム名に企業名や広告は出ていません。なぜなら、アメリカのプロ野球では、野球というものを観せるビジネスとして考えているからです。だからこそ、先ほどお話ししたように、戦力均衡という発想が出てくるのです。しかしながら、日本では、野球球団自体は赤字でも構わない、所有する新聞社や、鉄道会社、あるいは IT 会社の宣伝になってさえいればよいという考えがあります。極端に言うと、そういう発想で運営をしています。したがって、プロ野球のオーナー企業の変遷を見てみると、面白いことに、時代の流れをそのまま映しています。

　戦後プロ野球チームができた頃のオーナーは、ほとんどが新聞社でした。毎日や読売、そして中日などです。何故そうなったかというと、要するに販売部数を増やせるからです。自社のチームをひいきする記事を意図的に書くことができれば、当然部数が増えますし、その新聞の部数が増えれば、当然ビジネスとして成立するわけです。新聞社が野球チームを持つというのは、たしかに合理的なわけです。

　そして、次は鉄道会社です。一時は、南海、阪急、近鉄、国鉄そして西鉄もチームを持っていました。これは何故かと言うと、輸送手段としての収益が期待できるからです。試合のたびに 2、3 万人がその沿線にあるスタジアムに行けば、当然みんな電車代を払うわけですから、ビジネスとして潤います。非常に理に適っていました。数は少なかったですが、ダイエーのように、流通業が球団を持った時期もありました。集客をするビジネスをしているところからすると、優勝セールなどをすることで、お客さんが集まるからです。現在主流は何かというと、楽天、DeNA、そしてソフトバンクなどの IT 関連企業です。このように、それぞれの時代を象徴する産業が、ユーザー獲得のために野球を使っているのです。したがって、野球でそれほど儲からなくてよいということになります。ソフトバンクや楽天のユーザーを、できるだけ多く集めてくれ、というのが球団所有者の正直な本音だと思います。

一方、アメリカでは、企業がオーナーになることを禁止しています。これは、日本とは正反対です。日本では読売グループや阪神電鉄が、オーナーです。アメリカのプロスポーツでは、企業がオーナーとなること、要するに株式所有を禁止しているケースが多いわけです。これは、企業のツールになってしまうことを防ごうという意図があるからです。なぜ防ぐかというと、企業のツールになってしまうと、プロとはいっても、本質的にはコストセンターになってしまうからです。その場合、野球そのものを発展させていこうという意欲に欠けてしまうのです。ですから、日本のプロ野球界が何をやっているかというと、球団を増やさないわけです。増やしたくないというのが、本音です。アメリカでは、ありえないことです。野球そのものがビジネスなので、市場を拡大するために、チーム数を増やしすぎても品質が下がってしまうので、ある一定数まで増やしたいというのが本音です。日本の今の経済規模からすれば、本来プロ野球は、たぶんあと4チームくらい増やせるはずです。しかし、なぜか増やしません。それは、野球そのものを、ビジネスとして考えていないから、というふうにしか思えません。

2.13.13.2　サッカー

　次に、サッカーです。ビジネスの大きさは、野球が巨人軍で200億、楽天で60億であるのに対し、Jリーグは浦和レッズが60億、J2の一般的なチームは5億という、ちょうど野球の一番下がJリーグのトップという、まだその程度の規模です。Jリーグの場合、プロ野球へのアンチテーゼというところから始まっていますので、企業のツールということではなく、地域のツールになるというところから入ったわけです。ですから、企業の名前は入れずに、地域の名前を必ず入れ、地域の人たちがスポーツを楽しむとか、郷土愛を高めるとか、地域に対するロイヤリティを上げるという観点で、野球とは全く違うコンセプトで始まりました。ところが、今は野球がJリーグに合わせているのです。やはり地域名でなければとか、地域密着型とか、いまさら言うかというようなわけです。Jリーグは、30億払わなければ入れてあげない、というような仕組みではなく、市場拡大という観点から、オープンなシステム、つまり下のリーグから這い上がってくれば、どのチームにもチャンスがある仕組みをとっています。このため、Jリーグに入りたいというチームは、今たくさんできていますし、元々47都道府県に1クラブというコンセプトで始まったので、市場を拡大していくことが前提にあります。

2.13.13.3 バスケットボール

そして、日本におけるバスケットボールについて市場規模から見ると、なんとJリーグの一番下がバスケットの一番上にあたります。まだその程度の規模なのです。元々は、社宅とか社員旅行などと同じ文脈の上で、社員の人たちが楽しむための「企業の福利厚生」というところから始まりました。これをわかりやすく言うと、企業の社内運動会が起源ですから、別にその競技を発展させるとか、お客様が増えるとか、儲かるとかについて、考える必要がなかったわけです。そのままここまできてしまったので、日本のバスケは、こんなに遅れてしまったのです。詳しい説明は省きますが、そういうなかで、将来がまずいぞということになり、独立したチームがプロリーグを作ったという流れがあります。かつては、日本の企業チーム中心のリーグがあったのですが、企業の福利厚生では、チームを保てないということで、最近パナソニックさんが、チームの廃部を決めました。7,000億円もの赤字を出してリストラしているのに、社員に対して福利厚生のためにバスケしているとは言えないわけです。同じように、他の企業もどんどんチームを廃部にしています。プロチームもまだ歴史が浅いため非常に脆弱なチームも多くあります。中には、潰れてしまうチームもあります。ここで、仕組みをうまく改善していくことが、今後のバスケ界にとって必要なことだと思います。したがって、バスケットボール協会が、選手やチームをどう組み合わせ、どういうプラットフォームに乗せ、どのように市場を拡大していくのかを、しっかり考えないといけない時期なのです。ただし、潜在マーケットは、十分あると思っています。経験則ではありますが、僕はバスケットボールが、サッカーと野球に次ぐ、プロスポーツになると確信しています。

2.13.14 プロスポーツの効用

プロスポーツの効用について話すと、興味があるのは経済効果だと思います。一つは、地域の内需拡大に繋がるということです。地域の人たちが、お金を使いますし、試合会場では地域の中にある企業が屋台を出したり、飲食を提供したりするわけですから、そこでお金が地域に回るわけです。さらに言うと、外部への影響もあります。栃木でも、後でご紹介しますが、田臥勇太という選手がチームに入って、何が起きたかというと、東京や日本全国からバスケファンの方が、栃木に来てくれるようになり

ました。そして、そういう方たちは、だいたい日光とか那須に寄って行きます。そうすると、そこにもお金が落ちることになります。こうした内需拡大とか、県外需要の獲得という観点で、経済効果が生まれてきます。あとは定性的な部分になりますが、知らない者同士も、ファンになって仲良くなるとか、一緒に飲みに行くという世界もありますし、「明日月曜日からの仕事だるいな」などと言っている人が、日曜日にそのチームを応援したら、「よし、頑張るか！」と、気も晴れるのではないでしょうか。そして、以前は「栃木には、有名なものは何もないし、栃木に住んでいることを、恥ずかしく思っていた。」と言っていた方が、「この地域に住んでいてよかった。」と、言ってくれるようになりました。今は、試合会場でみんなが「レッツゴー栃木！」とか叫ぶわけです。「こんなに栃木と叫んだことなど、生まれてなかったです。」と、栃木県民の方が言っているのです。このように、栃木に対する愛着、栃木に住んでいてよかった、と思えるような気持ちが芽生えてきます。さらに、自分の地域や町の名を、売り込むことができます。磐田市や鹿島市などは、Ｊリーグのチームがなかったら、たぶんあまり知らないところだと思います。外国の例を挙げるなら、マンチェスター、パルマ、シアトルなどというのも、日本人選手がチームに入って、初めて知りましたというようなこともあると思います。こんな具合に、地域名を背負うスポーツチームが強くなったり、有名になったりすることでメディアに取り上げられ、その地域の知名度が上がる、ということに繋がると思います。また、当たり前ですが、ほとんどのプロチームが営利企業ですから、きちんと黒字を出せば、納税できます。最悪なのは、「地域貢献をします。」などと言いながら、万年赤字で、納税できない場合です。企業としての社会貢献は、本質として、本業のビジネスで社会貢献することと、収益を上げきちんと納税する、この２つしかありません。したがって、やはりスポーツビジネスとはいえ、きちんと納税をしていることが大切だと思います。

2.13.15 プロスポーツの将来展望

これまでは、「観る」スポーツについての話をしてきました。日本の他のエンタテインメント産業、すなわち音楽や芸術、芸能というところと比べると、スポーツはまだまだ発展途上だと思います。逆に言えば、潜在市場がある分野です。野球は、拡大しようという志向が、あまり見受けられません。サッカーは、どんどん拡大して、Ｊ３構想などというものが出ていますが、それで大丈夫なのかと思います。なぜなら、優

秀な選手というパイが限られているなかで、チームを増やすということは、要するに1チーム当たりに入る良い選手の数が減ってしまうわけですから、当然チームとしての能力が薄まってしまいます。このように、それぞれの競技が課題を抱えているなかで、その隙に、バスケットのように、非常にリーズナブルで、参入障壁が低く、地域のなかで完結でき、しかも天候の影響を受けないコンテンツのスポーツビジネス、スポーツエンタテインメントというものが成立する余地があるのではないかと思っています。先ほど言いましたように、バスケットボールは、経営規模が2、3億でそれなりのチームができるという現状がありますから、参入障壁もそんなに高くないだろうと思います。したがって、このような地方市場でも成立する、スモールプロスポーツビジネスが、日本にもっとできていくことで、決してスポーツニュースの一面とかスポーツニュースのトップニュースにはならないかもしれないけれども、地域の中で話題になり、子どもたちが憧れ、地域のテレビ局で少し有名人になるとか、というようなことが、おそらく今後起こりえるのではないかと思います。スポーツには、もちろんシーズンがあります。サッカーは春夏秋、一方バスケは秋冬春ですから、うまい具合にシーズンが重なりません。

　実際にどういうことをやっているのかを、これからお話しします。冒頭で申し上げたように、私自身がこれまで、ゼロから必死で5年間社長を務めてきたチームが、どんなことをやってきたのかをご紹介したいと思います。アメリカのNBAや、ヨーロッパのサッカーに詳しい方からすると、こんなものですか、と思われるかもしれません。しかし、日本のスモールプロスポーツの現状を見ると、意外とやっているなと、思っていただける方がいるかもしれません。是非、聞いていただければと思います。

2.13.16　バスケットボールの魅力

　そもそもバスケットボールの魅力は何かというと、やっている方は当然魅力を感じていらっしゃると思いますが、僕なりにやったことのない立場として、魅力を羅列してみます。まずは、バスケは得点機会が多いことが挙げられます。僕がサッカーを観に行くと、本当についていないことが多いです。トイレに立っている間に得点が入ったりすることがよく起こります。その後は得点が入らなくて、ゴールシーンが観られなかった、というようなことが結構あります。また、一生懸命観ていたのに、0対0で引き分けみたいなことがあって、なかなか得点シーンに恵まれた経験がありません。

それに比べると、バスケはゴールシーンが必ず観られるという特徴があります。0対0という試合は存在しませんので、必ず得点が入ります。得点機会が多いということで何が起こるかというと、選手のものすごいジャンプ力、すごいシュート力、またバスケ独特のダンクシュート、鋭いアシストパスなど、選手の技能を存分に発揮できるシーンが当然増えるわけです。もう一つは、得点機会が多いと、10点差を追い上げたり、大逆転をしたりとか、あるいは1点差を継続的に争うシーソーゲームとか、いろいろなパターンが起こりえます。スポーツコンテンツの根源は争い事ですから、やはりハラハラドキドキ最後までわからない試合となり、コンテンツとしては、非常に価値が生まれやすい構造にある競技だと思います。もう一つは、サッカーの場合、どうしても開催地が陸上競技場になる場合が多く、スタンドとピッチの間にトラックがあります。そうなると、選手と観客の間の距離が大きくなりがちです。しかし、バスケはすぐ目の前で、2メートルクラスの大男がプレーします。とにかく走り続けるので、非常に迫力のあるシーンが、連続して観られます。また、室内競技ですので、雨でも雪でも影響を受けません。最近では、冷暖房もほとんどありますので、非常に快適な環境で観られます。さらに、タイムアウトやハーフタイムとか、時間が止まる間がありますから、その都度チアリーダーが踊ったり、音楽を流したりと演出することで、あくまでも味付けではありますが、先ほど申し上げた、勝ち負けリスクをヘッジしやすいスポーツだと思います。アメリカでは、テレビコマーシャルのためのタイムアウトすらあります。コマーシャルを優先して、試合を止めてしまいます。このように、アメリカでは、観るという観点から考える発想が最初にあります。

2.13.17　世界におけるバスケットボール

　日本では、バスケットボールは全く不人気だという話をしていますが、実は世界的に見れば、大変な人気競技なのです。アメリカでは、野球を遥かに凌ぐ人気です。アメリカの人気競技の序列を見ると、まず1位がダントツでプロのアメリカンフットボールNFLです。そして2位が大学のフットボール、3位にプロのバスケットボールNBAがきて、4位に大学のバスケットボールがあります。やっと5位にメジャーリーグベースボールがきて、その後にアイスホッケーがくるという順番になっています。それくらい、アメリカでは人気のあるスポーツです。NBAは世界的に人気があります。そして、オリンピックについて言うと、日本代表として女子が近年出ていま

す。オリンピック中継でバスケを観る方は、あまり多くないと思いますが、オリンピックの最終日のメインイベント、オリンピックの中で最もチケットが取れないイベントが、実はバスケットです。陸上男子100mの決勝と同じくらいチケットがとれないのです。これほどオリンピックの中ではメインイベントになっています。

　そして、国際的な連盟として、サッカーの場合FIFAがありますが、バスケではFIBAがあります。実は加盟している国の数はFIBAの方が、FIFAより多いのです。競技人口そのものでは、サッカーの方が多いと思いますが、参加国数としてはFIBAの方が多いというのが実状です。例えば、日本の競技人口は、サッカーが80万人です。この数は、愛好者も入れると、もう少し増えると思います。一方、バスケは実は60万人です。そんなに変わりません。バスケは、女子が多いのです。競技人口は、男女半々くらいです。サッカーの場合、女子は1割もいないと思います。こうした違いはありますが、両方とも学校体育の中に入っています。皆さんの中にも、ミニバスやっていましたとか、中学のときバスケット部でしたという方も、この中にはおそらくいらっしゃると思います。それくらい一般的なのです。さらに、皆さんがご存知の「スラムダンク」、最近では「黒子のバスケ」のように、実は人気漫画の題材として、バスケが主役になっていることもけっこうあるのです。したがって、実はバスケは、ポテンシャルが非常に高いのではないかと思います。むしろ、人気のない方が、おかしいのではないでしょうか。美味しい料理が目の前にあるのに、何故皆さん食べないのですか、というそのくらいの感じです。何故、人気がないかというのは、要するに、料理を作る側の問題だと思います。「美味しいですよ」という一言も発信されませんし、匂いをかがせようともしないし、味見をさせるとか、そういう努力をしなければ、当然食いついてくれるはずがありません。これだけ可能性があるわけですから、競技側がしっかり取り組んでいけば、必ず売れるコンテンツになっていくと思います。

2013-2014シーズン NBLファイナルでの
優勝決定の瞬間

2.13.18　リンク栃木ブレックスの事例

　ここで、栃木のチームのことをお話しさせていただきます。創設から3年目で、なんとか日本一になりました。日本リーグは、先ほども言ったように、重厚長大企業がチームを持っているなかで、プロチームとして、日本リーグ60年の歴史のなかで、初めて日本一になりました。日本のチームの中では比較的お客さんを多く集めているチームということになります。平均で、だいたい2,600人くらいの観客を、動員しています。チケットは、2,000円台から2万円台くらいの幅で売っています。実は、2万円のチケットから先に売れていきます。10席しかありませんが、コートに一番近く、選手が座るベンチの真横にあり、試合が終わると選手と写真が撮れ、選手のサインがもらえ、さらに駐車場も1台ついてくるという具合です。経営側の視点に立つと、原価が全くかかっていないにもかかわらず、単価が高いチケットとなりますが、やはりお金を出したい人が、買ってくれるのです。アイドルの追っかけとか、韓流スターの追っかけなどには、ものすごいお金の使い方をする方がいますが、それと近いものがあります。自分がはまってしまうと、躊躇なくお金を出します。必ず高いチケットを買い、必ず高いグッズを買い、必ず高いファンクラブに入るという、我々にとってたいへんありがたいロイヤルカスタマーです。それくらい、ハマる方はハマるのだと実感しています。

　地域密着活動も、当然やっていますし、スポンサーも100社以上獲得しています。チーム名は、あまり聞き慣れない言葉だと思いますので、ここで紹介させていただきます。「ブレックス」と言います。実はこれは造語で、元々はブレークスルーという言葉を、発音からもじって付けたチーム名です。ブレークスルーから、ブレックス（BREX）になったのです。最初の立ち上げ時に、僕も栃木に行って、先ほどお話ししたように、たいへんな環境で仕事をしていたのですが、周りから聞こえるのは、否定的な内容ばかりでした。「バスケでプロスポーツなんて、絶対無理に決まっている。」、「日本一などという目標、不可能に決まっている。」、「企業チームがたくさんあるのに、バスケなどに協賛するはずがない。」などと、バスケ関係者にも言われました。

　栃木県は、関東一都六県の中で、最後までJリーグのチームがなかった県です。茨城には、鹿島と水戸に二つのチームがあり、群馬には草津という温泉街のチームがあります。それで、栃木にもチームを立ち上げようとしていたのですが、全然できなかったのです。だから、ここはプロスポーツ不毛地帯と言われていました。僕は、そうい

うものに対して、「なにくそ根性」があるので、絶対に無理だと言われるなかで、ブレークスルーという言葉からチーム名を作っていったように、強い思いがありました。もう一つ、これはこじつけなのですが、REXはラテン語で王者という意味があります。昔、映画『ジュラシックパーク』で、T-REXという恐竜が出てきました。あれも、恐竜の王様という意味です。したがって、我々は、「BのREX、すなわちバスケットボールの王者を目指すチームなのだ」ということで、チーム名にそうした意味を込めました。これこそ、チームのDNAです。100年経ち僕が死んだ後でも、こうした精神を持つチームであり続けるようにと願っています。

　チームの実像を見ていただくには、試合の映像を観ていただくのが手っ取り早いと思います。最近は、成績が低迷しておりまして、優勝した後にあまり良い映像がないので、2年前に優勝したシーズンの映像をご覧いただきたいと思います。とちぎテレビという、地元局のニュース報道です。バスケットボールの日本リーグには、8チームあります（2010年当時）。そして上位4位以内に入ると、決勝トーナメントに出られます。その4チームで準決勝と決勝をやります。準決勝3試合のうち2試合勝つと決勝に進めます。決勝は、5試合のうち3試合勝てばよいということになります。最初の映像は準決勝で、1勝1敗でパナソニックさんというチームを迎え、宇都宮で行った試合です。前半で、19点差が出ていたのですが、最後に大逆転しました。その次に決勝に進み、今度はアイシンという、トヨタの関連子会社のチームで、まるでバスケ界の巨人軍みたいで、全員日本代表のようなチームです。過去何連覇もしています。そこに対しては、ぼろ負けするだろうと思っていたのです。しかし、いきなり2勝して、大手をかけました。そして3試合目で、すごいプレーが出てきます。なにより、まず観ていただければと思います。

（ビデオ上映）

　こんな感じです。先ほどのビデオ内におけるシーンは、ブザービーターと言われる、要するに、シュートした瞬間に、残り時間がまだゼロになっていなければ、ボールが宙に浮いている間にゼロになっても、その時の得点は認められるというルールです。そんなシーンですが、何と言ったらいいのでしょうか。バスケはなかなか人気がないとか、選手の名前など、おそらく皆さんは誰も知らないと思います。さらに、経営規模も3から5億くらいという、非常にスモールプロスポーツではあるのですけれども、こういうシーンは、かなり上出来で、何年に一回しかないものです。しかし、こういうコンテンツを作れる可能性を秘めているのです。しかし、いつも良いシーンばかり

ではなくて、むしろこの後、2シーズンくらい低迷しているので、良質なコンテンツではないという時もあります。しかし、そのなかでも、こういうものが生み出せる可能性があるのです。これが、スポーツエンタテインメントの可能性ではないかと思います。たしかに、派手な演出はないですし、体育館もNBAのアリーナように立派なものではありません。普通の市民体育館でしたが、そういう見掛けのものではなく、中身が大事だということを僕は言いたいのです。競技の魅力だとか面白さというのが、コアのバリューなのです。どうせやるなら、当然NBAみたいな演出のもと、アリーナでやった方が、もっと感動は増幅するだろうと思います。しかし、それは今後発展したなかで実現できればと思っており、まずは中身が大事です。(写真を見せて)これは、宇都宮市で優勝報告会をやった時の、中心部にある市民広場です。実は、宇都宮市も中心部が空洞化しています。ほとんど郊外のショッピングモールにお客さんを奪われ、商店街のシャッターが、全部閉まってしまいました。ここも、元々は大きいデパートがあったところですが、取り壊しになって、空き地になったのです。中心部に人が集まらない、とりわけ若い人が集まらないと言われているなかで、どこにこんな人がいたのだろうというくらいに人が集まりました。そして、新聞にも記事が出ました。このように、地元の中でも求心力を得るものになっていく、これがスポーツならではの価値ではないかと思います。

宇都宮市の中心部で行われた2009-2010シーズンのリンク栃木ブレックス優勝報告会の様子

2.13.19 業績とビジョン

業績について簡単に申し上げると、過去5期のなかで、変則決算のため一部赤字のように見えてしまいますが、売上高は順調に拡大させていただき、優勝をした年が一番伸びて、6億ぐらいになりました。ただし利益は、一部リーグに初めて上がった2

年目に、田臥選手への投資があったり、一部リーグにおける演出等のための興行原価が増加したりして、赤字になりました。最近、やっと回収しつつある、そんな状況です。僕自身経営者として思うことは、自分にとっての売上高の意味というのは、お客さんの共感の総量だと思います。要するに、売り上げというのは、商品に対する対価ですから、商品という自分たちの会社が世に問いたいものに対しての評価・共感であるはずです。「とても面白いね、バスケっていいね、BREXを応援するよ。」等の共感やうなずきの総量が、売上高だと思います。そして、収益については、売り上げと価値を生み出すためのコストの差分なわけですが、これは納税の原資です。したがって、営利企業として収益を上げないというのは、社会貢献していないに等しいと僕は思います。スポーツチームが、いくら社会貢献と言っても、納税しなければ意味がなく、やはり営利を出していくことが、大事だと思います。そして、やはり継続性が重要です。収益というものを蓄積していかなければ、継続性を担保できませんので、そういう意味では大切なものです。

スポーツエンタテインメントにおいて、元々の中心価値はチームです。ですから、強く愛され、モチベーションが保たれるチームというものを、ビジョンとして掲げています。しかし、勝っても負けても応援されるチーム、どんなに最下位になっても、何年か後には日本一を目指す、つまり争い事をしているわけですから、頂点を目指すということは、時間軸としてどれくらいかかるかわかりませんが、絶対に諦めてはいけない姿勢だと思います。しかし、やはりサービス業であり、勝つことも負けることもあるというリスクをヘッジするために、楽しめるという状況をつくらなければいけません。そして、地域の企業として、スポーツチームとして、地域貢献をしなければなりません。特に地域密着と言って恰好をつけるわけではなく、集客ビジネスですから、スーパーマーケットがビラを配らずに宣伝もしなければお客さんが来ないのと同じで、拠点を構えた半径何キロのなかで、しっかりプロモーションをしたり、マーケティングをしたりしていかないと、当然お客さんは集まりません。ですから、地域密着というのは、社会貢献という一面もありながら、自分たち自身のために、必死に動かないといけないのです。だからこそ、数にこだわって、我々はやっています。

2.13.20　観客を楽しませる工夫

実際には、エンタテインメントと言っても、本当に恥ずかしいのですが、お金がな

いので、お金はかけません。お金をかけずにエンタテインメントを行うには、参加してもらうのが一番良い方法です。試合会場に大きなスクリーンを置き、人を映すだけでも盛り上がります。応援でも、ある点にかなりこだわりました。よく日本のスポーツでありがちなのは、バレーボールなどを見ていると、主催者が応援グッズを配ります。例えば叩くスティックなどを配るケースが多く見られます。これは、日本人の心理として、そうしたものがないと応援できない、そういうものがあると盛り上がる、声は出せないから叩いた音で盛り上げようなどという魂胆があるわけです。しかし、僕は、それは違うだろうと思います。外国人は性格が他の人と違うから盛り上がるのではないかとよく言われますが、僕は日本人も同じ人間なのだからと考え、我々のチームは、応援グッズを一切配りませんでした。最初はファンの方に、「どうやって応援したらよいのかわからないから、グッズを配ってくれ。」と言われました。試合会場で、MCが煽って、声を出すように言ってほしいと頼まれたのですが、僕は、それはみなさんで考えてくださいと、ずっと言い続けてきました。そうすると、ファンの皆さん自身が、どういうふうに応援したらよいのだろう、どんなグッズを持ってこようかなどと徐々に考えるようになり、自分で作るようになったのです。僕はこれを見て、しめた、と思いました。要するに、我々のビジネスは、財布の中に争いがあるのです。映画よりも、うちの試合を観に来てください、パチンコなどに寄らずにこちらへ来てください、ゲームソフトを買うのなら、バスケはどうですか、と。競合は決してサッカーや野球だけではないのです。このように、2時間で2,000円を消費できるものがすべて競合になるわけですから、財布内の争いになるのです。

　もう一つは、時間やマインドシェアが大切です。我々からすると、四六時中うちのチームのことを考えてほしいわけです。しかし、現実に生活していれば、それは困難です。自分で応援を考えたり応援パネルを作るといった行為は、たぶん試合の前日に、2、3時間かけて写真を切り抜いたり、写真をプリントアウトしたり、パネルに貼り付けたり、「明日どういう選手を応援する？」というようなことを、家族や友達と会話しながら行っているわけです。これは、極めて大事だと思います。要するに、その人のチームに対する愛着のようなものを湧かせるには、いかに時間をシェアできるか、思いをシェアができるかが重要です。そうしたことに、2時間という試合の時間だけでなく、普段の時間をできるだけ長く費やしてもらえるように、どのように仕向けるかが、とても大事だと思います。そういう心理的な思いとか、生活のなかで、BREXのホームページを見てくれる時間がどれくらいあるのか、そういうことにこだわって

いきたいと思っています。

　地域密着も、特に目新しいことではありません。選手が、公開練習を栃木県内各地で行い、とにかく地元の方に参加していただきます。企業の社会貢献、CSR活動に協力をして、チャリティーオークション収益を日光の杉並木の保全に当てようとか、栃木県も被災地で、体育館がかなり被災したので復旧のための支援金を集めようとか、被災者の方にチャリティーを通じてお金を集めよう、などということを行い、チームを通じて、1,000万円以上の寄付を集めることができました。

2.13.21　スポンサー戦略

　あとは、広告媒体としての価値を重要視しています。人が注目する、人が集まるところに広告の価値が生まれます。わかりやすいのは選手です。いろいろなキャンペーンに、使われます。牛乳の宣伝のために、「牛乳を飲むと背が高くなります」などのキャンペーンにバスケの選手を使うのは、とてもわかりやすくもってこいです。選手と関連性をつけながら、なんとか大使などにもなります。例えば、背番号15番だから、いちご大使です。原発の風評被害が那須にもありましたので、田臥選手が那須の観光告知のポスターのモデルをやりました。こういうことは、我々にとっても良いので、ギブアンドテイクとして、非常にありがたいです。また、応援グッズをいくら配らないといっても、お金を貰えるなら、背に腹は代えられないので、こういうグッズ（選手カードなど）を作ったりします。選手カードは、チラシとは違い、子どもたちが大事にとっておきますから、当然のことながら、それは広告という意味も含めて大切です。さらに、何かを買ったらユニフォームやチケットが抽選で当たりますというような景品は、地域のスーパー限定で行うキャンペーンですが、売り上げがだいたい8倍から10倍になります。これは販促費として、たいへん費用対効果が良いことになります。そして、インターネット回線に加入したら、田臥選手のドリブル講座が見られますというような宣伝法もあります。以前から、宇都宮といえば餃子でしたが、残念ながら浜松に餃子日本一の座を奪われてしまったので、チームも日本一に返り咲くことを目指すので、一緒にキャンペーンしましょうなどということもやっています。あとは、集客のためのイベントで、選手のトークショーをすると、だいたい500人くらいは集まります。その他にも、いろいろコラボレーションがあるのですが、そうした場合、普通はロゴを使う権利料をとるのですが、最初のうちは無料で権利を貸し出す

こともあります。むしろ、どんどん使ってください、ということにして、こうしたものがかなり増えています。

今試合で主に使っている体育館は、古い体育館なのですが、「BREXアリーナ」としてチームの名前をつけてもらっています。普通は、ネーミングライツには、権利を使用する方（BREX側）がお金を出して買うものなのですが、逆に行政が名前をつけさせてくれと、依頼がきました。それは、もう願ってもない話です。最終的に、行政でも認めてくれたということだと思います。チーム名を体育館につけることで、住民の方のチームに対する求心力を得ることができるという判断だったのでしょう。他にも、地元企業とのタイアップはいろいろありますが、選手がラジオ番組で、MCをするなどしています。

2.13.22　売上構成

そんな中で、どのような売上構成になっているかというと、優勝した年のデータなので出来過ぎなのですが、6億の中でだいたい2億強がスポンサーやチケットで占められています。売り上げのおよそ半分くらいがBtoC（チケット、グッズ、スクールなど）領域です。BtoB（スポンサー、権利販売など）領域も半分くらいある構造です。ただ、優勝した時なので、チケットが多いのですが、直近であまり成績がよくなかった時では、やはりチケットが少し減っています。この辺の成績による収益変動がリスク要因なので、そこをヘッジするにはどうしたら良いかが課題です。そういう時は、当然スポンサーが頑張らなければいけないとか、営業努力によって補うということもあります。Jリーグでも言われるのですが、だいたい売り上げの4割くらいがチケットで賄えれば、プロスポーツの球団経営としては、健全だと言われています。

2.13.23　まとめ

以上が、本日のお話になります。今回、エンタテインメントという講義のなかで、スポーツを取り上げていただきました。私自身は、スポーツがエンタテインメント、すなわち「観る」スポーツとして、まだまだ日本で発展する余力があると思っています。「観る」スポーツそのものにきちんと価値を持たせて、媒体価値として、放映権だとかスポンサーとか、そういったものをどんどん増やしていかなくてはいけないの

です。したがって、メダルを取るためにスポーツに税金を使わせてくださいとか、企業が丸抱えで応援してください、というのは違うと思います。公共事業としてやるべきと考えられる、子どもたちのスポーツや、おじいさん、おばあさんの運動は別ですが、本来このような「観る」スポーツというものは、自分たちが稼がなければいけないし、稼げるはずなのです。ですから、強くなりたいとか、メダルを取りたければ、自分たちでまず稼げ、というのが僕の思うことです。とりわけ、バスケットボールについては、非常に小さい規模でできる、コンパクトなエンタテインメントコンテンツとして地域で発展する可能性が高く、栃木でもできるわけですから、日本のどこでも可能だと僕は思います。

　最後に、今申し上げたように、教育や企業のコストセンターとしてスポーツを発展させるのではなく、スポーツ自らがその価値を拡大再生産していき、自らプロフィットセンターになって、拡大再生産をしていくということが、非常に重要であると思います。

2.13.24　質疑応答

質問：ありがとうございました。私は田臥勇太選手と同じ中学校の卒業で、1歳下です。質問が二つあります。まず、リーグの紹介のところで、戦力均衡の話があったと思いますが、戦略均衡で実際にされていることがあれば、教えてください。そして二つ目は、先ほどの映像に映っている中で、若い女性が多い気がしたのですが、若い女性を集客するための取り組みとか、実際どれくらいの女性比率なのかを、教えていただきたいです。

山谷：まず、一つ目の戦力均衡なのですが、新しいリーグでやる取り組みとしては、まだできていないというのが現状で、一応セオリーとして、世界各国のリーグも含めてやり得ることは、まず一番はドラフトです。有能な選手が、ある監督やある先輩・後輩の繋がりだけで、特定のチームにいかないように、しっかりしたシステムが必要です。巨人軍は、実質上出来レースみたいなドラフトをやっていますが、そういうのは、本来は戦力均衡という観点から見ると、そぐわないわけです。一方、アメリカのドラフトがどういった状況かというと、ウェーバー方式という、その年の最下位チームから良い選手を一人ずつとっていくと

いう方式で、非常に理にかなっています。要するに、弱いチームから強い選手をとらせてあげましょう、というやり方です。もう一つは、今度始まる新しいリーグでも実施するのですが、サラリーキャップという考え方があります。要するに、選手の報酬総額のキャップ（上限）を決めてしまうという考え方です。これの非常に難しい部分は、選手からすると、自分たちの権利を剥奪されているという見方もできるわけです。選手たちは、お金を出したい人がいるのなら、いくらでも払ってくれればいいではないかと思うわけです。しかし、リーグ側からすると、戦力均衡の観点に立つなら、選手に使うお金は、できる限り平等にするというのが望ましいのです。これは本当に難しいです。某プロ野球の球団のように「うちは金があるのだから、好きにやらせろ」というようなチームもあります。ですから、アメリカにおいて、アメリカンフットボールは、比較的戦略格差ができやすいスポーツなので、サラリーキャップをかなり厳格に決めるやり方をとっています。しかし、アメリカでも、バスケットボールや野球などは、ラグジュアリータックス（贅沢税）といって、ある一定のキャップは設けるのですが、金持ち球団で、もしその金額を超えたら、その分を超えていないチームに支払わなければならないというルールをとっています。したがって、お金が潤沢にあるヤンキースみたいなチームは、贅沢税を払ってでも高額の選手を取り、その分、贅沢税相当額を他のチームに回すことができるのです。新しいリーグでは、報酬総額が、チーム全員で1.5億円です。バスケは、そんな現実なのです。おそらく、平均年俸は1,500万くらいだと思います。したがって、1人1,500万円だとすれば10人しかとれないのですが、とにかく1.5億のなかでやりましょうということです。このように、ドラフトとサラリーキャップが戦略均衡の有効な制度なのです。さらに、野球でも苦労していますが、例えば、トレードをどう制限するのか、フリーエージェントを制限するのかなどがあります。今回の新しいリーグでは、いろいろな企業の選手のとり方や、学校の繋がりとかがあり、理系採用と一緒で、ある大学のチームから社員としてとらなければいけないというような風習がまだ残っているので、ドラフトはもう少し時間をかけて導入しようと思っています。

　2つ目の質問ですが、女性のファンはたしかに多いです。その理由の一つは、若い女性というよりも、ターゲットにしているのは、お母さんの方です。子どもがバスケをやっているお母さん方が、子どもと一緒に試合を観に来て、子ど

も以上にはまってしまうというケースが多発しています。そこは、我々も意図的に狙っているところがあり、選手のサイン会とか、選手と触れ合う機会とかを用意します。そして、子どもたちのバスケットボール教室をやるのも、子どもたちのためだけではなく、実はお母さん受けをするように仕掛けていたりもするのです。僕の勝手な分析なのですが、バスケのファンになる方、特に女性の方は、韓流スターのファンとかなり重なっているのではないかと思います。バスケの選手は、室内でプレーするので、みんな色白です。しかし、スポーツをしているので、筋肉はあるのです。そして、顔が中性的な選手もいます。したがって、韓流スターと少し被るところがあり、韓流ファンの女性の方がいたら、バスケを観れば必ずはまると思います。そういうビジュアルなどを、恣意的に使いすぎると、タレント事務所みたいになってしまいますが、若い女性が多いイベントとか、お母さん方が来るイベントには、こういう選手をアサインしようと考えている部分はあります。女性は、最近しっかりお金を蓄えていらっしゃる方も多いですし、当然お子様が生まれれば、お子様に影響力のある存在にもなり得るので、重要なターゲットだと思っています。

質問：講義どうもありがとうございました。質問が、二つあります。JBLとbjリーグによる市場の食い合い、そのあたりを今後どうされるのかというところと、ファンとして、これはどっちが本当に強いのだろうという疑問があり、実にもったいないという気持ちがあります。もう一つは、先ほど、お母さんたちの世代という話がでましたが、将来、プロの選手として育ててもらう時に、やはりセカンドキャリアの問題が出てくると思います。Jリーグでは、セカンドキャリアサポートセンターというものがありますが、プロバスケットに行ったとしても、現役時代というのは限られています。その後のサポートの仕方というのは、プロバスケットの世界ではどんな現状で、今後どうするべきか、ということを教えていただきたいです。

山谷：最初のご質問、bjリーグとの問題なのですが、これは大局で見れば非常に無駄なことをやっているというのが実状だと思います。要するに、bjリーグというのは、先ほど申し上げたように、元々実業団チームのみだったバスケの日本リーグのなかで、やはりプロでやるべきということで、独立して作ったリー

グという位置付けです。決して、bj リーグに対して否定的な見方をするわけではないのですが、確かに地方にたくさんチームを設立しバスケの発展に寄与している部分はあるのですが、bj リーグが市場を拡大できているかというと、現実を見ると必ずしもそうでもない。先ほどサラリーキャップの話をしましたが、bj リーグでは、全選手で7,000万円程度なのです。この点に関して、背に腹は代えられないから7,000万で仕方がない、という見方もあれば、夢をもたせるためには選手への分配を増やすべきとも考えるべきなので、もっともっと市場を拡大して、サラリーキャップを上げたいわけです。そういう意味では、bj リーグが、現在身の丈でやることはわかりますが、やはり拡大して、パイの配分を選手やバスケ界に還元していく仕組みを作ってほしいと思います。常識的に見れば、また世間に混乱を招かないためには、一緒になった方がよい、というのが自分の考え方です。ただ、異なるサラリーキャップ金額がある故に、一緒になるためには対処しなければならないハードルがあることも事実です。現在、外国人選手の出場数が異なるので、チーム同士で試合をしたら勝ち負けはわかりませんが、そういうなかで、bj リーグさんに合わせてNBLがサラリーキャップを低くするという考え方もあり、逆にbj リーグさんが、市場を拡大してこちらに合わせていただくというところもあるので、いずれにせよ、どちらのやり方であっても、一緒にやり、共に市場を拡大していくという仕組みを早く作らなくてはいけないというところが率直な意見です。今回も統合することが目的で新しいリーグを作ったのですが、過去の信頼関係のなさ、不信感からbj リーグのチームが加わってくれないという実状があります。新しいリーグは、きちんとbj リーグさんにも入っていただけるように、やりやすいリーグを作っていくというメッセージを出していかなければいけないと思っています。

セカンドキャリアについてですが、Jリーグのような、セーフティネットを提供する組織は、特別に作っていません。少し乱暴な言い方をしてしまうと、本質的には市場が拡大すればセカンドキャリアにおいても受け皿は広がっていく、要するに野球みたいに解説者とか指導者とか、そういうような市場が広がっていけば、セカンドキャリアとしてバスケの仕事に就ける人も増えていくのではないかと思います。バスケの場合、他の競技と比べて関わっている人数が少ないので、その年に失職や、引退する選手は少ない傾向にあります。リンク栃木では、バスケットボールスクールの指導者が足りないくらいなので、そこで

雇ったりしています。実際は、教職の免許を持っていれば先生になるケースもありますし、トップリーグの選手になると、指導者としては引く手数多です。そういう意味では、市場を拡大すればもっと新たな進路がつくれると思います。非常に無責任な言い方かもしれませんが、市場拡大と各チームさんとの努力でまずは進めていただかなければいけないということになります。しかし、リーグ全体として見た時に、各チームに全て任せることはできないし、リーグ全体として何とかするべきということであれば、コストをかけて施策に取り組むという発想も、将来的には出てくると思います。

質問：どうも、ありがとうございます。SEAGULLSのファンで、先週の試合も観に行きました。基本的な質問なのですが、講義の中で、バスケットボールは魅力がある、だが日本では統治機能が機能不全になっている、という話だったと思いますが、そもそも協会に求められている役割としてはどういうものが必要で、どの部分が機能不全になっているのかを、教えていただければ嬉しいです。

山谷：協会は、どの競技にも必ずあるもので、基本的には協同組合です。元々協会がどういった経緯でできるかというと、バスケを始めようとしている人がいて、バスケのチームができたときに、まずはどうやって試合会場をとりましょうか、どうやってルールを統一しましょうか、どうやってリーグ戦を組みましょうか、ということを考える主体として、協会ができるのです。これはどの国でも、どの競技でも変わらないと思います。したがって、本来は競技者、集団競技であればチームの人たちに対して、バスケを行う環境を提供し、ルールや戦い方みたいなものを統一していく、要するに法律を作っていくような立法機関、国でいうと政府みたいな機関としての機能が、本来の役割だと思います。

その次に、競技を発展させたいと考えるなら、まずは競技者数の拡大が課題となるので、バスケをやりたいと思う人を増やしていくことが仕事です。協会でいうと、登録者を増やしていくことが、次の役割です。協会というものは、決して儲ける集団ではないのですから、登録料をもらって、バスケの発展やバスケの環境整備に使うお金を集めています。今のバスケットボール協会の、だいたいの予算規模は、10数億円くらいだと思います。概ね登録費から集まってくるお金です。

今申し上げたように、一つ目は選手や各チームの調整機能、次に普及拡大機能、さらにもう一つは、競技の強化機能になります。要するに、オリンピックに出ようとか、日本代表を強くしようとかいうことになるのですが、結果だけ見れば、日本の男子チームは、過去40年オリンピックに出ていないので、そこはうまくいっていないというのが実状だと思います。さらに言うと、強化機能というのは、代表を誰にするか、その代表選手たちをどうやって鍛えるかというようなことだけではなく、将来代表となる予備軍をどう育てていくのかが重要です。代表というのは、非日常の活動で、日常とはリーグです。そのリーグのなかで、どれだけレベルの高い戦いをするか、その選手が成長できる環境をどのように整えるかも大切です。日本においては、リーグという機能が、選手を強化したり、育てたりできていないところがあるので、この強化という部分が、僕が言いたい問題点です。強化については、当然強くなり優秀な選手が育ってくれさえすれば、今日の話の主題でもある「観る」スポーツとしての価値も自然についてきます。今はそれがないので、協会もスポンサーをなかなかとれないことになります。サッカーで言うと、スポンサーとしてキリンが入っていますが、バスケは日本代表には大きなスポンサーは入っていません。すなわち、まだ価値も生まれていない状況なのです。価値が生まれていないということは、協会の予算も増えないわけですから、選手の強化とか普及にもお金が使えないということです。したがって、今は主に各チームや選手の調整機能、ルールを作る機能として働いています。このように、調整機能、普及機能、強化機能、この三つが協会の役割です。そのなかで、リーグというのは、主に強化を担う場所であり、バスケを「観る」コンテンツとして、きちんと対価を獲得してバスケを成長させ、強化のための資金源になる必要があると思っています。

質問：僕はサッカー好きなので、日本代表の試合は観ますけれど、大阪出身にもかかわらず、ガンバ大阪の試合はあまり観ていません。日本代表だと、日本人の代表ということで、勧誘がしやすいのですが、そういう意味合いで、地域のお客さんに観て参加してもらうために、何か工夫しているのでしょうか。関係をつくるという点について、考えていることがあれば教えていただきたいです。

山谷：観に行くきっかけに、正解はないと思います。結局は、人間の価値観の問題で

す。テレビで観たことがあるから、イケメンだから、有名になったから、近くにあるからとか、いろいろなきっかけで観に行くようになるのだと思います。むしろバスケをやっていた人ほど、バスケを観に行かないなどということがあるわけです。聞いて見たら、「俺よりバスケがうまい奴を見たくない」などと、ひねくれている人もいたりします。サッカーをやっている人でも、Ｊリーグを観に行っていなかったりします。競技者であることが、必ずしも観に行くきっかけにはならず、本当にそれに関しては、正解がありません。唯一言えることは、アクセスポイントを増やすことです。栃木のチームは、ナショナルメディアには出ないわけですから、やはり地域のなかで「今日お祭りで団扇をもらった選手を応援したい」と思ってもらえる瞬間とか、「うちの会社にイベントで来てくれたから応援しよう」とか、バスケは興味ないけれど「チアが可愛いから観に行こう」とか、そういう動機も含めて、とにかく最初のきっかけを、どのように掴ませるかというのは、いろいろな手を打ち続けるしかありません。メディアに出たり、テレビに出たり、メジャーな番組に出たりすることが一番わかりやすいのですが、そこに呼ばれることがなかなかないわけですから、そうなるまでがなかなか難しいのです。とにかくアクセスポイントを増やして、観に行ってもらえるきっかけとなり得ることをやり続けることが一つです。それと、観に来てもらった人に対しては、「最初はチアを見に来たけれども、あの選手恰好いいなとか、あの選手のシュートすごいなとか、バスケってこんな面白いものか」というような、大前提となる本質的価値のところで、面白いと感じてもらえるようにしなければなりません。ただ、百発百中は無理ですから、100人に声をかけても、コアなファンになる人など、確率としては、5人くらいしかいません。したがって、とにかくいろいろな人に様々なジャブを打ち続けて、最初は割引でもよいかもしれませんし、チアでもイケメンでも構いません。とにかく観に来てもらい、そのなかでその人たちがコアなファンになっていく階段をどう上ってもらえるか、ということだと思います。そのために、いろいろ細かいこともやりますけれども、まずはとにかく様々な接点で観てもらいます。栃木は、メディアが東京と一緒です。全国放送ではなかなか地元のニュースはやりません。普通の場合なら、地方都市に行くと、地元新聞のシェアが8割くらいです。しかし、栃木の新聞は、シェア4割程度です。したがって、地元の情報が、地元の人たちになかなか到達しません。新聞で見たとか、テレビで見

たから、試合を観に来るというきっかけを掴みにくいので、とにかく地上戦にかけています。地上戦のなかで一番うまくいくのは、やはり選手との接点を増やすとか、選手を応援したくなるような雰囲気をつくっていくことです。地元の選手は近くに住んでいるとか、体が本当に大きいとか、アイコンとしてわかりやすいので、そういうところに留意してやってきました。

質問：ファンとして、YouTubeやニコニコ動画であまりアップされていないことが、すごい寂しく思います。サッカーでは、試合の動画がけっこうアップされており、やはりストーリーが見えるというか、成長しているということがよくわかります。バスケでは、そういうきっかけが少ないので、なんとかしてほしいと思います。

山谷：先ほどお話ししたことと同じで、最初のきっかけを掴みにくいというのは、やはり問題です。ソーシャルメディアが発達し、今後は動画や映像も比較的デリバリーしやすいインフラが整っているなかで、当然使うべきだと思います。ただ、バスケの場合悲しいことですが、マンパワーが足りないということがあります。Ｊリーグでは、ある業者がお金を投資してでも、そういうことをしたい、というほどまで、市場が拡大しているのに比べ、バスケでそんなことをやりたい業者があるかというとあまりありません。言い訳的な話になりますが、現実はそこにマンパワーをかけていないので、おそらく今質問された方の目の前には表出されていないという感覚になるのだと思います。しかし、素人でも映像編集ができる時代ですから、できることはたくさんあります。それは、球団の努力と、リーグとしてどうしていくかが関連します。ただし、試合のテレビ中継は、諸刃の剣になります。これをやってしまうと、お客さんが減ったりするのです。ですから、テレビの生中継をやりましょうと言われても、こちらからは断っています。生中継をやると、お客さんが減るのです。つまり、チケットを買う人が減ってしまいます。したがって、試合が終わった日の夜に録画放送を行うのが一番良いのです。試合を見終わった人が、家に帰ってもう一回観られるくらいの時間、しかも土曜日ならば翌日の試合のPRになるくらいの時間帯が良いのです。つまり、本来はスタジアムやアリーナが満員になり、観たい人が観られないから、生中継をやるべきなのです。アメリカのNFL（アメフッ

ト）が、何をしているかというと、次の試合のゲームのチケットが、前日までに7割売れていなかったら、テレビ中継を取り止めるというルールがあります。アメリカでも、スポーツの媒体価値として、観客動員が第一なのです。放映権料はもらえるかもしれないけれど、そのためにお客さんが減ってしまい、ガラガラのスタンドを、生中継で見せることほど恥ずかしいことはないと考えているわけです。しかし、映像をうまく使いこなすなら、例えば選手のドキュメンタリーとか、プロフィールとか、PR映像をもっと流せば、きっかけがさらに掴めるようになると思います。こうした努力を継続していくことが、非常に大事だと認識しています。

2.14 日本庭園芸術論

講義 14　中田勝康

2.14.1　はじめに

　私は日本庭園を専門に学んだのではなく趣味として関わってきました。今回ここでお話しすることになりましたが、大学院での授業ですから、庭園のガイド書的な説明ではなく、本質的な問題を提起したいと思います。

　その第一は、日本庭園を俯瞰的に把握することが必要かと思います。日本庭園では、日本古来の素朴なものに外来思想が逐次入ってくるのですが、その影響を受け多様化いたします。多様化は外来思想の影響のみならず、社会の変動や、天才的な作庭家の出現によっても新しいタイプの日本庭園が出現いたします。本授業では、日本庭園を五つの系譜に分けて考えたいと思います。

　二番目の内容は、芸術性の高い作品になるために、日本庭園はどのような脱皮が必要であったのかを、歴史的な経過でお話ししたいと思います。そこには、「芸術性の高い庭園は、高度に抽象化されている。」との見解があります。この考え方は、世界的見地で見ても、すべての芸術分野に共通する基本的概念かと思います。昨今の世界遺産の選定基準でも、「人類の普遍的な価値基準にかなうこと」が求められています。

2.14.2　日本庭園の特徴

2.14.2.1　日本庭園の表現方法

　日本庭園は、世界的に見ても、珍しいタイプの表現方法をとります。日本庭園の素材は自然物であり、しかもそこから出来上がった造形も、自然を写しています。しかし、単に自然の造景を写しただけでは箱庭的な自然物のコピーであり、芸術とは言い難いことになります。そこで、日本庭園の造景では、自然の中に存在するポイントとなる要素を、抽象化する必要があります。自然を写しながらも、抽象化された自然でなければなりません。このような創作分野は、日本特有の自然に対する畏敬の念に由来していると思われますが、世界的な基準に照らして芸術と言えるためには、高度に抽象化される必要があると考えられます。

2.14.2.2 庭園芸術

庭園芸術の評価が難しい理由の一つは、素材が自然にある石、草木、砂、水であり、しかも、それらを使って造形された作品も、やはり何らかの意味で自然の風景であるという点にあります。多少下手な造形であっても、山や川があり、自然らしく造られていれば、ある程度の満足を得ることができるでしょう。いわゆる自然の縮小コピーです。しかし、自然らしさを楽しむのであれば、自然そのものを楽しめばよいのであり、自然そのものに勝るものはありません。庭園が芸術であるためには、自然の素材を使いながらも、自然を超えた形を創造すること、言い換えるならば、あるがままの自然ではなく、人が感じた自然、単なる自然を抜け出した、自然を超えたものを創造することが必要です。

庭園と類似の芸術として、「いけばな」を考えれば、もっと明瞭になります。素材は草木であって、神の作った自然そのものです。この自然の素材で自然を超えた形を創作することは、一見簡単なようで非常に難しいことです。もちろん、無造作に花を活けても、それなりに美しい情景を得ることができるかもしれません。しかし「いけばな」が単なる自然ではなく、芸術であると考えられているとすれば、そこでは、花が作者によって自然から切り離され、改めて作者が作り上げた独自の自然が再構築されていなければなりません。言い換えるなら、「自然を一度解体して、作者による新しい造景を再構築」することです。造園や「いけばな」のように、造形物が自然に近い分野の創作活動は、素材は自然であっても、造形は自然を超えたものにする必要があります。出来上がった造形物に感動を覚える理由は、生の自然の美しさにあるのではなく、その造形物に創造性があるからです。

2.14.3 日本庭園の全体像

日本庭園を論ずる場合、個々の庭園を解釈するのではなく、まずその発生から考察し、外来思想の影響を受けながら多様化した全体像について考えたいと思います。これらの流れを、以下のような五つの系譜に大別して、俯瞰的に把握することにより説明します。五つの系譜ごとに具体的な庭園例を以下に示します。

① **神仙蓬莱庭園の系譜**

道教の影響下に形成された神話で、不老不死、亀島、鶴島を特徴とします。庭園に

反映されたのは、秦の始皇帝や漢の武帝時代の思想です。日本では飛鳥時代に始まるのですが、不老不死への願いと、縁起が良いとのことで、現代まで続いているテーマです。

② 広大な池泉庭園の系譜

広大な敷地の池泉庭園ですが、各時代の風俗や宗教の影響を受け、時代ごとに主体となる造形が変化します。その原点は、奈良時代の極楽浄土の庭に始まり、平安時代になると寝殿造りの庭になり、江戸時代には宮廷の庭や大名の庭になり、大正時代には自然主義風景の庭に変化します。

③ 抽象枯山水庭園の系譜

平庭式抽象枯山水庭園で、白砂に石を散在させる龍安寺様式の庭園です。このタイプの庭も細かく見ると、時代とともに変化します。即ち、禅宗がもたらした鎌倉時代から龍安寺に至る庭、次には江戸時代までの庭、現代における重森の庭に区分できると考えられます。このタイプの庭は、見るものに深く考えさせ、静謐な雰囲気を持たせます。これは、日本庭園が辿ってきた道の、頂点に立つ庭であると思います。

④ 石組み構成美庭園の系譜

自然石の組み合わせにより、雄渾な空間構成を形成する庭園です。自然石を組み合わせて新たな造形美を見出す手法は、日本庭園の醍醐味です。石組みを楽しむ庭は、飛鳥時代からあるのですが、植栽を伴わなくて純粋に石の造形を楽しむのですから、水墨画の精神に通じていると思います。戦国時代になりますと各領地の守護地頭が京都の庭を参考として、独自の石組みを楽しむ風潮が始まります。彼らの庭はタブーから解放されています。

⑤ 幾何学模様・グラフィックな造形庭園の系譜

小堀遠州の金地院や旧仙洞御所に端を発した幾何学模様の庭は、一時衰退しますが、昭和時代になって、重森三玲がこの種の庭園を多く造りました。小堀遠州の庭も江戸時代では受け入れ難かったのですが、重森の個性的な庭においても「賛否両論」に評価が分かれます。しかし、日本庭園としての歴史が浅いにもかかわらず、欧米では比較的好意的に評価されています。その理由は、「造形」という人類の普遍的な価値に適うからではないでしょうか。本項で説明した庭園の事例が、2.14.5で具体的に示されています。

日本庭園の系譜図一覧表（系譜の歴史的経過と生成過程を表化）

時代	①神仙蓬莱系譜	②池泉庭の系譜	③抽象枯山水系譜	④石組構成美系譜	⑤幾何学模様系譜	外来思想
		日本古来の石造造形				
縄文・弥生・古		盤座	水辺祭祀	古墳			
		松尾大社	城之越遺跡	巣山古墳			
飛鳥		飛鳥京跡					神仙蓬莱
奈良・平安・鎌倉	①神仙蓬莱庭園の系譜	②広大な池泉庭園の系譜	③抽象枯山水庭園の系譜			極楽浄土
		東院	蘭渓道隆			禅宗思
		毛越寺	龍門寺			
			夢窓疎石			
		永保寺	永保寺			
		西芳寺	西芳寺			
		天龍寺	天龍寺			
		金閣寺	金閣寺			
		銀閣寺	銀閣寺	④石組み構成美		
室町時代			雪舟等楊	京極庭園		
			常栄寺	朝倉遺跡		
			龍源院	旧秀隣寺		
桃山			子建西堂	北畠神社		
			龍安寺	西本願寺		
	小 堀 遠 州					
江戸		②広大な池泉庭園の系譜	③抽象枯山水庭園の系譜	庭園の系譜	⑤幾何学模様	
	金地院	桂離宮	大徳寺	二条城	金地院	
		仙洞御所	玉淵	上田宗箇	桂離宮	
	小石川後楽園	小石川後楽園	円通寺	玄宮園	大通寺	
		岡山後楽園	福田寺	楽々園	阿波国分寺	
	六義園	六義園	東海庵	青岸寺	神宮寺	ヨーロッパ公園思想
明治〜平成		小川治兵衛		重森三玲		ヨーロッパ抽象主義
	飯田十基	無鄰庵	東福寺	小河家	東福寺	
		平安神宮	岸和田城	瑞峯院	友琳会館	
			興禅寺	豊国神社	グラフィック	石像寺
			松尾大社	織田家		福地院

第2章 講義録　247

2.14.4　庭園における抽象度と芸術性

　日本庭園の造形は具象的造形から象徴的造形を経由し、次第に抽象化した造形に推移しました。庭園の芸術性を考える際には、造形の抽象化度を判定基準として考慮したいと考えます。ここでは以下の3段階に大別し、さらに各項目を、①②に細分化しました。以下にその全体像を示します。

2.14.4.1　具象的造形

　自然の風景を直接取り入れた造形です。写実主義で日本庭園ではほとんど存在しません。
① 自然の中にある庵・東屋の風景（自然そのものを眺める田園風景）
② 箱庭的に自然を模倣した造形（自然の要素を取捨選択せずに、各種取り込んだ造形）

2.14.4.2　象徴的造形

① 自然の風景をデフォルメ（やや抽象化）した造形

　古来より自然の風景を造形化する試みがなされてきました（洲浜・遣水・荒磯）。その際、塀で囲まれた一定の面積に自然を取り込むためには、特定の印象深い対象を抽象化する必要があります。人工の造形ですから、自然界のすべてを取り込むことは無意味なのです。特に洲浜を造形すると、景観に奥行きを与えると共に、極楽浄土の象徴とも見なされたため、池泉庭園には必ずと言っていいくらいに取り入れられました。

② 神話・仏典・禅語録などの物語を視覚化した造形

　中国では既に秦・漢の時代から、神仙蓬莱の世界をこの世に再現しました。日本でも神話の世界や、仏説など、目に見えない架空の世界の物語を理解しやすくするために、象徴的な造形に視覚化したのです。例えば九山八海、龍門瀑、碧巌録、須弥山、蓬莱山などです。

2.14.4.3　抽象的造形

　抽象的造形とは具象的・象徴的な造形ではなく、自然界や神話などを想起させない、抽象度の高い造形を意味します。

① 人工的造形（重森三玲の例）

自然の野山や物語を高度に抽象化し、自然には存在しない直線や曲線の形や色を用いて造形した庭です。いわば、グラフィックデザイナーとしての重森の造形は、比較的小面積の庭を、変化のある興味深い庭にしています。

a. 洲浜の造形化：重森は終生洲浜の造形化に努めました。それは、昭和13年に毛越寺の洲浜に触発されたことから始まります。

b. 網干模様の造形化：網干の造形は、古からあるデザインですが、庭園の造形として大胆に採用しました。

c. 直線による造形：庭園に直線の造形が用いられたことは、ほとんどないと思われます。おそらく、寛げる庭にはならないからと考えられます。

② 高度な抽象造形の庭：龍安寺の世界

具体的な自然物や象徴ではない、全くの人工的な造形構成美の庭
・古典庭園
・重森三玲の庭

本項で示された庭園の事例が、2.14.6で具体的に提示されています。

抽象化度と造形の完成度に関する概念図

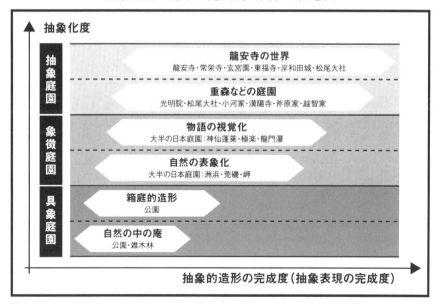

2.14.5 各系譜の代表的庭園

①神仙蓬莱庭園の系譜	②広大な池泉庭園の系譜	③抽象枯山水庭園の系譜

飛鳥京跡苑池（明日香）	極楽浄土の庭：毛越寺	禅宗の舶来：常栄寺
④石組み構成美庭園の系譜	⑤幾何学模様・グラフィックな造形庭園の系譜	

石組み構成美の庭：阿波国分寺	小堀遠州：金地院	重森三玲：旧友琳会館

2.14.6 様々な抽象度を持つ庭園の事例

2.14.6.1 象徴的造形（日本庭園の大半はこの部類に属する。）

①自然の風景をデフォルメした造形　　②禅語録などの物語を視覚化した造形

遣水：毛越寺

龍門瀑：西芳寺

2.14.6.2 抽象的造形

①人工的造形（重森三玲の例）

a. 洲浜の造形化
斧原家（西宮市）

b. 網干模様の造形化
小河家（益田市）

c. 直線による造形
漢陽寺（周南市）

②高度な抽象造形の庭（古典庭園）

常栄寺（山口市雪舟寺）：室町時代中期

保国神社（西条市）：室町時代中期

龍安寺（京都府）：室町時代末期

③ 高度な抽象造形の庭（重森三玲の例）

東福寺（京都市）：昭和14年（43歳）

岸和田城（岸和田市）：昭和28年（57歳）

興禅寺（木曽福島町）：昭和38年（67歳）

松尾大社（京都市）：昭和50年（79歳）

2.14.7　質疑応答

学生：ディズニーランドが好きなのですが、あれを一つの宗教と考えたら、コンクリートなどで作りこんだものだと思います。ダイレクトに、理想の世界を実現しようとしている取り組みなのだと思います。重森さんの作品が芸術なのは、抽象化したからだと思いますが、寝殿造りなどは、実際性を重んじたものではありませんか。

中田：自然を活かして抽象化しているだけであり、程度の問題はありますが、抽象化した部分はあります。古いから抽象度が低い、ということはありません。

湯山：西洋の庭園は芸術と呼ばれているのでしょうか。

中田：そうした議論に熱心な方がおられます。私からは云い難く、直接の話はできませんが、ウィーンのシェーンブルン宮殿の庭を修復した作庭家がおられて、話を聞きました。修復している時に、オーストリアの哲学者が来て、以下のよう

な質問をしました。「日本庭園はなぜ花がないのに綺麗なのか、なぜ水がないのに綺麗なのか、なぜ非対称なのに綺麗なのか。」でした。西洋人の庭に対する考え方と、我々日本人の考え方の相違を言い当てた非常に良い質問です。それぞれ返答したら、納得して帰ったそうです。

学生：中田先生の造園を、ビジネスと重ねると、建築と一体化するように見えるのですが、違和感はありますか。

中田：乖離しているのは、日本の建築の貧弱さにあるのは仕方がありません。家との関係で決まる、というのはその通りです。
　　　日本庭園のすべてのことが、Webや本にのっています。重森さんのこともそこにすべて書いてあります。残存する113庭で、古典庭園をどのように活かしているかは、造園家でなくても普通の人にもすぐ分かります。重森さんは雄弁家です。彼の作品と彼の文章を比べると、庭園を理解しやすくなります。

学生：平安時代や昔の庭は、貴族のための庭であり、現在ある庭も、お金を払って見るための庭です。これを、ビジネスの要素として見ると、どういう位置づけになっていくのでしょうか。有償なのか、それとも無償なのでしょうか。

中田：システムの話で、学校のカリキュラムに入れたり、地方でもオーダーを出したりするようになれば、特別の企業が特別のオーダーで造る例がありました。だからと言って、ゼネコンがそれをやるかという話にはなっていません。しかし、そういう要素がないと広まらないと思います。
　　　日本では、明治維新で、海外風の庭園が増えました。「団地の中に重森さんの公園があり、それは公的なお金で造られた。」というようにしていかなければ、ビジネスとしては成り立たないだろうと思います。特別な嗜好を持つ人が造る、というのではおそらく難しいでしょう。

湯山：私は、ビジネスにもなり得ると思っています。海外で、結構日本庭園に対して人気が出ているのではないでしょうか。

中田：ユダヤ系大財閥のロスチャイルド家に、世界の庭を全部持っている人がいます。彼は、日本の石庭を造りました。日本で帝に会って石庭を造ったと言っているのです。まずは現状を見なおして、日本庭園の足腰を鍛え、世界に出て行く必要があると思います。

第3章

エンタテインメントと社会

湯山茂徳

3.1 エンタテインメント ビジネス

エンタテインメント ビジネスとは、もし何らかの不安や不幸を感じている人がいたら、エンタテインメントを提供して、その人を幸福に導くビジネスと考えられる。また、少しだけ幸福に思っている人がいたら、もっと幸福感を与えてくれるビジネスでもある。すなわち、簡単に言えば、人々を幸福にするための、エンタテインメントコンテンツを提供するビジネスと言うことができる。

観客が鑑賞するに足るエンタテインメントを提供するには、それを創造することができる専門家(プロフェッショナル)が必要である。そして、プロフェッショナルには、

① エンタテインメントに必要な、新たな価値を創造する独創性
② エンタテインメントを創造する技術力
③ 過去、現在を網羅して付加価値を創成すると同時に、未来への夢を先取りし、継承・継続できる能力
④ 他者に対する働きかけ、動機付けの能力
⑤ 負のエンタテインメントを、正のエンタテインメントに転換することができるリーダーシップやカリスマ性
⑥ コミュニケーション力（発信し、また受信する能力）

などが必要となる。

エンタテインメントには、娯楽的要素が多く含まれることから、その成否や良否の評価には、時代的背景や、個人、あるいは社会の嗜好性が強く反映される。また、エンタテインメントは、人間のみが持つ、働きかけと受け入れ、そして共有・同調の連鎖から成る独特のコミュニケーションの方法である。したがって、プロフェッショナルは、当然のことながら、人を引き付ける魅力（エンタテインメント力）や、社会の嗜好、時代が求める背景を自ら評価できる能力を持たなければならない。

現在我々が住む世界において、エンタテインメント ビジネスは、下記のように区分けされる。

① プロフェッショナルが、創作・創造した作品の対価として金銭を顧客から直接受け取るビジネス：特別な才能を持った個人、あるいはそうした個人を支援するグループによって行われる、例えば、音楽家、画家、彫刻家、陶芸家、舞踊家、俳優、文芸作家、デザイナー、料理人などの個人事業、もしくは音楽制作、映画制作、舞台制作などの制作ビジネス

② プロフェショナルと顧客のインターフェースとして機能し、プロフェッショナルが創作・創造した作品や、それに関連して販売される商品を顧客に提供するビジネス：プロダクションビジネス、作品配給ビジネス、ショービジネス、高級料亭・レストランビジネス
③ スポーツビジネス：プロフェッショナルが行うスポーツを観戦する機会、およびアマチュアがスポーツを行う機会やそれに付随して販売される商品を提供するビジネス
④ アマチュア愛好家が、対象となるエンタテインメントに、主体的に参加できる機会を与え、同時にそれに付随する商品を提供して金銭を受け取るビジネス：音楽教室、絵画教室、陶芸教室、ダンス教室、演劇教室、華道教室、茶道教室、俳句教室、書道教室、料理教室、将棋教室、囲碁教室、手芸教室、スポーツ教室など、各種教室ビジネス
⑤ 必需品以上の付加価値を創成・創作・創造し、その対価として金銭を受け取るビジネス：ブランドビジネス、高級車ビジネスなど
⑥ 普通にはない、趣向を凝らしたエンタテインメントの機会を顧客に提供するビジネス：旅行、テーマパークなどのビジネス（観光ビジネス）
⑦ サイバー空間におけるインターネットやSNSなどの新しいコミュニケーション手段を用いて、個人、および多くの人が交流できる環境を整え、感動や価値観を共有するサイバーエンタテインメントを提供するビジネス：Facebook、YouTube、SNSゲームなどの各種交流サイトビジネス、初音ミクなどのバーチャルアイドルビジネス

このように、エンタテインメントビジネスは、サービス業の中で既に主要な一角を占め、さらにその重要性が増しつつある。他方、現代のビジネス環境において、エンタテインメント分野以外のビジネスであっても、エンタテインメントの本質を理解しなければ、成功しない場合の多いことが明らかになりつつある。

例えば、かつて世界最強を誇った電子工業品の分野において、世界市場における日本企業の退潮が著しい。主な失敗原因の一つとして、技術をあまりに重要視し過ぎることにより、自己のエンタテインメント感を満足させるだけの自己満足に陥り、顧客の求めるエンタテインメント性を、無視したことが指摘されている。すなわち顧客が求めているものが、触れて心地好いという感性や、使いやすさや見た目の良さという感覚に基づく、エンタテインメント性（ワクワク感やゾクゾク感、そしてドキドキ感

など）であることを見逃してしまい、高度な技術さえあれば、顧客の満足感を高めることができると誤解してしまったことが主な失敗原因の一つであると考えられている。

現在、エンタテインメントに関連するビジネスは、従来からある垣根を越え、ますます広がりをみせようとしている。かつて、特権階級の所有物であったエンタテインメントの機会が、一般市民へ浸透する時に、大きなビジネスチャンスがあった。現在では、情報という誰もが比較的簡単に共有できるコンテンツに、どれだけ新しい価値を付加して魅力を高め、活用できるかが勝負の分かれ目となる。人々をワクワクさせ、面白いと思わせる新たな価値を提案できる能力こそ、エンタテインメント ビジネス成功の鍵である。このことを十分に理解し、全く新しいシステムを創成する時に、大きなビジネスチャンスが到来する。サイバー空間内で行われる、音楽・映像配信ビジネス、SNSゲーム、Facebook、YouTubeなどのサイバーエンタテインメントは、これに成功した代表例であろう。また、300年の長き伝統を持つにもかかわらず、限られた人たちのために存在してきた京都の舞妓システムを、サイバー空間の夢世界と、実空間の触れ合い（例えば握手会）をうまく組み合わせ、大衆化することで大成功へ導いたAKB48の物語は、未来のエンタテインメントのあり方を示す、新しいビジネスモデルを提示している。

3.2　エンタテインメントの特徴

エンタテインメントを考える際に、負のエンタテインメント（怒り、恐怖、心配、不安などの不快感）を無視することはできない。物理の法則は、人間が住む時間・空間において、過去には決して戻れないこと、また未来は不確定なものであり、正確に予測することは不可能で、せいぜい理論や経験に基づいて推測する以外に、未来を知る方法はないことを教えている。

人類は地球上に誕生して以来、常に飢餓や天災などの脅威、あるいは自らの社会が生み出す様々な問題に起因する、将来そして過去への不安や不満と隣り合わせに生きてきた。したがって、生存とは、人間の力ではどうすることもできない自然や、個人の力ではどうすることもできない社会制度の中で、明日をも知れない不安を常に抱えながら生き長らえ、暮らしていくことに他ならない。このように、人間を含めた生物にとって生存とは、日常的に起こる負のエンタテインメントの中で、様々な障害や競走を乗り越えて生き残ることを基本原則としている。それゆえ、人間はこうした負の

エンタテインメントに打ち勝ち、それを一時的にせよ忘れるための道具として、正のエンタテインメントを生み出し、発展させてきたと言えるのかもしれない。

　正と負のエンタテインメントは、互いに対極に位置するが、表裏一体のものでもある。普段は、無意識のうちに忘れようとしている負のエンタテインメントがあるからこそ、人間は正のエンタテインメントを創造し、評価し、味わい、楽しむことができると考えられる。人間が日頃考え、感じるエンタテインメントとは、無意識下で負のエンタテインメントを、正のエンタテインメントに転化する行為に他ならない。エンタテインメントのプロフェッショナルは、人々が持つ負のエンタテインメントを、正に転換できる特殊な能力を持つ人たちである。歴史が証明しているように、生きていくことの不安と自らが戦いながら、優れた作品を生み出し続けた芸術家は数多い。

3.3　エンタテインメントと芸術

　エンタテインメントには、変化する部分と変化しない部分がある。エンタテインメントには、必ず流行が存在し、時代と共に内容と対象が変化していく。一方、クラシック音楽や美術作品のように、何百年たったとしても、価値が変化せず、おそらく永遠に人間を感動させ続けるという、本質的に普遍的な側面も持っている。

　エンタテインメントには、いとも簡単に国境を越えてしまう力がある。例えば、ビートルズ、マイケル・ジャクソン、レディー・ガガ、ハリウッドの俳優たちなどのように、有名なエンタテイナーは、国境など全く存在しないかのように、世界的な名声を得てスーパースターになる。また、「イエスタデイ」や「北国の春」などの名曲と呼ばれる歌曲、『風と共に去りぬ』、『羅生門』などの映画作品は、言葉の壁や文化の壁を、容易に乗り越えて人々を感動させるほど大きな力を持つ。さらに、Cool Japan（アニメーション、ファッション、漫画、寿司……）や韓流、フランス料理、イタリア料理、日本料理、中華料理などの文化様式や伝統も、人間の感動を引き出し、共有するに足る価値を本質的に持つ限り、世界中で影響力を発揮して、人々の心に変化を生み出す力を秘めている。

　日本においては、これまでエンタテインメントと芸術を、意識的にせよ、あるいは無意識的にせよ、区別して扱ってきたように考えられる。エンタテインメントは一般的な娯楽に対応し、楽しむことが目的であるのに対し、芸術とは、「美に基本を置き、人間の文化的活動が創造した、最も秀逸かつ神聖な産物であり、社会的に大きな価値

を持つ高尚なものである。」というような感覚を持って使用されてきたように思われる。

「芸術」という言葉は、西洋語の「Art」に対応する訳語と考えられる。Artの語源は、ラテン語 art-, ars「わざ・(職人的な) 技術」にある。いま、Art 本来の意味、すなわち定義を明らかにすると、決して日本語で一般的に連想される芸術(文学、音楽、絵画、彫刻、陶芸、舞踊、演劇、建築など)と一致するわけではない。Art は、日本語で表す芸術以外に、技術や科学、武道、料理、裁縫など、人間が関与して人工的に創造したものすべてを包括した意味を持っている。

こうした事実を踏まえ、本書では、「エンタテインメント」と「芸術」に関して、以下の如く考えることにする。すなわち、芸術とは、「美に基本を置き、時代を超越した普遍性を持ち、新たに創造した物や価値を人々、そして社会に問いかけ、その厳しい評価に耐え、時代を超えて人間を感動させ、心に変化を起こさせる力を持つもの」であり、他方エンタテインメントは、「芸術的要素にその根幹を置き、芸術と共通の価値観や様態を多く共有するが、より娯楽性が高く、時代の背景や風潮に強く影響され、流行に左右されるもの」ということになる。

3.4　エンタテインメントが及ぼす影響

3.4.1　政治

古来より政治(祭り事)や宗教、そして祭り(神霊に奉仕して、霊を慰めたり祈ったりする儀式、またその時に行う行事)は、切っても切れない関係にある。祭りは、世界各地で多様な形式を示すが、いずれもその地方独自の風俗や習慣など、文化的背景に基づく信仰(宗教)に結びついていたと考えられる。

日本において、「まつり」という言葉は「祀る」の名詞形で、本来は神を祀ること、またはその儀式を指す。古代の日本では、祭祀を司る者と政治を司る者が一致した祭政一致の体制であったため、政治のことを政(祭り事)と呼ぶ。また、祭祀の際には、神霊に対して供物や行為など、様々なものがささげられ、儀式が行われる。その規模が大きく、地域を挙げて催されるような行事全体のことを、一般的に「祭り」と呼んでいる。しかし、宗教的関心への薄れなどから、祭祀に伴う賑やかな行事のみが注目されて「祭り」と認識される場合が増えている。今日では、祭祀と関係なく行われる華麗で娯楽的な催事、すなわちエンタテインメント イベントについても「祭り」と称されることが多い。

古代から現在に至るまで、祭祀と政治とが一元化、一体化した祭政一致の政治形態をとる国は、世界に数多くあった。古代ギリシャやローマでは、今日ならエンタテインメントと見なされる多くの行事が、政治的、宗教的儀式の一環として行われた。例えば、古代ギリシャ悲喜劇やオリンピックは、いずれも当時の重要な政治的、宗教的行事であった。

　ローマ帝国のユリウス・カエサル（ジュリアス・シーザー）は、本来宗教的行事として始まった闘技会を、政治的プロパガンダの場として活用した。何百人もの剣闘士を集めた大規模な闘技会を催し、さらに、ローマ近郊に池を造って軍船を浮かべ、模擬海戦を行わせ、人々にこの上ないエンタテインメントを提供することにより、大いに人気を博した。こうして、人々の歓心と関心を買うことにより、政治的立場を強固にすることができたため、以後の皇帝たちもこれに倣うこととなった。

　中世以降の日本においても、芸能などのエンタテインメントが、政治と結びついた例が見られる。例えば能楽（明治時代までは猿楽と呼ばれた）は、室町将軍らの手厚い保護を受け、大いに発展した。それに続く戦国時代においても、信長、秀吉らの援助を受け、さらに江戸時代に入ると家康から始まる代々将軍家から、特別の待遇を得て保護された。能楽の演じられる会場は、将軍を頂点として、親藩、譜代、外様など大名の格式や政治的状況などに応じて席順が決められ、統治における権威と序列を示す、極めて政治的な場であった。

　茶事は千利休と秀吉との関係でよく知られているように、初期のころから時の権力者と、深い関係にあった。重要な政治的話し合いの場が、私的空間を共有する茶席で提供され、亭主はそれを取り持つ手配者、あるいは助言者としての役割を果たした。今日においても、政治や経営などのマネジメントにおいて、予算措置や人事などの重要事項が、しばしばこうしたエンタテインメントの席や場で討議され、実質的に決定されることがある。これは、洋の東西を問わず、頻繁に起こる事実である。

　現在においても、政治実践の過程や政治的儀式とエンタテインメントの間には、強い関連性の認められる場合がある。現代の民主主義国家において、選挙は最も重要な政治的行事である。選挙には、できる限り多くの選挙権を持つ市民の参加が絶対的に必要であり、各候補者とその支持者は、選挙民の支持を集め投票を促すために、合法的な範囲の中で様々な選挙運動を行う。こうした活動は、「候補者の働きかけによる市民（有権者）とのコミュニケーション→共感（賛同）→共感の連鎖（支持の拡大）→投票（当選）」の過程で進められる。これは、「コミュニケーション（働

きかけ）→共感→共感の連鎖」で表される、エンタテインメントの本質と、全く同一の形態を示している。したがって、その特徴を見る限り、民主主義国における選挙過程そのものが、エンタテインメント イベントの一種と捉えても、大きな間違いではないと考えられる。

3.4.2　経済

近年、fMRI（機能的核磁気共鳴画像）装置を利用して脳の血流量変化を検出し、脳機能の画像処理を行うことにより、人間の経済活動における決断と、脳内活動との関連付けを分析する、神経経済学と呼ばれる分野が発展している。経済活動は、本来合理的なものであり、合理的な経済主体の最適化行動(期待)は、マクロ、ミクロを問わず現代経済学が仮定する基本要件とされる。しかし、現実問題として、例えば、当然崩壊することが予想されるバブル景気下における過剰投資、その逆に行き過ぎた投資の抑制など、合理的には説明不可能な行動が、実経済でしばしば見られる。このように、実際の経済活動を決定する基本的動機が、合理的な判断ではなく、情動や推測などエンタテインメントに関連する可能性のあることが指摘されている。

fMRIは、消費者の深層心理を探り、どのようにしたら人々から共感が得られ、消費行動を引き起こすことができるかを調査するマーケティング手法として、使われようとしている。すなわち、「気持ちいい」、「好き」、「嫌い」、「欲しい」というようなエンタテインメントの感情を、脳のどの部分が感じて行動に関与するかを、客観的データとして取り出すことにより、消費者が意識しない本音（深層心理）を浮き彫りにし、新製品の開発やデザインの決定に利用しようというわけである。この手法は、消費者が望む自動車の乗り心地の調査や、将来のヒット曲の予想などを目的として、マーケティングに取り入れられている。

3.4.3　外交

外交における様々な方面でも、エンタテインメントは重要な役割を果たしている。国と国との間で条約などが締結・発効されると、内外に内容を宣布して祝典を行う。また、国家間の友好な関係を示すために、国家元首やそれに準ずる者が互いに相手国を訪問して、友情を確認し合う。さらに、様々な贈り物をし、スポーツ交流を行うことなども、極めて有効な外交手段として用いられてきた。何年か前のピンポン

外交や、パンダ外交などは、その代表的なものとして、世界中の話題となった。

　国家にとって外交力とは、何を意味するのであろうか。一般的には、政治力、経済力、軍事力の結集であると考えられている。しかし、現代の世界において、これらに加えエンタテインメント力（ソフトパワー）が重要性を増していることを忘れてはならない。

　スイスは、ヨーロッパ中央付近の内陸に位置し、領土、人口とも大国とは言えない中小国の一つである。しかし、中立を守るために、国民皆兵制度に基づく極めて強力な軍事力を擁し、伝統に基づく高度な技術力、歴史に培われた信用による金融力、さらにスイスの知恵とも言えるソフトパワーを駆使して、国際的に高い地位を獲得している。

　例えば、スイス国内には、国際機関の本拠地が多数存在する。ジュネーブにあるWHOや国連ヨーロッパ本部が、その代表格である。スポーツ団体に限っても、50以上を数えている。中でも、FIFA（チューリッヒ）とIOC（ローザンヌ）が双璧であろう。こうした、突出したスポーツマネジメントに関する地位のお蔭で、スイスの国際社会における認知度や影響力は、格段に高められている。これには、永世中立国としての世界政治における独立性が優位に働いていると考えられる。しかし、それ以上に、法律や税制面での優遇措置があり、スポーツ団体にとって、運営しやすい環境が整えられていることが大きな理由であろう。

　さらに、世界の指導者が一堂に会する世界経済フォーラム（ダボス会議）や、ローザンヌ国際バレエコンクールも、毎年スイスで開催される。こうした対応には、ブランド時計ビジネスや、金融ビジネスにも通ずる、ソフトパワーに関するスイスの一貫した戦略が垣間見えている。ありとあらゆる方法で、世界とコミュニケーションを図ることにより自ら発信し続け、付加価値の創造を元手にブランド力を高め、他国の人々が求める様々なエンタテインメントを、常に先取りしながら提供できる環境と態勢を整えているのである。この背景には、歴史的、地理的な経験により、豊かさと平和を最大限享受できる中小国として生きていくために、何にもましてソフトパワーの重要性が、国民、そして政府によく理解されていることが挙げられよう。

　日本は、人口的にも経済的にも決して中小国とは言えず、また地理的にもスイスとは全く異なる環境に置かれている。したがって、スイスの経験をそのまま適用することはできない。しかし、少なくとも国民生活のさらなる向上のためには、国家戦略、外交戦略として様々なソフトパワーの充実を図り、エンタテインメントに重

きを置く高度文化国として、国際社会に占める地位と認知度を高めることにより、経済的、政治的機会を増やすことが、ますます重要になると考えられる。

3.4.4 教育

　人間は、教え、学ぶことが非常に好きである。既に赤ちゃんの時から、周囲の大人は共に遊びながらいろいろなことを赤ちゃんに教え、成長していく過程で、うまく社会生活ができるように育てようとする。また、赤ちゃんの方も、ありとあらゆる方法で親や、周りにいる人の注意を引き、学ぼうとする。

　やがて、子どもが社会に入り、学校に通うようになると、教育の場は学校が大きな比重を占めるようになる。学校教育における大きな問題は、生徒にとり教育内容の全てが、いつも正のエンタテインメントであるとは限らないという点である。しかし、教育を実践していくうえで、負のエンタテインメントを感じさせる場合があることは、避けて通れない。負のエンタテインメントは、正に転化できる可能性のあることが示されている。負の要素の中に如何に正の要素を見出し、正のエンタテインメントに転化させながら教育を実施していくかが重要であり、忍耐強く弛まない努力を継続していくしか、この問題を解決する方法はないように思われる。

　親が子どもの成長を感ずる時、そして先生が生徒の成長を知った時に得られる喜びはたいへんなものである。生徒の成長と成功を見て「先生冥利に尽きる。」という言葉が用いられる。これこそ教える側の最大のエンタテインメントを表している。

　学ぶことの喜びには、自分で自分を教育し、高みに導くという自己啓発作業も含まれる。自分が成長を続け、より多くの成果が目に見えるようになり、成果を確信できるようになることは、本人の脳内で自己報酬機能が作動し、大きなエンタテインメントになると考えらえる。

3.4.5 ビジネス

　一般の企業や個人に限らず、様々な意味で事業（ビジネス）を展開する国や都市にとっても、その活性化には、エンタテインメント力が大きく関わっている。すなわち、発信力の質と量、そして受信能力の感度とそれに対する応答が、個人、企業、都市、そして国の成長力や発展性を大きく左右する。まさに、各自が持つエンタテインメント力の大きさが事業の遂行能力に影響し、将来の行方を決定するのである。

　今後日本が、高品質の生活に裏打ちされた先進文化国として国際社会で発展して

いくためには、古より独自に持つ、様々なジャンルの技術や文化を深く掘り下げ、その価値について分析し、融合し、また再結合するなどして、新たな価値を創造し付加価値を高める以外に方法はないと考えられる。日本が先進工業国としてのみならず、先進文化国として高品質で豊かな生活を提供することにより、世界から尊敬と賞賛を受ける国となるためには、文化を尊び、付加価値創成と高度化を重要視する産業、すなわちエンタテインメント産業を、効率的に育成していくことが何にも増して必要と考えられる。

　21世紀の経営者に必要とされる要件の一つは、個人個人の能力を十分引き出すための動機を各人に与え、共に働くことの喜びを、行動するグループ全員が共有し、共感できる環境を提供できるマネジメント能力である。もう一つは、グローバル市場において、消費者の嗜好を十分に理解し、市場が求める価値を予め予測し、それを最高のタイミングで供給するという戦略的な決断ができる判断力である。いずれもが、「エンタテインメント」に直接的、あるいは間接的に強く関連するものであり、その本質を理解しない限り、21世紀型のグローバルビジネスを遂行していくことは不可能と考えられる。

3.4.6　マネジメント

　人間にとって、最大のエンタテインメントの一つに、「権力を持ち、それを行使すること」が入るのを、忘れてはならない。ここで言う権力とは、属する組織における、人事権、予算権、そして運営（経営）全体に関する決定権のことである。こうした権力を使うことができるのは、それを任された一握りの指導者に限られる。個人の場合なら、そうした権利を自分自身のために使用できる立場にある人（例えば自由業や自営業）、企業のような法人の場合なら経営者、政府の場合なら選挙によって選ばれた政治家、および政府などの公的部門に勤務し、権力の行使を負託された一部の公務員ということになるであろう。

　権力を持ち、それを行使できる力を有することは、それが使用できる人間にとって、この上ないエンタテインメントである。一度そうした立場に立った者にとって、その力を失うことの辛さや恐ろしさ、そして残念さは、説明できないほどであろう。もちろんこうした権力には、正ばかりか、負のエンタテインメントが必ず付随するので、そこで味わう辛さや苦しさもひとしおである。そうであっても、一度経営者や政治家になって大きな権力を持った者が、その地位を容易に諦め、進んでそれを

譲り渡すという話を聞くことはほとんどない。経営的見識を既に失っているのが誰の目にも明らかであるにもかかわらず、経営の第一線から退かず、老害を与え続ける経営者の話や、賞味期限が切れ、退かなければならない時期をとうに過ぎているにもかかわらず、その地位にしがみついて政治を停滞させる首相の逸話などに事欠かない。

3.5　未来のあり方

著者は、アメリカに本社を置く多国籍企業の経営者（CEO）をよく知っている。同社は、1978年に設立されたベンチャー型の企業で、およそ30年後の2009年に、ニューヨーク証券取引所に上場し、本来の企業設立の目的を果たすことができた。国際的に有力な資本市場に上場という、起業家としての成功を収めたCEOは、口癖のように次のことを言っている。"Have fun, doing business! Unless you have fun, you will never be successful in business."「仕事を楽しめ！　楽しめないようなら決して成功しない。」。この言葉こそ、ビジネスの本質が、エンタテインメントと一体のものであることを物語っている。

国や都市、企業を問わず、21世紀型ビジネスを成功させるには、エンタテインメント力をいかに磨き、考えを発信し、それに対する応答を受信し、再度発信するという、コミュニケーションの連鎖が大きな鍵となる。これはまさに、俳優、ダンサー、音楽家、スポーツ選手たちが自分の舞台で観客にメッセージを発信し、それに共感した観客からの応答に対してさらに応答するという、正のエンタテインメント活動の連鎖を、最大限重視することと同じである。

エンタテインメントを通して、個人、グループ、コミュニティー、地域、国などの社会活動や経済活動は、広範囲に連環し、様々な形で互いに影響を及ぼし合っている。人々は、人間独自のコミュニケーション手段であるエンタテインメントを媒介して繋がり、感動、共感、共有・同調の連鎖から得られる幸福感を元手に、日々を生きている。

人間の幸福度について考えてみると、それは必ずしも金銭の額で比較可能な富や経済力に依存するものではないことが、容易に理解できる。もし、幸福の大きさが、人間の様々な経済的・社会的活動の遂行を目的として消費される物理・化学的エネルギー（例えば、具体的に言うと、石油、ガスなどの燃料や電気などハードエネルギーの消費）に全て換算できると考えるなら、結果として得られる社会や個人の豊かさ（富）は、

個人、グループ、コミュニティー、地域、国などが利用可能なエネルギー（大まかには経済力に相当）の大きさと相関するはずである。しかし、現実にはそうならず、心の状態を基準に考えるなら、豊かさや幸福度は、エンタテインメント力やエンタテインメントエネルギーに代表される、人間自身が本来的に持つ心的・知的状態や活動、すなわちソフトな部分と強く関係する。

　幸福度の大きな社会とは、正のエンタテインメントをできる限り多く提供し、避けることが不可避な負のエンタテインメントに遭遇した場合には、互いに共感し、協力しながらそれを正へと転化する力を多く持つ社会と言えるであろう。実際、人間が災害など大きな負のエンタテインメントに直面した場合に、同じ境遇にある仲間や、それには巻き込まれていない部外者の協力や援助により、負を正のエンタテインメントに転化し、力強く前進する行動が、これまでに多く確認されている。

　常に進化・発展と成長を宿命づけられた人間にとって、未来世界における富とは、一体どのようなものであろうか。現在は、商品（物品やサービス）、そしてそれを生産するために使用する資源（原材料およびハードエネルギー）を買うことのできる経済力が、一つの指標となっている。将来において、従来の経済力に加え、新たな価値を創造し、人々と共有することにより喜びを提供する能力、すなわち価値創出力、さらに創造性や寛容性などで体現される「エンタテインメント力」が、重要な富の源泉になると考えられる。なぜなら、人々の幸福感を左右する大きな因子として、物質的なものは言うまでもなく、心的に感ずる、達成感、満足感、共有感などのエンタテインメント的要素を、十分考慮する必要があるからである。人間にとって、家族や仲間と共に過ごす時間、そして空間を共有し、共感しながら暮らすことを許容する社会の存在が、何よりも大切かつ重要である。

　エンタテインメントは、社会を構成する誰もが等しく共有し、享受できるものでなければならない。エンタテインメントに関与する者にとって、創作、鑑賞、参加の三方面における十分な機会の提供と、社会道徳や法律に反しない限り、規制を行わず、そのままの形で許容する自由の存在が、極めて重要である。それには、自由を保障する文化的、社会的制度が基盤として整い、誰からも干渉を受けることなく機能していることが必須となる。それゆえ、エンタテインメントを提供する機会の程度には、当然のことながら、社会や国家の成熟度が大きく関係し、個人の幸福度や社会の安定度を測る尺度となり得る。高品質なエンタテインメントを、自由に提供できる社会こそ未来が必要とし、真の意味で成熟した先進国家を築くための、最重要課題と考えられる。

著　者

石本浩隆	株式会社 ネクステップ 代表取締役
	（元エイベックス・エンタテインメント株式会社）
笠島明裕	株式会社 オペレーションファクトリー 代表取締役／プロデューサー
川上陽子	料理写真家／グラフィックデザイナー
川村龍夫	株式会社 ケイダッシュ グループ会長
木内貴史	公益社団法人 日本バスケットボール協会 顧問
北川直樹	一般社団法人 日本レコード協会 副会長／
	株式会社 ソニー・ミュージックエンタテインメント 代表取締役 CEO
鈴木祐司	株式会社 電通・アートディレクター
武永実花	株式会社 ダンス スタジオ カシーノ 代表取締役／
	特別非営利活動法人日本サルサ協会 理事長
中田勝康	日本庭園史研究家
山谷拓志	株式会社つくばスポーツエンターテインメント 代表取締役社長
湯山茂徳	京都大学経営管理大学院 特命教授
横井宏吏	株式会社 ABC Cooking Studio 取締役

編著者紹介

湯山茂徳　略歴

東京大学工学部卒業（1976年）、フランス国立原子力研究所にて研修（1977－1978年）、工学博士（東京大学 1982年）、MISTRAS Group, Inc. 日本法人設立とともに代表取締役に就任（1983年）、博士（学術）（熊本大学 1999年）、MISTRAS Group, Inc. のニューヨーク証券取引所上場により日本担当VP就任（2009年）、京都大学経営管理大学院特命教授に就任（2011年）

編著者近影

エンタテインメント ビジネス マネジメント講義録

2015年1月20日　初版発行

編　著	湯山茂徳
発行者	原　雅久
発行所	株式会社　朝日出版社
	〒101-0065　東京都千代田区西神田 3-3-5
	電話（03）3263-3321（代表）

装　丁	スズキユージ
ＤＴＰ	カズミタカシゲ（こもじ）
編　集	田家　昇
印　刷	図書印刷

万一落丁乱丁の場合はお取替えいたします。　　© Yuyama Shigenori 2014　Printed in Japan
ISBN:978-4-255-00810-3